U0358607

大夏书系
十年经典

教育中的心理效应

第二版

刘儒德 主编

华东师范大学出版社

上海 著名商标

ECNUP

全国百佳图书出版单位

目 录

目录 5

代序·鱼就是鱼

"心理学太抽象了，太枯燥了，没什么用！"常常有教师对我说。

"为什么？"我问。

"概念太多，也不知道在教育教学实践中怎么用。"他们回答说。

他们的说法多少反映了教师们的实际情况。一方面，心理学的科学规律、效应和法则汗牛充栋，那严肃的学术面孔让人望而生畏；另一方面，教师们又特别重视心理学，急需心理学的科学引领。近年来，教育类报刊上频繁出现将心理效应应用于教育的文章，甚至有些文章出自教师之手，足见心理效应与教育实践的无缝链接日益受到教师们的重视和欢迎。教育心理学工作者对此"超"链接责无旁贷、义不容辞。

实际上，教育的大道理从来不是晦涩难懂的，心理学的知识本来也是扣人心弦的。就以建构主义为例吧，教师们可能被建构主义的概念术语、学术流派搞得如堕五里雾中。但建构主义的大师们常常给我们讲故事，"鱼就是鱼"就是一则著名的建构主义童话。

有一条鱼，它很想了解陆地上发生的事，却因为只能在水中呼吸而无法实现。它与一个小蝌蚪交上了朋友。小蝌蚪长成青蛙之后，就跳上了陆地。几周后青蛙回到池塘，向鱼汇报它所看到的景象。青蛙描述了陆地上的各种东西：鸟、奶牛和人。鱼根据青蛙对每一样东西的描述，头脑中形成了这些动物的图画。每一样东西都带有鱼的形状，只是根据青蛙的描述稍作调整：人被想象成了用尾巴走路的鱼、奶牛是长着乳房的鱼、鸟是长着翅膀的鱼。如图1所示：

图1　建构主义童话——"鱼就是鱼"

鱼只能重新组装自己原有的知识经验，构造起对新知识的理解。这则故事对建构主义的核心要义作出了最为直接的表达、形象的注解。

是的，心理学的规律、效应和法则是科学的、严肃的，但是如果我们能够用浅白的语言、生动的故事、有趣的实验以及鲜活的案例来介绍、演绎它们，那么教师们就能充分激活自己熟悉的先前知识经验，去解释、建构它们，生成自己的理解，从而受到智慧的启迪、心灵的震撼。我们相信，教师们藉此能够对心理效应达成真知真信，自觉自愿地将它们付诸行动，从而产生教育的效应。

心理学是描述规律的科学，教育自然要遵循科学，但应用科学规律则是艺术，有赖于教师们根据自己的特定情境去创造。心理学的实验和调查属于科学，生活中、家庭里、课堂上的故事和案例则属于基于科学的艺术。教育是科学的，也是艺术的，藉由理解、模仿和反复实践而不断创新。

心理学的规律和效应非常多，我们经过精挑细选、反复讨论，最终确定了这样66条，并将它们分为教学、教育和管理三部分，以适用于教师的不同方面的工作。在体例安排上，在每篇文章的正文前面，我们都呈现一个经典的实验、故事或者问题情境，以激活读者的先前知识经验，唤起读者探究正文的兴趣。而且，为了减轻读者阅读长文的认知负荷，我们在正文中间还加了一些标题，希望能起到画龙点睛的作用。

本书是集体智慧的结晶，是在我和研究生徐娟、柴松针、宗敏、刘治刚、王瑶、赵妍、牛文佳、张再青以及姜聚省老师与岳训涛老师的共同参与下完成的。心理效应的挑选、编写、讨论和修改都凝聚着众人的心血。全书由我逐篇仔细修改、统稿和定稿。

本书采用了国内外许多研究者的研究材料或吸收了他们的思想，其中有些材料是二手转引，未能一一注明原始出处，在此对他们表示衷心的感谢！心理效应在教育中的应用是没有标准答案的，恳请读者批评、指正！

刘儒德
北京师范大学心理学院

第一辑

教学中的心理效应

U 形记忆
—— 系列位置效应

"张杰！背诵一下上节课学过的课文《匆匆》。"

张杰慢慢腾腾地从座位上站起来。唉！讲完了一课就要背诵，烦死了！背诵对他来说真是天大的难事。

"燕子去了，有再来的时候；杨柳枯了，有再青的时候。桃花谢了，有再开的时候……有再开的时候……再开……的时候……"

才流利地背了几句，张杰的舌头就开始打结了，他紧锁着眉头，挠着后脑勺使劲回想着。唉！怎么又忘了？昨天还会背来着！每次都是这样，开头之后就忘记了！

老师皱着眉头看着他。

"老师！我会最后一句！"突然，张杰兴奋起来，接着，他的嘴就像上了膛的机关枪一样，嘟嘟嘟地喷出"珍珠"一串串：

"……你聪明的，告诉我，我们的日子为什么一去不复返呢？"

"老师！完了！"最后，他大声报告说。

看着他滑稽的样子，全班同学哄堂大笑。

系列位置效应

看到张杰的样子，你是不是感到很亲切，以前自己是不是曾经有过和他一样的经历？是不是曾经抱怨过自己的记忆能力差，费了很多精力却不见成果？其实，每个人的记忆能力都差不多，不一样的只是记忆方法而已。所以，抱怨的同时，是不是应该反思一下我们的记忆方法是否合理？

1962 年，加拿大学者默多克（B. B. Murdock）给被试呈现一系列无关联的词，如"肥皂、氧、枫树、蜘蛛、雏菊、啤酒、舞蹈、雪茄烟、火星"等，请被试按照一定顺序学习这些词，然后让他们进行自由回忆，想到哪个单词就说出哪个单词。结果发现，最先学习的单词和最后学习的单词，其回忆成绩最好，而中间部分的单词回忆成绩最差。据此，心理学家描绘出了关于记忆的"系列位置曲线"（serial position curve）（一个 U 形的曲线），并将这种现象称为"系列位置效应"（serial position effect）。如图 2 所示：

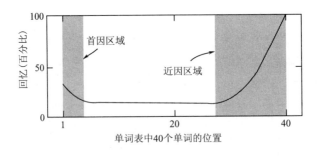

图 2 系列位置曲线

系列位置效应表明，如果学习材料中各部分的位置不同，学习效果就不同。比如，识记一篇文章，开头部分和结尾部分的识记效果就比中间部分要好。这可能是学习材料开始部分受到中间部分的干扰，影响了对开始部分的记忆，这种后面内容对前面内容的干扰叫做倒摄抑制；结尾部分受到中间部分的干扰，影响了对结尾部分的记忆，这种前面内容对后面内容的干扰叫做前摄抑制；中间部分受到开始部分和结尾部分两部分内容的干扰，也就是同时受到了前摄抑制和倒摄抑制，这样就严重影响了对中间部分的记忆，因而，中间部分记忆效果最差。而且，学科之间也会相互抑制，材料性质越相似(如都是数学材料)，抑制越严重，不同性质的材料之间(如数学和英语)，抑制就会少些。一般地说，该效应在学习的早期阶段最为明显。

睡前醒后

想一想过去的经历会发现，我们对事、对学习，最清晰的记忆就是事情的开头和结尾、学习内容的开始和末端。

大学毕业了，蓦然回首，印在脑子中的最深刻的就是入学时和毕业时的截然不同的感受和情境，4 年时间发生了些什么？只有仔细追忆才能回想起来。

读书这么多年，我们一定会发现，清晨起来和晚上临睡前学习，有时竟有过目不忘的神效！

读徐志摩的《再别康桥》，开头的"轻轻的我走了，正如我轻轻的来"和结尾的"我挥一挥衣袖，不带走一片云彩"早已烂记于心，中间的诗情画意却总是模模糊糊，不敢背诵出口，因为自己知道一出口肯定会出错的。后来细细品味，慢慢咀嚼，脑子中才有了整篇文章的印象。然而再后来，长时间没有回味后能回想起的还是《再别康桥》的开头和结尾。

系列位置效应告诉我们，要把最重要的事情安排在开头和结尾的部分。

"一年之计在于春，一日之计在于晨"，这就是说要在一年的开始和一天的开头做最重要的事情。记得在大学里，一个教授做讲座，告诚同学们要在最重要的时间做最重要的事情，不要早晨起来就写写信啊、散散步啊，把最好的时光都浪费了。这些话很通俗，但也最真挚，合理利用时间会使你的学习、工作更高效。

神奇的"记忆丸"

世界上没有让我们过目不忘的"记忆丸"，只有在最重要的时刻安排最重要的事情、学习最重要的内容，效率才会更高，才会更有收获。系列位置效应告诉我们：

● 老师要在课堂的开始和结尾讲重要的内容，处理重要的事情。课堂中会发生很多意料之中、意料之外的事情，但要记住，只有最重要的事情才能占据最重要的时间。

● 学生要重视一节课的开头和结尾。上课前准备好相关学习用具，不要让上课的前10分钟在找练习本的过程中度过，也不要让快下课的后10分钟在想象课后如何玩耍中度过。

● 背诵文章、单词时变换开始位置。背诵单词或文章，在正背之后适当的从中间开始背，克服正背时由系列位置效应引起的中间部分记忆率低的问题。

● 每次学习的时间不宜过长。学习时间过长，中间部分就相应增多，学习效率就会下降。

● 合理安排学习材料的顺序。同一学习材料学习时间不要过长，前后两段时间中学习的材料要不一样，这样可以避免材料之间的相互干扰。

好的方法就是神奇的"记忆丸"，坚持不懈地试一试，你就会体验到！

合理安排教学时间

我们知道系列位置曲线是U型，在首位呈现的内容易被记住，中间的容易被忘记。David Sousa 在《脑与学习》（中国轻工业出版社，2005）中进一步提出，在大于20分钟以上的学习时间中，大脑对信息的保持率可以分为三个阶段。开始阶段是高效期 - 1，中间是低沉期，结尾是高效期－2。高效期和低沉期随着课时长度的变化而变化（图3），如果将1节40分钟（高效期大约30分钟）的课分解为2个20分钟（高效期大约36分钟）的课，那么高效期会多出20%。在课程过半时进行一些休息，比如讲个简单的笑话或进行简单的肢体活动，能帮助学生最大程度地利用课上的时间吸收知识。

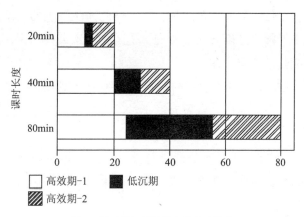

图3　课时越长低沉期占的比重越大

在中小学，一节课的时长大约是40分钟，作为一名教师，你会如何安排一堂课呢？David Sousa 在《脑与学习》（中国轻工业出版社，2005）一书中建议，可以这样利用系列位置效应来安排课上的40分钟（图4），充分利用一节课开头和结尾的宝贵时间。

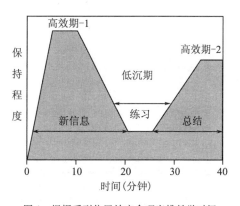

图4　根据系列位置效应合理安排教学时间

（1）在一堂课的开始，也就是在到达高效期–1之前，利用复习先前知识或者创设情境等方式引入，为本课的学习打下基础。注意避免把这段时间浪费在点名、整顿纪律或者收作业等与本节课无关的活动上。

（2）新的信息和技巧应该在高效期–1教授，这段时间呈现的信息最容易被记住。需要注意的是，在这段时间所呈现的信息必须是正确的。如果老师用这段时间来考查学生是否知道某些知识，一些错误答案很可能会被牢牢记住。

（3）利用低沉期对新学习的材料进行练习和回顾。此时刚才学习过的内容已不再是新的，练习有助于学习者将它们组织好进行进一步加工。

（4）在高效期–2对整节课进行总结，这样做不但能让学生记得更牢，并且是促进学生领悟和理解意义的重要时机。

短时记忆的容量有多大?

——7±2法则

请你读一遍下面这行随机数字:

71863945284

然后合上书,按照原来的顺序,尽可能多地默写出来。

现在再读一遍下列随机字母:

HJMROSFLBTW

然后用上述相同的方法来测试自己的记忆。

测测你自己

假如你的短时记忆像一般人那样,你可能回忆出7个数字或字母,至少能回忆出5个,最多回忆出9个,即7±2个。

这个有趣的现象就是神奇的7±2效应。这个规律最早是在19世纪中叶,由爱尔兰哲学家威廉·汉密尔顿(William Hamilton)观察到的。他发现,如果将一把弹子撒在地板上,人们很难一下子看到超过7个弹子。1887年,M. H. 雅各布斯(Jacobs)通过实验发现,对于无序的数字,被试能够回忆出数字的最大数量约为7个。而发现遗忘曲线的艾宾浩斯(Ebbinghaus)也发现,人在阅读一次后,可记住约7个字母。这个神奇的"7"引起许多心理学家的研究兴趣,从20世纪50

年代开始，心理学家用字母、音节、字词等各种不同材料进行过类似的实验，所得结果都约是"7"，即我们头脑能同时加工约"7"个单位的信息，也就是说短时记忆的容量约为"7"。1956年，美国心理学家米勒（George A. Miller）教授发表了一篇重要的论文《神奇的数字7加减2：我们加工信息能力的某些限制》，明确提出短时记忆的容量为7±2，即一般为7并在5~9之间波动。这就是神奇的7±2效应。

但是实验中采用的材料都是无序的、随机的，如果是熟悉的字词或数字，这样短时记忆还只能容纳"7"个吗？例如"c-o-o-p-e-r-a-t-i-o-n"，这个字母序列已经有11个字母，如果学过英语的人听到这个序列很快就能明白这是一个单词，意思是"合作"，并能很好地回忆出来，这不是违背了短时记忆的"7±2"效应了吗？不是的，这恰恰是神奇"7±2"中存在的另一个奇特的现象。因为短时记忆中信息单位"组块"本身具有神奇的弹性，一个字母是一个组块，一个由多个字母组成的字词也是一个组块，甚至可以通过一些方法把小一些的单位联合成为熟悉的、较大的单位，而且对知识的熟悉程度还会对它产生影响。例如"认知心理学"5个字对于不懂心理学的人来说是5个组块；对稍懂心理学的人来说是两个组块（认知、心理学）；而对专业心理学学生、心理学家来说这5个字就只有一个组块。但不论人们储存的组块是什么，短时记忆的容量为7±2个组块。

"电表"的功能

神奇的7±2效应给我们最直接的启示就是，短时记忆的容量是有限的，不要再幻想一口吃一个胖子，一下子变成天才。短时记忆就像一个家庭电表，如果同时开的电器过多，那么保险丝有可能会烧掉。所以不管是学生给自己设定学习目标和计划时，还是教师进行授课时，都要考虑到7±2的特点，合理安排学习任务，否则就会像电力超载一样，出现认知超载（图5）！

小明有一个苦恼，不知道你能不能帮忙解决。小明总是抱怨自己

图 5　像电力超载一样的认知超载

的背诵能力很差，往往一大篇诗词会越背越乱，后来不但前后左右都搞不清楚，而且还会把不相干的两首诗拼凑起来，前面是唐诗，后面接宋词，简直是一团糟。

张老师班里的同学可没有小明那么苦恼，张老师的课总是妙趣横生，课后学生总是能清晰地记住并理解所有的内容，写作业也不再是苦差事。

细心观察，其实都是短时记忆的容量作为"看不见的手"来导演的好戏。小明的问题就是一下子把记忆的电力开得太足了，后果只能越背越乱。而张老师在课堂内容编排上深谙其道，他早已摸清了班上学生的先前知识，于是每堂课都保证给学生的新内容不超过7个。就这样，不管是学习课文还是呈现幻灯片，张老师给学生的学习任务都不超过7个，于是学生学得容易，学得有意义。现在想必你也已经有了帮助小明解决问题的方法，那就是短背比长背好，把长的内容切成合适的短时记忆的分量来背诵，然后再通过组合的技巧将各个段落接在一起，就可以记下一段长篇的完整内容了。遵循短时记忆的运转之道，问题自然会迎刃而解。

超越 7±2

这个神奇的 7±2，不仅给我们打开了认识记忆的窗户，让我们了解了短时记忆的限制，还给我们指出了提高记忆力的好办法。

让著名的长跑运动员 S. F. 给我们做个范例，他可以一下子记住 84 个数字！这都是因为 S. F. 经过锻炼，发现了一个对他非常有效的组合数字的方法！他根据自己的职业特点，注意到了很多随机数字能被组织成不同距离的赛跑时间，于是产生了让人惊叹的神奇纪录。例如，他将数字序列 3、4、9、2、5、6、1、4、9、3、5 重新编码为 3：49.2，接近 1 英里赛跑记录；56：14，10 英里时间；9：35，对 2 英里的距离而言时间有点长。

也就是说，如果能找到一些办法将大量可用的信息组成少量的组块，自己记忆的广度将会大大增加；通过专门训练，人的短时记忆容量可以扩大。就像 S. F. 一样，你也可以根据信息对你个人的意义对它进行组织(例如，将电话号码与亲戚朋友的生日相联系)；或者还可以采用一种节奏模式或者时间模式来对项目进行简单的组织，例如我们记忆手机号码时往往会采用 3 个或者 4 个一组来记忆，1369 停顿，再继续下面的号码。不仅如此，节奏模式还对语言有着很好的组织作用，有一个学音乐的人，他把与别人的谈话当作了一种节奏，按照这种节奏来理解别人的意思，成为一个非常优秀的推销员。或者给记忆任务赋予意义，例如"7 - 4 - 7"记作"波音 747 客机"，或将"1-1-4"记作"电话查号台"，以便在短时记忆中很好地处理信息。

这些方法对你有用吗？再回过头看"记忆超群"，是否已经不再是什么神话？对，只要你有好的记忆方法！伦敦学院大学的马格里(Eleanor Maguire)教授的研究也证明了这一点。他与同事对普通人和那些被伦敦世界记忆锦标赛列入记忆力最强的人进行了比较。除了具有更强的记忆能力，采用了符合自己的记忆方法，记忆超群者在语言和非语言能力的综合测试中与普通人没有差别；磁共振成像技术(MRI)测试也表明，他们的大脑结构与常人并没有明显差异。

可见短时记忆这个"电表"的容量也不是绝对的，我们在遵守它的运转法则的基础上，如果能灵活地利用各种方法来划分短时记忆的组块，不仅能提高自己的记忆能力，而且可以减轻记忆的压力，省出更多的空间和精力来处理更有意义的思考任务，使你自己变成一个有效率的学习者或教学者。

解密过目不忘

——专家记忆优势

大家一定看过那些下棋高手的表演，他们对棋子位置的记忆力超强，甚至能下盲棋、下快棋(10秒走一步)或同时与50个人对弈(在这个棋盘上走完一步，马上就要迅速地考虑另一盘棋)。他们怎么能那么神呢？他们的脑子究竟与我们的有什么不同呢？心理学的研究，能帮我们解决这个疑问。

真假棋局

1965年丹麦心理学家和象棋大师迪古特利用真假棋局(图6)揭开了这个秘密。

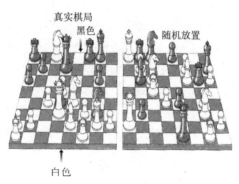

图6　真假棋局

在实验中研究者要求象棋大师和新手都看棋局 5 秒，然后将棋子移开，并要求他们复盘。你可能会认为新手怎么都不会是大师的对手，可是结果却不全是这样。当象棋大师和新手都看一个真实的棋局时，象棋大师意料之中地在第一次复盘时，就可以达到 90% 的正确率，新手仅能达到 40%。可如果是任意放置的棋子时，他们复盘的正确率就没有什么差异了。

专家和新手在真实棋局的扫描上所花的时间相差无几，那么象棋大师所用的复盘时间显著地快于新手的原因又是什么呢？研究者经过分析发现，象棋大师在各次实验中的平均组块数为 7.7，而新手只有 5.3。不仅如此，象棋大师平均每个记忆组块中包含的棋子数也多于新手。这就是说，象棋大师是运用了他丰富的棋局知识进行组块，获得神奇的效果。在某一个给定的时间内，象棋大师利用记忆组块获得和记住了更多的信息。而当他们与新手面临的都是假的棋局时，棋子之间没有固定的规律可循，他们同样没办法调用先前知识，组块的优势荡然无存。

不光如此，国际象棋大师卡斯帕罗夫在 1996 年与 IBM 的国际象棋计算机"深蓝"对弈也说明了真假棋局的秘密。一开局，执黑的机器摆出了著名的"斯拉夫防御"阵式。通过前三盘的较量，卡斯帕罗夫已深谙机器的招数，无非还是以查棋谱为主的老套套。于是灵机一动，下了一步棋谱上没有记载的"怪招"——把阻挡黑"兵"前进的红"马"挪走，试图诱使机器进攻，然后围而歼之。这一着，无论在哪部棋谱里都查不到。正是因为频出怪招，才迎来了最终的胜利。这就如"当头炮，把马跳"是象棋的常规招式，可一个顽童非要在"当头炮"后出"车"，就算是功力深厚的专家也得思考良久。后来尽管"深蓝"经过改进，也击败过世界国际象棋冠军，但是它终归是只有大量的棋局知识和不知疲倦的高速检索能力的机器，只是在某种程度上模仿了专家的组块经验。

组块是秘诀

可见，"深蓝"和专家们的头脑中储存着大量的棋局，他们在工作记忆中调用了更多的相关组块，才达到了这样的成就。象棋专家的记忆优势在于他们的头脑中关于布局的知识多，但他们面对随机放置的棋局或是别的领域，他们的优势就不复存在了，让这样的人记古文或记数学公式，显然不及那些擅长古文或数学的人。这就意味着，工作记忆中的组块与人的知识经验相关。数字知识越多的人，记数字越容易；数理化公式记得越多的人，记数理化公式越容易；古文记得越多的人，记忆古文的能力越强；英语单词记得越多的人，记忆单词的能力就越强。物理专家有更多灵活的物理知识，化学专家对化学知识耳熟能详。正像人们开发"深蓝"一样，人们利用专家的头脑，创造了许多某个领域的"专家"电脑，例如专家看病系统，给缺少医生的地区带来了实惠。因此，一个人是否是"专家"，不是看他（她）的基本能力或素质如何，而是根据他（她）是否具备该行业或领域所需的专业知识或特殊能力；至于自己领域外的活动，专家与常人的表现从本质上来说无异。总之，只有获得了该领域大量的专业知识，并能在处理问题时随时调用，才能过目不忘。

十年磨一剑

要知道即使是最有才能的人也需要约十年时间方能达到第一流的专业水平。除了从开始下棋到达到大师水平只用了九年零九个月的博比·费希尔，还没有任何人在不到十年的时间内达到第一流的专业水平。除了莫扎特，从来没有一个作曲家认真研究和练习未满十年就写出第一流作品的；即使对于莫扎特，他开始谱曲的头七年到十年间作的曲子是作为少年曲（Juvenalia）而出名的，算不上是"大师"之作。如何获得这些可调用的知识呢？这需要读者朋友用心积累。积累有法，下面几点供读者参考。

戒骄戒躁。"十年磨一剑"，如果你能在学习之初，有明确的目标，并专心努力，排除杂念，你也就具备了做专家的潜质。

绘制地图。但是如果只着眼于各种具体知识，那就相当于只得到了各个孤立的材料，不容易发现材料间的联系，这样肯定是只见树木不见森林；同时由于不了解知识之间的联系，也就很难从现有的知识中挖掘出更深刻的含义。何不给自己的专业知识绘制一张地图？建立属于自己的知识网络，才能在调用的时候不会"迷路"，达到"提纲挈领"的效果。

反复应用。把乘法口诀背得滚瓜烂熟的学生，如果不用这个知识解决实际问题，那么学到的知识只能是僵化的，表现不出优势。那些被我们称为象棋大师的人，绝不仅仅能把许多的棋局烂熟于心，还一定身经百战，就是这个道理。

通过洞察棋局中蕴藏的奥秘，我们可以对其做这样的解读：人的能力，包括高水平能力在内，没有任何"神秘"的成分，只要采取科学的态度，就能正确理解各类专家"不可思议"的能力或表现，以及他们的能力发展规律。他们高超的能力，正是知识经验为他们迅速地形成大量组块开启了方便之门。只要你能踏踏实实增长自己的知识经验，并且主动演练，不怕失败，也一定能成为某方面的"专家"。

虎头豹尾
——首因效应和近因效应

小弟要外出工作，哥哥教导说："要好好干！勤快些，特别是在刚开始时，给别人留下一个好印象，即使以后有时偷懒，别人也会想：谁都有想休息的时候啊！最初就给别人一个懒惰的印象，即使以后变得勤快了，人家也会撇着嘴不屑一顾地说：懒虫一个！还装什么装！"

首因效应

好经典的首因效应应用！即使那位哥哥并不知道首因效应（primacy effect）这个专业名词。美国心理学家卢钦斯已经证明，首因效应在印象形成过程中有着举足轻重的作用。

1957 年，卢钦斯做了这样一个实验。他编撰了两段描写一个名叫吉姆的男孩的生活片段的文字，第一段文字将吉姆描写成热情、外向的人，说吉姆与朋友一起去上学，他走在撒满阳光的马路上，与店铺里的熟人说话，与新结识的女孩子打招呼等；另一段文字则相反，把他描写成冷淡而内向的人，说吉姆放学后一个人步行回家，他走在马路的背阴一侧，没有与新近结识的女孩子打招呼等。在实验中，卢钦斯把两段文字加以组合：

第一组，描写吉姆热情外向的文字先出现，冷淡内向的文字后出现。

第二组，描写吉姆冷淡内向的文字先出现，热情外向的文字后出现。

第三组，只显示描写吉姆热情外向的文字。

第四组，只显示描写吉姆冷淡内向的文字。

卢钦斯让四组人分别阅读一组文字材料，然后回答一个问题："吉姆是一个什么样的人？"结果发现，第一组中有78%的人认为吉姆是友好的，第二组中只有18%的人认为吉姆是友好的，第三组中认为吉姆是友好的人有95%，第四组只有3%的人认为吉姆是友好的。

在第一组和第二组条件下，相同的内容只因顺序不同，人们对吉姆的印象差别竟然如此之大！也就是说，信息呈现的顺序影响了人们对他人的整体看法，先呈现的信息比后呈现的信息有更大的影响作用。这个现象叫做首因效应，也叫第一印象效应，它是指第一次接触陌生人或事物形成的印象对人们后来的认识起到了先入为主的作用。这种印象不易改变，甚至会影响对后来获得的新信息的解释。最先建立起对人的"外向"印象，即使在看到与"外向"不符的事实时也倾向于忽视；最早建立起对人的"内向"印象，即使看到与"内向"不符的描写也不愿意改变先前的看法。

"良好的开始是成功的一半。"从古至今，好的第一印象有助于我们事业的发展、工作的顺利进行；坏的第一印象有时会使英雄无用武之地，也会在以后工作、生活的道路上掷下绊脚石。

在三国时期就上演了一场首因效应的历史剧。当初，凤雏先生庞统准备效力东吴，去面见孙权。孙权见到庞统相貌丑陋，又有几分傲慢不羁，顿时感到不快。最后，这位广招人才的"招聘者"竟把与诸葛亮比肩齐名的奇才庞统拒于门外，尽管鲁肃苦言相劝，也无济于事。

可见第一印象的影响之大！

现代人深刻领会了庞统的教训，找工作时，总是衣冠楚楚、伶牙俐齿地向各家公司、单位"推销"自己，包装精致的"个人简历"简直就是一件艺术品，简历里面的个人特长、爱好、成绩、奖励、社会职务等令人目不暇接，力求给用人单位留下良好的第一印象。然而，应聘过程中随机应变的智慧更能令招聘人员注目。请看这样一则有趣的小故事：

> 一个新闻系的毕业生正急于寻找工作。一天，他到某报社对总编说："你们需要一个编辑吗？"
> "不需要！"
> "那么记者呢？"
> "不需要！"
> "那么排字工人、校对呢？"
> "不，我们现在什么空缺也没有了。"
> "那么，你们一定需要这个东西。"说着他从公文包中拿出一块精致的小牌子，上面写着"额满，暂不雇用"。总编看了看牌子，微笑着点了点头，说："如果你愿意，可以到我们广告部工作。"

一个牌子展现了这个大学生的机智和乐观，给总编留下了美好的"第一印象"，从而使他赢得了一份满意的工作。

作为班级的管理者，教师也要打响第一炮，赢得学生的接纳，为以后成功的班级管理垫下良好的基础。

> 一位老师在校长的"请求"下接了高二(4)班，这是一个无人敢问津的班级，曾经有好几个老师在第一节课就被学生赶下"台"。这位老师能不能顺利地度过第一节课？上课了，他走上讲台，学生们对上课铃声充耳不闻，对老师视而不

见，肆无忌惮地说笑着、打闹着。他拿起一个厚厚的本子，晃了晃，问："你们知道这是什么吗？"喧闹不堪的教室慢慢安静了下来，学生们都莫名其妙地看着他。"这是你们的保证书，校长对我说，用这个可以镇住你们。"说完，他一下一下地把整本保证书撕个粉碎，扔进垃圾桶里。"同学们，两年来，别的老师和同学是怎么看待我们的？他们把我们当作过人吗？……"学生们静静地听着，有的女生还抽泣了。"我们并不是不想做人，不想上进！"他顿了顿，"现在，我宣布：高二(4)班的权威统治年代过去了，自由民主的光明社会来了！"同学们都高兴地欢呼着："自由民主的光明社会来了！"从此以后，在这位老师的带领下，高二(4)班变成了另外一个模样，就像脱胎换骨了一般。

当然，首因效应也警示我们，要能够透过现象看到本质，在长期的相处中全面、正确地认识和了解他人，以防让"金玉其外，败絮其中"者蒙蔽了自己的眼睛，也不要让真正的千里马与自己失之交臂。

近因效应

更有意思的是，上述卢钦斯的首因效应实验并没有就此中止，他改变了实验条件。首先，实验者告诉参加实验的人不要受第一印象的误导，要全面地进行评价，然后，将描述吉姆不同特征的两段文字隔开呈现。这些人念完第一段文字后就做一些无关的工作，如做数学题、听故事等，然后再将另一段呈现给他们。在这种条件下，大部分人都会根据后面一段的描述对吉姆进行判断。也就是说，总体印象形成的过程中，新近获得的信息比原来获得的信息影响更大，这个现象就叫近因效应(recency effect)。

虽然第一印象很难改变，但首因效应也并不能完全保证你以后的形象，近因效应对你的发展也有很大的影响。

年终考评时，单位对员工的鉴定都会或多或少受到最近表现的影响。新近违反纪律或有过失的人因近因失误，单位对他们的评价会大打折扣，新近受到表彰的人因近因进步或取得成绩，单位对他们的评价反而提高。

在应聘的过程中，近因效应同样可以决定你的命运。一个考生在回答完很多问题后，一位主考官告诉他可以走了，可当他要离开考场时，主考官又叫住他，对他说："你已回答了我们所提出的问题，评委觉得不怎么样，你对此怎么看？"其实，这是对考生的最后一考，考察考生的心理素质和临场应变能力。如果这一道题回答得精彩，就可以弥补此前面试中的缺憾；如果回答得不好，这最后的关键性试题就会成为他最大的绊脚石。

"压轴戏"是舞台演出安排在最后的最精彩的节目，整个舞台的演出都会因这最后一刻的精彩而变得辉煌起来，有画龙点睛般的效果，能给人们留下深刻的印象。

在沟通的艺术上，也能体现出近因的作用。如果你是在鼓励你的学生或孩子，你会采用以下哪种说法？

"随便考上一个学校，该没有什么问题吧？虽然录取率那么低。"

"虽然录取率那么低，总能考上一个学校吧？"

这两句话的意思是一样的，只因语句排列的顺序不同，给人的印象就截然不同。前者给人留下悲观的印象，后者则相反，给人一种乐观的印象。这就是说，有时尽管你有心讲出令人感到痛快的话，如果最后一句话是悲观的语调，整句话就呈现出悲观的气氛。

既然如此，我们在批评孩子时，是不是应该讲究一点艺术？在批评结束时，如果我们再加上一句：

"……也许，我的话讲得重了一点，但愿你能理解我的一番苦心。"

"……很抱歉，刚才我太激动了，希望你能好好加油！"

此时，孩子会怎么想？可能他不但不会抱怨你的批评，还会有受勉励之感，认为这一番批评虽然严厉了一点，但都是为我好的，很可能会认真地记住你的训话。再看下面的方式：

"……懂了没有？"
"……听不听由你，到时候一笔计算。"
"……如果再犯，我决不饶你！"

如此凶神恶煞般的结束语，可能只会给孩子留下一个恶劣的印象，特别是处于青春期的孩子可能会产生逆反心理，使你的教导事与愿违。

因此，知道了批评中的近因效应，就要在一巴掌之后赶紧给他揉一揉，使他忘记前面的一巴掌之痛。

超越近因效应

一般来说，对于陌生人，首因效应的作用比较大；对于熟悉的人，近因效应的作用比较大。多年不见的朋友，在自己的脑海中印象最深的，也许就是临别时的情景；两个学生本来相处得很好，甲对乙关怀备至，却因最近一次"得罪"了乙，就遭到乙的痛恨。这都是近因效应的表现。

这就意味着，对于熟悉的学生，教师很容易受学生最近表现的影响而做出不全面的判断。这就要求教师在长期交往中全面、正确地认识和评价学生，全面综合地考虑问题，不要因一时一事评价人，不能因为某人、某事的一次错误或一点缺陷而给予全盘否定，尤其要注意，尽量避免因首因和近因的影响而对学生产生偏见。

明明从小学到初一是班里的尖子、三好学生，班主任和同学都称他为"神童"，可后来不知怎么，他迷上了网络游戏，结果到初二时学习成绩一天天地在走下坡路，后来竟然发展到旷课、逃学，期末考试时还因为作弊受了处分，在同学口中成了"差生、坏学生"。但是班主任老师坚信自己对明明的了解，仍然认为他是可以教育好的，并没有受到明明最近不良学习行为的影响而像其他人那样放弃不管他。班主任每天放学后都会把他留下来谈心，检查他今天的听课笔记并辅导他的家庭作业。在班主任的耐心指导下，终于帮他补齐了之前落下的功课，明明也重新树立了学习的信心。

明明的老师能够克服学生所产生的"近因效应"的消极影响，不受学生近期欠佳的表现而对其产生不良印象。而有的老师则看到了学生近期的好的变化，及时利用了学生近期的良好表现，使得"近因效应"产生积极的效果，推动着学生取得更大的进步。

小小是一个口齿不太伶俐的女生，因此有些自闭，不愿主动与他人交流。小小的学习成绩很一般，各方面都不十分突出。班主任从没有放弃她，但却又一直没有找出小小身上有什么优点可进行鼓励。在一次语文公开课上，老师在问到文中一个成语的含义的时候，小小竟然第一个举手了，而且举得非常高。老师虽然担心她会回答得不流利，但还是请她起来回答。班主任不仅惊讶于小小竟然有勇气在公开课上举手发言，更没想到的是，小小在众人面前大方自信且顺利地回答了老师的提问。从此，所有同学和班主任对小小的印象都有了较大的改变。班主任也因此事看到了小小的勇敢，在以后的班集体代表发言大会之前训练小小朗读发言词的能力，然后由小小作为班级代表在大会上发言。小小也经过班主任不断的训练，改善了口吃的毛病，变得更加自信。

这两个案例都启示老师，在培养学生的时候，如果能够合理的评价学生的近期表现，懂得何时该利用，何时又该克服，那么对于学生一生的影响也许会大有不同。

首因效应和近因效应伴随着转折和机遇的到来，在教育中给我们的启示是：

◇ 教育者要尽量避免因首因和近因的影响而对学生产生偏见，要全面了解学生；

◇ 在与学生初次接触时，力争给学生一个好的第一印象，以便为以后实施有效教育奠定基础；

◇ 在教学中，设置好课堂导入和课堂小结，力图给学生留下深刻印象；

◇ 注意沟通的艺术。注意安排语句的先后顺序，避免消极的近因效应。在严厉批评学生之后，结束语要妥帖，并且很有必要安慰几句，以消除学生的紧张情绪，增强其自信心，丢掉包袱，轻装上阵，尽可能使它产生积极的近因效应。

莫等墙倒再造墙

——遗忘曲线

初三(1)班正在召开学习经验交流会。

在一片热烈的掌声中，被同学们称为"小神童"的小雪神采奕奕地走上了讲台。

"大家都说我聪明，其实不然，我和大家一样，我的学习靠的是不断地复习和练习，没有学习秘诀，只有熟能生巧。只不过是我的学习方法和大家略有不同而已。"

她顿了顿，接着说："就拿英语来说吧，大家每天早晨都会在早读课上背单词、课文，学哪一课，就背诵哪一课，但是一下课就把什么都忘了，考试时还要加班加点，复习以前的全部内容。"

"很多同学都很奇怪，我用来背诵单词、课文的时间可能比大家都要少，为什么我能记住所学的内容，并且不容易忘记，考试前也不用费很多精力复习就能取得好成绩？"

"其实，我的方法很简单，只有四个字：及时复习。就拿英语来说吧，在一节课就要结束的时候，我会用几分钟的时间大致总结一下本节课的内容，做到基本上理解所讲的内容，能记住多少就记住多少。晚上睡觉前我会用大约 5～10 分钟的时间背诵当天学过的单词或课文，第二天早上我会再用 5～10 分钟的时间试图回忆并背诵这些内容。到此，两个 10 分钟并不很长，但我已经完全掌握了所学的新东西。到晨读的时候我会进一步复习，直到背得滚瓜烂熟。两三天之后、一星期之后、三星期之后，我都会再一次复习这些内容。同学们可能会很吃惊，复习这么多次，该要用多少时间啊！其实，每次复习只需用几分钟的时间，学习起来就很轻松。就这样，重复的次数多了，自然就不会忘记了。"

遗忘曲线

小雪的分析是不是道出了你的心声？你是否为自己总是遗忘而苦恼过？但是，你有没有分析过其中的原因？

让我们来做一个小实验：两组学生学习一段课文，甲组在学习后不久进行一次复习，乙组不予复习。过一段时间让他们回忆课文的内容，猜猜看，哪一组学生的成绩会更好？

正如你所预料，一天后，甲组保持98%，乙组保持56%；一周后甲组保持83%，乙组保持33%。此时，你是否对自己总是忘记所学的知识有了一定的了解？

我们每一个人都有遗忘的经历，它会伴随我们一生。然而，遗忘是学习的天敌，如何和遗忘作斗争？最基本的答案就是：复习，重复你所学的内容。但是，如何重复才更有效，并且不浪费精力？这就要科学地运用遗忘规律。

德国有一位著名的心理学家名叫艾宾浩斯（Hermann Ebbinghaus，1850—1909），他曾经做过一个实验，在这个实验中他利用无意义音节，如CEG或DAX，而不是像DOG那样有意义的字词做材料，用自己做被试，他派给自己的任务是通过机械复述来记忆长度不等的音节序列，最后得出了著名的遗忘曲线。

这条曲线一般称为艾宾浩斯遗忘曲线（图7），也称艾宾浩斯保持曲线，它的纵坐标代表保持量，横坐标代表回忆时间间隔。曲线表明

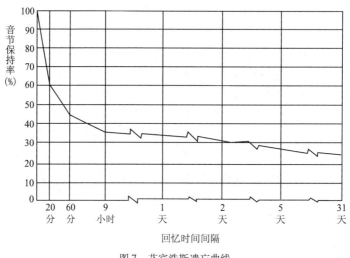

图7　艾宾浩斯遗忘曲线

了遗忘发展的一条规律：遗忘进程是不均衡的，在记忆的最初遗忘很快，以后逐渐缓慢，到了·定时间，几乎就不再遗忘了，也就是说，遗忘的发展规律是"先快后慢"。

莫等墙倒再造墙

遗忘规律要求我们学习之后要立即进行复习，加强记忆，并且以后还要再复习几次，但复习的时间间隔可以逐渐增加。比如学习的第一天后进行第一次复习，三天后再复习一次，下一次的复习则可安排在一周之后，以此类推。不管间隔时间多长，总之要在发生遗忘的时刻及时复习，克服遗忘。

当遗忘之后再去复习，我们就要重新花很多功夫才能恢复我们的记忆，我们与其在遗忘发生以后再重新去记忆，还不如在遗忘刚发生时就不断地巩固它，这样我们就能牢固地记住它。所以，新学习的材料一定要注意及时复习，至少要在当天加以复习，以减缓遗忘的进程。俄国伟大的教育家乌申斯基曾经说过："不要等墙倒塌了再来造墙。"这句话生动地描绘了遗忘曲线应用的精髓——及时复习。教师要让学生及时"巩固建筑物"，而不要"在建筑物崩溃之后才去修补。"

然而，很多学生并不如此，他们平时不复习，临考前开夜车，加班加点复习。"考试时仓促填塞的知识，如果不通过进一步的学习进行巩固，并随后进行充分复习，是会很快遗忘的"（艾宾浩斯，1885）。等他们需要再一次应用这些知识的时候，还需要再来一次加班加点的头悬梁、锥刺股的痛苦生活。

为什么那么多人不愿意复习，而一味地追求新知识？可能是因为复习旧知识使人感到枯燥，好像是在咀嚼已经吃过的馒头，没有味道。有人说，马儿不吃回头草，爱吃前面的嫩草。其实不然，复习就是"温故而知新"，"温故"是形式，"知新"才是最终目的，要在追溯陈旧中发掘新意。当然，达到"知新"不能依靠机械的重复、简单的记忆，每次重复应有不同的角度、不同的重点，这样每次重复才会有不同的感觉和体会，才会获得更深的认识。知识的学习就是在这种不断的重复中得到升华。

总之，要根据自己的实际情况，做到及时复习，不要对知识的学习总是从零开始。

利用复习周期

要做到及时复习，我们可以使用复习周期这个小工具，对识记过的内容进行反复的及时复习，以达到我们想忘记也忘不掉的效果。图8所示是一个复习周期模式。这个复习周期充分发挥了及时复习的优势。在进行考试复习的时候，我们使用这个小工具，就可以减少很多不必要的时间上的浪费。

初次学习
第一轮复习：一小时之后
第二轮复习：一天之后
第三轮复习：三天之后

第四轮复习：一周之后

第五轮复习：一个月之后

日期	1	1	2	3	4	5	6	7	8	9	10	……	29	30
轮次		一	二		三				四					五

图 8　复习周期安排

　　每次复习只需要看看你做笔记或者作了重点记号的地方，这样只需 3 ~ 4 分钟，如果内容多的话，也仅需 10 分钟左右。这个复习模式可以对记忆的保持产生根本的改善，事实上研究表明，在没有复习周期的情况下学习，24 小时后可能忘记 70%，而使用了这种简单的复习周期进行学习，半年之后还可记住 80%。

　　值得注意的是，上述数字只是一些示意而已，具体时间间隔以及每次复习时间长短要根据自己的掌握情况而加以调整。其安排原则是，开始阶段每次复习的时间长一些，复习的间隔短一些，后面阶段每次复习时间可以短一些，复习间隔可以长一些。

　　如果教师将复习不是安排在学期末集中进行，而是将复习分散在平时，效果会更好。

给学生留点"空白"
——超限效应

著名作家马克·吐温有一次在教堂里听牧师演讲。最初，他觉得牧师讲得很感人，就准备捐款，并掏出自己身上所有的钱。过了十分钟后，牧师还没有讲完，他有些不耐烦了，决定只捐一些零钱；又过了十分钟，牧师还没有讲完，于是他决定一分钱也不捐。到牧师终于结束了长篇的演讲开始募捐时，马克·吐温由于气愤，不仅未捐钱，相反，还从盘子里偷了两元钱。

超限效应

马克·吐温为什么最后会气愤，不仅没有捐钱，反而还偷钱呢？显然是因为牧师讲的时间太久了！牧师的话无论多么动听与感人，但如果他一而再、再而三地唠叨个不停，仿佛要把人的耳朵一下子灌满似的，再耐心的人也会心生厌烦！这种现象被心理学家称之为超限效应。

在现实生活中我们是不是也犯过如牧师一样的错误呢？当你的孩子无意或者有意犯下一个令你气愤的错误时，你是不是批评了一次、两次之后，还觉得不够解恨？或者还是怀疑你的孩子是不是记住了你对他（她）的批评、教育？为了确保他（她）能够记住并且以后不再犯同样的错误，于是你又"不厌其烦"、"不辞辛苦"、"苦口婆心"地为他（她）讲解为什么不能这样做的原因；或者干脆再批评几次，让他（她）长长记性！好像只有这样，你才尽到了做父母的责任！想想，每次当你这么做的时候，孩子的表情是什么样的，他们对你的每一个批判、意见都是虔诚地接受吗？

其实，在浑然不觉中，孩子的心理已由最初对自己错误行为的内疚感发展到对你一而再、再而三的批判的愤怒！他不是愤怒你不该批判他的错误，甚至在你前两次批判时他还曾下定决心以后好好表现，让你不再为他生气了！然而，当他发现你根本不相信他能记住你的批评，你对他根本不信任时，他会坚信你根本不是一个和他站在同一战线上帮他改进错误的人，简直是一个十足的无法容忍任何错误的恶魔！

此外，还有一些家长经常盲目地对孩子进行许多大而空的说教，殊不知孩子已经"超"熟悉这些"名言警句"，即使认为父母的话"句句是道理"，但由于家长爱之心切，责之心苦，在短时间内集中"火力"打"歼灭战"，造成孩子幼嫩的心灵难以承受，这同时也是广大青少年在受到父母不恰当的批评时出现"顶牛"的原因。

留点"空白"

作为教师，同样应尽量避免超限效应在批评中出现。曾经发生过这样一件真实的案例：一位教师在考试讲评课上反复批评一个学生，并当着全班学生的面把该生的试卷撕烂了。该生在忍无可忍的情况下用手中的钢笔戳向老师的脸，使这位老师的脸上留下了"永恒的记忆"。因此不管是家长，还是教师都应该切记：学生犯了一次错，只能批评一次。千万不要对同一学生的同一件错事，重复同样的批评。如果一定要再次批评，也千万不要重复同样的方面、同样的角度、同样的批评语句，应该换个角度进行批评，这样学生就不会觉得同样的错误一再被"穷追不舍"，厌烦心理、反抗心理就会随之减低。

教育要讲究"布白"艺术。中国绘画讲究"疏可走马，密不透风"。"疏可走马"指的就是"布白"。有了"布白"，才能产生美感。家长在平时与孩子的交谈中要点到为止，适当地留点"布白"，让他们自己去思考、去反省。对学生的批评更应该点到为止，切不可"宜将剩勇追穷寇"，要运用科学民主的方法去建造一架沟通的心灵之桥，惟其如是，才能使成长中的儿女把父母或教师视作自己信得过的良师益友，从而甘愿接受其教育，使自己的心理得到健康发展。

过犹不及

对学生的批评应注意"度"，那么对学生的表扬是不是越多越好呢？俄国作家克雷洛夫写过一篇著名的寓言叫《杰米扬的汤》。

> 杰米扬是一个十分好客的人。有一天，一个朋友远道来访，杰米扬非常高兴，亲自下厨烧了最拿手的好菜——一大盆鲜美的鱼汤来招待。朋友喝了第一碗，感到很满意。杰米扬劝他喝第二碗。第二碗下肚，朋友有点嫌多了。可杰米扬没有觉察，仍然一个劲地"劝汤"。朋友终于忍无可忍，丢下碗，拂袖而去。

在这则故事中，虽然鱼汤是好东西，但如果给予的量过多，反而给喝汤者造成心理负担，以至于出现不耐烦。古希腊哲学家德谟克利特说过："当人过度的时候，最适意的东西也会变成最不适意的东西。"

同样，在教育中对学生的表扬也不能太"廉价"。有这么一个例子，一个学生上课总是调皮捣蛋，自己不认真听讲，还影响他人，因此各科老师上课总是批评他。时间长了，批评根本不管用，于是班主任想出一个新方法，让各科教师将对他的批评改为表扬，发现他有任何的进步或者"闪光点"，都立刻大加赞扬。开始他很受感动，表现也大有改进，可是突然有一天，当教师以同样的方式对他进行表扬时，他却大为恼火，说："我已经进步了，还不够吗?"为什么会出现这种情况呢?

原来，听惯了批评的他，最初听到表扬时，觉得老师真的是看到了他的优点。后来当教师们不断重复地对他进行表扬了一段时间后，他觉得老师的表扬缺乏诚意，而且其中许多是有意拔高的。由此他便认为，这些教师只不过是在哄自己，名义上表扬，实际上是让他注意这些方面，有明褒暗贬之意。终于有一天，在他再也忍无可忍的情况下，表现出了上述的极端行为，也就不足为怪了。

可见，教师在任何方面都应注意"度"，如果"过度"就会产生"超限效应"，如果"不及"又达不到既定目的。因此，我们一定要掌握好"火候"、"分寸"、"尺度"，只有这样，才能恰到好处，才能避免"物极必反"、"欲速则不达"的超限效应。

认知超载

你是不是有过这样的经验，在课堂上、或者在听讲座时，如果对某个你还算感兴趣的问题，教师宣布"针对这个问题，我们有 3 点要讲"的时候，你会认真地听，甚至会试图记下这 3 点，然而当教师宣布"针对这个问题，我们有 10 点要讲"的时候，你便顿时失去了听下去的兴趣! 同样，如果一节课教师让你学习 10 个单词，你可能还会认真地学习，并试图掌握，但如果让你学习 50 个单词，恐怕你连试图记忆的兴趣也没有了。一节令人兴奋的作文课即将下课之际，正当你暗暗下定决心好好写这次布置的作文时，教师突然宣布："由于五一放假，时间较为充裕，所以布置 10 篇作文"，此时相信你都快晕掉了!

此外，下课了，老师仍讲解再三;周末了，班主任仍津津乐道，此时你是不是有一种想收拾书包，冲出教室的冲动! 之所以会出现上述这些现象，也是因为超限效应的原因。即人接受任务、信息、刺激时，存在一个主观的容量，超过这一容量，人就不愿意认真对待这些任务了。因此，当向学生或者孩子讲述某个知识、道理以及布置作业时，在时间以及任务数量上要注意不要超过学生可接受的限度，否则不仅达不到教育的初衷，而且会适得其反。

迈好眼前的一小步

——高原现象

常常有高考生问个不休：

在开始复习阶段，我感到学习效率高，收获大，进步也快。但随着复习的进一步深入，虽然与原先同样甚至更努力地学习，却觉得自己所获得的知识越来越糊涂，原来记住的概念、定理，在头脑中也不再清晰。有时一点都学不下去，一直走神，一点办法都没有。从而使得成绩停滞不前，甚至下滑。这是为什么呢？

高原现象

实际上，这种现象非常正常，它是学习过程的一个阶段。在我们的技能形成中，练习到一定阶段往往会出现进步暂时停顿的现象，这就是"高原现象"。之所以称为高原现象，是因为高原地形海拔高，但就其本身的地面来说却比较平坦，人在高原上行走了很长时间，海拔高度并未上升。这与上述学习中出现的现象类似。

试回想一下，在学习英语的过程中你是否有过同样的停滞不前的经历呢？有关研究表明：词汇量的多少明显影响到我们阅读能力的高低。但是当掌握的词汇量达到 3500～4500 的时候，就会出现第一次高原现象，平均滞留时间为 8 个月左右；达到 6500～7500 时，出现第二次高原现象，平均滞留时间为 12 个月左右；当词汇量达到了 9500～10500 的时候，第三次高原现象就出现了，平均滞留约 18 个月。

在技能学习中常会出现高原现象。布瑞安等曾经研究了收发电报中动作技能的进步，结果发现，在收报练习 15～28 天之间，成绩一度停顿下来，虽有练习，但成绩却不见提高，这就是练习进程中的高原时期。弗兰克斯等也曾经在研究中发现了高原现象，他的实验任务是追踪物体，每天练习 105 次，共 10 天。结果发现，在最初的 4 天中，进步十分明显；在第 5、6、7 三天中，学习没有提高，呈现高原现象；而 7 天后，学习成绩进一步提高。其他技能如弹钢琴、射击、打太极拳等的练习中都存在类似的高原现象（图 9）。

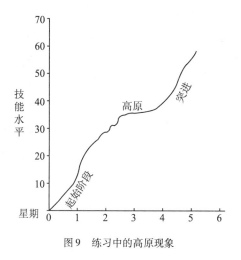

图 9　练习中的高原现象

高原现象表现为在高原期练习曲线保持在一定的水平而不再上升，或者甚至有所下降。但是，在高原期之后，练习曲线又会上升，即表示练习成绩又可以有所进步。

只问耕耘，不问收获

造成高原现象的原因是多方面的。

当练习成绩已经达到一定水平时，旧的技能结构限制了人们按照新的方式组织动作。在没有完成这种改造之前，练习成绩只会处于停顿甚至暂时下降的状态。继续进步需要改变现有的活动结构和完成活动的方式方法，而代之以新的活动结构和完成活动的新的方式方法。同理，在其他学习上，学习开始阶段所用的方法，到高原期不一定再合理，所以当到了高原期，学习者要尽早探索适应该阶段的学习方法。另外，学习者的学习方法在使用过程中会逐渐暴露出缺点。

在个人意志方面，经过较长时间的练习，学生学到一定程度时，练习兴趣有所下降，会感觉到非常疲劳，甚至产生厌倦情绪，学习动机会下降许多，导致练习成绩出现暂时停顿现象。这时就需要学习者坚持，保持强劲的动力系统。遇到困境时，具有攻关精神和百折不挠的勇气，有顽强的意志力，才能克服高原现象。有一位马拉松赛跑冠军说，我在跑步时，我每一时刻想念着的不是终点，而是怎么迈好眼前的下一步。有识者云："只问耕耘，不问收获。"克服高原现象需要的是耐心。

在个人知识方面，知识基础不牢的学生很容易遇到高原现象。知识基础不足的学生在学习上"欠债"太多，因而克服高原现象的一个重要方法是丰富自己的各种知识，打下丰富的知识基础。即使基础知识扎实，局部技能熟练，但要将它们加以综合，使它们连贯起来，也需要一定的时间。

创造"第二次呼吸"

学习是一个过程，经历从开始阶段、迅速提高阶段、高原期以及再次提高阶段的循环往复。王国维在《人间词话》中曾经说过，一个人走向成功必须经历三大境界：一者，昨夜西风凋碧树，独上高楼，望尽天涯路；二者，衣带渐宽终不悔，为伊消得人憔悴；三者，众里寻他千百度，蓦然回首，那人却在灯火阑珊处。第二境界就相当于我们所说的高原阶段。

高原现象并非是极限，并非是不能再进步的代名词，相反，它就像是黎明前的黑夜，这时不要松懈，也不必有挫败感，这种停滞是正常的，是任何人都会出现的，虽然这段时间很难熬，但也是技能进入更高阶段的表现，只要适当地调整练习方法并付诸一定的努力，再坚持一段时间就会有质的提升，只要突破这一关，我们获得的将是一笔巨大的财富，更何况创造性的成果也往往发生在高原期之后，我们就更没有临阵脱逃的理由了。

高原现象就像体育运动特别是中长跑中出现的"极点"现象。大家可能都有体会，在中长跑时，由于能量消耗大，达到一定程度后，就会出现呼吸急促，胸闷难忍，下肢沉重，动作不协调，甚至有恶心的现象，这在运动生理学上称为"极点"。当"极点"出现后，若情绪稳定，并适当减慢速度，加深呼吸，坚持下去，上述生理现象将会逐步缓解甚至消失。这是由于氧供应逐步得到增加，机体功能重新得到改善，从而使运动能力提高，动作重新变得协调有力，这标志着"极点"已经有所克服，生理过程出现了新的平衡。此种现象在运动生理学上被称为"第二次呼吸"。

同理，在学习中，经过我们的努力，也能闯过高原期这一关，创造出学习中的"第二次呼吸"！

柳暗花明又一村

——思维定势

"小明的爸爸有三个儿子，老大叫大乐，老二叫二乐，那么老三叫什么？"

你的答案是什么呢？三乐、小乐还是小明？

毋庸置疑，正确答案应当是小明，因为问题里面明明写着"小明"的爸爸有三个儿子。

是美女，还是老妪

下面有三幅图片（图10）。请你先看左边一幅，然后再看中间一幅，你看见了什么？如果你先看右边一幅，再看中间一幅，你现在又看见了什么？

图10　是美女，还是老妪

在看了左边一幅图后，从中间一幅图中看到了一位老太太；而在看了右边一幅图后，从中间一幅图中却看到了一位年轻的少妇。可见我们的思维明显受到前面思维的影响，这种现象被称为定势。

定势现象是非常普遍的，连动物也不例外。曾经有位城市青年在乡下看到有位老农把一头大水牛拴在一个小木桩上，就走上前，对老农说："大伯，它会跑掉的。"老农呵呵一笑，语气十分肯定地说："它不会跑掉的，从来都是这样的。"这位城市青年有些迷惑，忍不住又问："为什么会这样呢？这么一个小小的木桩，牛只要稍稍用点力，不就拔出来了吗？"

这时，老农靠近了他，压低声音（好像怕牛听见似的）说："小伙子，我告诉你，当这头牛还是小牛的时候，我就将它拴在这个木桩上了。刚开始，它不是那么老实待着，有时撒野想从木桩上挣脱，但是，那时它的力气小，折腾了一阵子还是在原地打转，见没法子，它就蔫了。后来，它长大了，却再也没有心思跟这个木桩斗了。有一次，我拿着草料来喂它，故意把草料放在它脖子伸不到的地方，我想它肯定会挣脱木桩去吃的。可是，它没有，只是叫了两声，就站在原地望着草料了。你说有意思吗？"

可怜的水牛！也许只要轻轻一挣就会得到自由，可是由于受小时候形成的定势的束缚，却只能在原地打转。

一次特殊的面试

有家公司准备招聘既懂业务又头脑灵活、看问题全面的总经理助理一名，人事经理在斟酌挑选后，近30人有幸被通知参加笔试。

试卷上试题是这样写的：

综合能力测试题（限时两分钟答完），请认真阅读试卷。

1. 在试卷的左上角写上姓名；

2. 写出三种热带植物的名称；

3. 写出三座中国历史文化名城；

4. 写出三座外国历史文化名城；

……

不少考生眼睛匆忙扫了扫试卷，马上就动笔"沙沙沙"地在试卷上写起来，考场上的空气因紧张而显得有些凝固。

一分钟、两分钟，时间到！除了有四五个人在规定的时间之内回答完起身交试卷外，绝大多数人都忙着在试卷上答题。此时，人事经理宣布考试结束，未按时交的考卷一律作废。考场上顿时像炸开了锅，未交卷的考生纷纷抱怨，而人事经理只是面带微笑地说："请诸位再仔细看看试题。"

众人仔细观瞧，只见后面的试题是这样的：

……

14. 写出三句常用歇后语；

15. 如果阁下看完了题目，请只做第一题。

真是让人哭笑不得，啼笑皆非！

事实上，一般的考试要求是每题都要做，而我们一般也是按先后顺序来答题，可在上面的应聘中，这样的定势使多少人失去了助理的职位！

心算家的"滑铁卢"

即使是专家，只要一时疏忽，同样也会受到定势的影响。著名的心算家阿伯特·卡米洛从来没有失算过。这一天他做表演时，有人上台给他出了一道题："一辆载着 283 名旅客的火车驶进车站，有 87 人下车，65 人上车；下一站又下去 49 人，上来 112 人；再下一站又下去 37 人，上来 96 人；再再下站又下去 74 人，上来 69 人；再再再下一站又下去 17 人，上来 23 人……"那人刚说完，心算大师便不屑地答道："小儿科！告诉你，火车上一共还有——""不，"那人拦住他说，"我是请您算出火车一共停了多少站口。"阿伯特·卡米洛呆住了，这道简单的加减法竟成了他的"滑铁卢"。失败的原因就在于他受定势影响仅仅考虑到了老生常谈的问题。

心理学家陆钦斯曾经做过一个实验，要求被试用容量大小不同的容器量出一定量的水。总共有 8 道题，而且可用同样的方法做出来，但后 3 道可以用更简便的方法来做，即后 3 题有两种方法：一种与前 5 题相同，另一种是不同于前 5 题的简便方法。实验将被试分为两组，一组从第 1 题做到第 8 题，另一组只做后 3 道。结果表明：第一组大多用了同样的方法来解这 8 道题，对于后 3 道没用简便方法，而第二组则全部采用了简便方法。这说明，第一组受到了前面定势的影响。

换一换脑筋

在学习过程中，我们经常会像陆钦斯实验中的第一组，由于受先前做题经验的影响，去套用某些公式或者某些方法，结果常常是：或者没有新意，或者没用该用的简便方法而使过程繁琐，甚至张冠李戴导致错误的结果。所以教师应当创设能够提供自由思维空间的情境，鼓励学生从不同角度进行思考，打破定势的影响。

有一位语文老师在作文课上是这么做的。他首先呈现的作文情境是被钓上岸的鱼娃在鱼笼里无法脱身。要求同学们给鱼娃想个解救的办法。体裁是童话，可以通过丰富的想象和夸张手法，对鱼娃作拟人化描写。动笔前，他先让学生口头表述故事的梗概："鱼娃被钓上岸来，害怕极了，哭闹着要妈妈，要回家。它对钓鱼人说：'您放了我吧！以后我会报答您的。'钓鱼人可怜它年幼，就把它放回了水中。"同学们的叙述，几乎众口一词。对此，这位老师点拨说："难道鱼娃就没有别的法子求生了？"心有灵犀的学生，一经点拨，茅塞顿开。一个学生说："有啊！鱼娃的小脑子要是能转转弯，一定会用计谋解救自己的。""用什么计谋呢?"老师进一步加以引导。"鱼娃要能了解钓鱼人的心理,准会说:'我被您钓上岸来,我的伙伴都会吃惊吓跑的,当然您就不会再钓到鱼了。不如您把我放回去,让我把它们都找回来,让您钓个够吧。'"这样,这位老师就引导学生从不同的角度对这篇文章进行了构思,帮助学生突破了思维定势的局限。

文章不如我，造化不如他

——归因偏差现象

旧时有一位私塾先生，自诩文章高明。他与自己的弟子们一道连续几届参加科举考试，但每次都是弟子们中举，自己却名落孙山。一次，主考大人宴请社会绅士名流，会上谈及此事。主考大人问他这是什么道理，他愤愤然吟诗道："文章不如我，造化不如他。"说罢，扬长而去。

归因偏差

在生活中，每个人都是科学家，具有探究事情原因的倾向。而且，在归因时，每个人都有一种自我防御倾向。如果自己成功了，找主观原因，特别是特质方面的原因，诸如能力高什么的；倘若自己失败了，找客观原因，特别是情境方面的原因，诸如运气不好、晚上休息不好、题目范围太广或者考试环境嘈杂等。反过来，对别人则没有这么厚待了，别人成功了，说是客观的情境原因，如机会好云云；倘若别人失败了，则说是主观的特质原因，诸如能力低下、只知道死啃书本之类的。这种把成功归因于自己而否定自己对失败负有责任的倾向性称为自我服务偏差。说白了就是"往自己脸上贴金"。这位私塾先生以诗的语言高度浓缩了这种归因偏差，不知这是否也算是一种人性的弱点。

这种归因偏差还存在于如何看待他人对你的反应之中。假如有一份作业急着要交，可你死活都做不出来，就去问班委，他却推托说现在有点忙，并要你去问别人。这时，你会怎么想呢？是想："有什么了不起的！比你学习好的多的是，臭美什么呀！"还是认为："班委的事确实比较多，要不然他不会不帮忙的。"事实证明，尽管真实情况是班委当时确实很忙，而在这百忙之中能给你一个建议要你去问问别人，也已实属不错。但大多数人却依旧倾向于选择第一种想法，从而给自己带来了不快。这属于归因偏差的一种，即观察者倾向于强调行动者特质的作用，而行动者倾向于强调情境的作用。

除此之外，刺激的显著性也会造成我们的归因偏差，例如，我们通常认为坐飞机要比坐火车危险，事实上火车发生事故的频率要比飞机高。那我们为什么还会这么认为呢？究其原因在于飞机发生事故是比较重大的事情，损失较大，因而媒体会大肆报道，使其在我们的头脑中留下了深刻的印象。而人们又有一种倾向性即利用易进入头脑的信息去推论现实事件的可能性。所以，我们会认为坐飞机要比坐火车危险。

换位思考

如何避免这种归因偏差呢？斯托姆斯曾经做过一个研究。他让成对的男性被试进行简短的交往谈话，另外两个被试在旁观察。随后问这些人，个性品质和情境特点在交谈的行为表现上的重要性如何。结果行为者认为情景特点比较重要，而观察者认为个性品质比较重要。然后，他又让部分行动者和观察者观看谈话录像。这时，每个行动者看自己就像观察者看他一样。而每个观察者则从行动者的角度来看待这个环境。通过这种移情转换，结果，行动者与观察者的差异大大减少，更多的行动者进行了内部归因。

在日常生活中，为了避免这种归因偏差，我们可以进行换位思考，站到别人的角度去想一想。知己知彼，将心比心，正所谓"恕"也。

警惕归因偏差

在学校中，教师也主要存在两种归因偏差。

第一种归因偏差是教师容易把学生出现的问题归结于学生自身的因素，而不是教师方面的因素。例如，一位走上工作岗位不久的中学数学教师任课班级的学生成绩不好，他归因于这个班学生能力偏低。调换到另一个班后，这个班学生的学习成绩又明显下降，他又说是这个班的学生与他作对。有调查发现，让班主任对学生的问题行为进行归因时，教师往往是归结于学生的能力、性格和家庭，而很少认为与教师态度和教学方法有什么关系，可是学生们却认为与教师的行为是有关系的。这一类归因偏差的危害在于教师把问题的责任推给了学生，在教育之前就已放弃了教育者应负的责任。

第二种归因偏差是教师对优秀生和差生的归因不一样。当优秀生做了好事或取得好成绩时，教师往往归结为能力、品质等内部因素；而当差生同样做了好事或取得好成绩时，却往往被教师归结为任务简单、碰上了运气等外部因素。相反，当优秀生出现问题时，教师往往归因于外部因素；而差生出现问题时却被归因于内部因素。有一位初中生，化学成绩一直不太好，经过努力后他在一次重要考试中得了全班最高分，可是化学教师却说他是抄了同桌的答卷。这位学生一气之下，再也不听化学课了。很显然，这一类归因偏差对于差生的发展是极为不利的，他们即使表现出一些好的行为，也难以得到教师的准确评价，倘若表现不佳，则更被看作是不可救药了。

归因偏差危害如此之大，所以作为教师，应当了解归因偏差的原因，在进行归因时要慎重了再慎重，考虑了再考虑。

要一个，还是两个？

——沉锚效应

现在请一组人回答下面两个问题：

1. 土耳其的人口超过 3500 万吗？

2. 你猜土耳其的人口有多少？

再请另一组人回答两个类似的问题：

1. 土耳其的人口超过 1 亿吗？

2. 你认为土耳其的人口有多少？

你在两种情况下对土耳其人口的估计会一样吗？

聪明的谈判

一个很有趣的结果是，人们在回答第二个问题时都受到了第一个问题的影响，第二个问题的答案随着第一个问题数字的增大而增大。这个简单的实验可以说明人们心理中一种常见而有害的现象，即沉锚效应。

中国人用成语"先入为主"来表示这个意思。在作一个决定时，我们的大脑会对得到的第一个信息给予特别的重视。第一印象或数据就像沉入海底的锚一样，把我们的思维固定在了某一处。

聪明的谈判者很善于利用这种沉锚效应来达到自己的目的。他们会选择有利的数据和事实说服对方，让他们屈服。举例来说，现在有一家公司要在开发区设一个办事处，在经过一番考察后，找到了一个位置和设施都比较理想的商务楼，于是安排与这家房产商见面。房产商一开始提出的合同条件是，租期10年；每平方米每天租金2元，每年价格随物价的上涨幅度而定；所有室内的改装费用由租户自理；10年以后由租户决定是否延长租期。

公司派出的谈判代表作出了反馈，他们接受了大部分条件，只是把价格往下压了一些，并要求房产商承担一部分装修费用。其实，这家公司本来可以通过谈判取得更多利益，如把价格降到市场较低价、两年一次调整价格、规定价格的上限、规定延长租期的各种条件等。但遗憾的是，他们的思维被房产商的合同文本限制死了，掉入了房产商所设的"沉锚"陷阱，为此多付出许多租金。

沉锚效应的表现方式多种多样，它可能是无意中的一句意见或晚报上的一个小数字。在商业中，最常见的"沉锚"是先例或趋势。市场策划人员在制订销售计划时会参考去年的计划，这样的计划如果能充分考虑其他因素，得出的数字可能是准确而恰当的，但如果一味依赖原来的数字，那原有数字就变成了"沉锚"。

美味"陷阱"

研究者已发现了影响人们思维的一系列类似的缺陷或陷阱，有些是错误的感觉，有些是偏见，有些是我们思维中非理性的因素。之所以称其为"陷阱"，是因为不易被人察觉，它们就融于我们的思维过程中。

> 有两家靠街紧邻的卖粥小店，生意均很红火，每天顾客川流不息，然而晚上闭店结算时，左边小店总比右边小店多出百十元，天天如此，这是何故呢？右边店的张老板百思不得其解，为此甚是苦恼，如何提高该店的营业额？
>
> 经过了解才知道，原来左边小店每进来一个顾客，服务员都会问："本店的煎鸡蛋外黄里嫩，味道很好，您是要一

个煎蛋还是两个?"爱吃鸡蛋者会要两个，不爱吃的也会要一个，当然也有不要的，毕竟很少。

而回想自己粥店的情景，她们的说法与左边店则有些小小的出入:"本店的煎鸡蛋外黄里嫩，味道很好，您要不要尝一尝?"结果，有的说要，有的说不要，大概各占一半。

在人们作决策时，思维往往会被得到的第一信息所左右，第一信息就像沉入海底的锚一样，把你的思维锁定起来。右边小店的服务员，让顾客选择"要不要煎蛋"，而左边小店则让顾客选择"要一个还是两个煎蛋"。由于顾客接收到的第一信息不同，使其作出的决策也就有所不同。

"锚"式教学

沉锚效应在教学中也是普遍存在的，案例教学就是利用了沉锚效应。案例成了利用所学知识解决类似问题的"锚"。

教师在上课的时候既需要利用这种沉锚效应，又需要预防沉锚效应。例如上课的时候，如果学生遇到了难题解决不了，需要给个"锚"，也就是与这道难题相关或相类似的，但又稍微容易一些的题，这样学生就容易找到正确的解题思路;语文教学中好的作文范文，是一个"锚"，可以给学生很多的启发。但是这也可能会形成思维定式，限制学生的思路，容易造成千篇一律的情况，因此在这时候又需要预防沉锚效应。

要想绕过"沉锚"陷阱，就需要我们从不同的角度来看问题，不要一味依赖你的第一个想法。在向别人请教前，先自己考虑一下问题，不要被别人的意见所左右。所以要集思广益，寻求不同的意见、方法，以开拓自己的思维，打破原有的条框束缚。

小步子，大目标
——连锁塑造

　　有一对恩爱的夫妻，丈夫从不愿意做家务事，每天下班后，妻子还要拖着疲惫的身体做饭，她非常苦恼。但是有一天，她受到了启发，用一个聪明的办法彻底改变了她的丈夫。那天，上班前她把米洗好，放进电饭煲里，一切准备就绪，只要插上电源就行了。下班后，她故意晚回家一会儿，打电话对丈夫说："我现在不能回家，你只需要插上电源，我们就能及时吃到晚餐了。"丈夫觉得这很简单，就爽快地答应了。妻子回家后热烈地拥抱丈夫，夸奖他说，我们能及时吃上这顿晚餐，全都是因为你的这一伟大举动 —— 插电源。这样过了一段时间，妻子把米洗好，但是不放进电饭煲，要求丈夫把米放进电饭煲后插上电源。丈夫觉得这并不比以前麻烦太多，于是回家后还是好好地把饭煮上。慢慢地，妻子留下的工作越来越多，而且妻子每次都会因为丈夫的小小的进步而给予一番夸奖。于是，丈夫在不知不觉中改变了自己的行为，同时也潜移默化地改变了自己对做家务的态度，每天回家做饭就成了他的一种习惯。

连锁塑造

　　我们曾经惊叹于马戏团动物的表演：海豚能够跃出水面穿越高高的火圈，猴子能够做一些简单的计算题……马戏团的动物为何这么聪明？其实，我们自己家的小动物也一样聪明。如果你有一只鸽子的话，按照我说的方法去做，你的鸽子就能学会啄彩色的圆盘，而不啄其他地方。不信？我们就来试一试吧！

　　准备一只斯金纳箱(图11)(这是著名的心理学家斯金纳发明的箱子)，在箱内一面箱壁上嵌上一个与箱壁平齐的彩色小塑料圆盘。我们训练的目的，就是让鸽子啄这个彩色圆盘，而不是箱壁上的其他任何地方。训练开始了，此时，只要鸽子在箱子中的任何地方朝盘子这个方向稍微转动一下身体，你就给鸽子喂食。这样，多次以后，你会发现，鸽子朝这个方向转动的频率明显提高。当鸽子经常做出这一行为时，我们就开始提高要求了，只有鸽子转向圆盘这个方向时，才喂它食物吃。等到鸽子经常向圆盘转动时，我们再次提高要求，只有当鸽子啄向圆盘时才给它喂食。这样多次之后，你就会惊奇地发现，鸽子真的学会啄圆盘了！

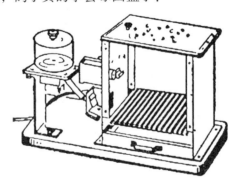

图11　斯金纳箱

　　也许你要问，这是什么神奇的方法啊？其实，上面的鸽子训练就是斯金纳曾经做过的实验，教鸽子啄圆盘的具体操作过程就是连锁塑造的全过程。连锁塑造就是指通过小步骤反馈来达到学习目标，也就是说，首先要把目标分成几个小目标，每完成一个小目标就要进行反馈或强化，对于鸽子而言就是喂它食物，最终达到大目标。

虽然连锁塑造的实验是用动物做的，但是很多时候也是适用于人类的。比如在本文开头，那位妻子的智慧就是来源于连锁塑造的启发，这不但逐渐培养了丈夫做家务事的内在动机，而且达到了行为改变的最终目的。

连锁塑造的应用

连锁塑造应用于矫正学生行为的情况比较多。下面就是一个典型的例子：

> 小涛是小学五年级的学生，每到自习课，他总爱离开座位在教室里走来走去。老师发现小涛在离开座位之前，一般能在座位上待5分钟。老师和小涛面谈了一次，告诉他，如果他能连续5分钟都待在座位上就可以得到一个小奖品，而且时间要从上课开始，每隔5分钟他都有机会获得奖励。一周以后，老师告诉小涛他做得很好，现在要求小涛必须连续坐在座位上10分钟才能得到奖励，但是，这次的奖励要比以前更多。又过了一周后，老师告诉小涛连续坐在座位上15分钟才能得到奖励，而且他会更喜欢这次的奖励。在这个阶段中，小涛表现得很好，在自习的30分钟内，小涛没有擅自离开座位一次。

同理，一些父母可能正在为孩子贪玩，不能安静地坐下来写作业而感到苦恼，那么，不妨采用类似的方法。开始时，只让孩子学习10分钟，完成后，允许他做15分钟他喜欢的事情作为奖励。经过一段时间，他已经能够坚持 10 分钟学习之后，就要求他连续学习 15 分钟，如能达到，就让他自由活动 10 分钟或者给予其他奖励。这样逐步要求，使他不断增加认真学习的时间，逐步使他能够坚持较长时间认真学习。

老师也可以用连锁塑造锻炼学生的胆量。如果一位同学害怕在全班同学面前讲话，可先让这位学生在小组同学面前坐着读一个报告，同时表扬他。当他不再害怕坐着读时，就要求他站着读。然后，让他根据笔记内容作一个报告。最后，让他到讲台前给全班同学作报告。这个过程中，教师和学生对他的宽容和鼓励可能是最好的强化物。

连锁塑造还有另一种应用形式，就是"倒序"教一些复杂的程序。年轻的父母们在教孩子穿衣服时，就可以应用这种方法。首先，父母把穿衣行为分解为 6 个动作：穿内裤——穿内衣——穿袜子——穿裤子——穿衬衫——穿鞋。先由父母帮孩子完成前 5 个动作，最后一个动作让孩子自己完成，等孩子能独自熟练地完成后，父母就再多留一个动作让孩子完成。这样循序渐进，孩子轻轻松松就可以独自穿衣了。当然这个过程中，家长不要忘了强化、鼓励孩子。

连锁塑造不仅可以用来学习新的行为，也可以用于消除已有的行为。一个小女孩总是爱哭，并且一哭起来总是没完没了，家人拿她也没办法。有一天，妈妈对她说："下次你如果只哭 20 分钟就自己停下来，我会给你一个小奖励。"果真，当女孩下次哭泣的时候，就努力控制自己不超过 20 分钟。一段时间后，妈妈又说："下次只有当你哭 15 分钟就自己停下来的时候，我才会奖励你。"逐渐地，妈妈不断地减少她哭泣的时间，小女孩也慢慢地学会了控制自己。

连锁塑造对于教学也有一定的启示。"跳一跳，摘果子"表达了教学中的最近发展区思想，连锁塑造为学生学习复杂的、较难的知识提供了实现"跳一跳，摘果子"的方法，那就是分解学习目标，通过设计小的步骤，让学生"跳一跳"后就能摘到"小果子"，"小果子"积累多了，就实现了大的目标。

有些人可能认为，我们人类的学习能力那么高，不需要连锁塑造就能掌握很多新行为、新知识。然而，一个人的习惯行为是在长期的生活中逐渐形成的，因此，不良的习惯行为不会一下子就消除；健康的行为也不可能一蹴而就。所以，在教育中，教师和家长一定要有对孩子进行长期连锁塑造的观念，有意识地一步步培养与巩固孩子的行为习惯。

小考挺好的，大考就砸锅

——詹森效应

我的孩子平时考试，成绩非常好，但一到大考，成绩就下来了，这是什么原因？有什么办法解决？

詹森效应

曾经有一位名叫詹森的运动员，平时训练有素，实力雄厚，但在体育赛场上却连连失利，使得自己和他人都感到失望。不难看出这主要是压力过大，过度紧张所致。由此人们把这种平时表现良好，但由于缺乏应有的心理素质而导致正式比赛失败的现象称为詹森效应。

詹森效应在中国的运动员身上也曾经出现过。2004 年雅典奥运会前被寄予夺金厚望的中国男子体操世界冠军李小鹏在男子单项比赛中发挥失常，仅获得一枚双杠铜牌。而同样是他，在 2003 年世界体操锦标赛却获得了两个项目的冠军，而且也是 2000 年悉尼奥运会的双杠金牌得主。由此我们不能说他没有夺金的实力，事实上，他在赛后接受采访时表示，这次发挥失常的主要原因是某些特殊情况给自己带来了较大的压力，导致心情紧张。

同样是在雅典奥运会上，中国女排以 3∶2 战胜俄罗斯队，赢得了奥运冠军。当中华人民共和国国歌奏响、国旗升起的时候，有很多人为此落泪。这不只是因为我们赢了，更多的是因为在比赛中表现出来的女排精神。事实上，她们起先负于俄罗斯队两局，不能再失局的中国队在第三局并没有出现人们意料中的慌乱，打得依然有板有眼，其间除了出现一次 12 平外，比分更是一路压着对手。就这样，赢回信心的中国姑娘笑到了最后。由此，我们不得不说是中国女排良好的心理素质赢了。还有乒乓女将邓亚萍，虽然已经隐退，但每每提起她，我们总会想到她在赛场上胜败取决于最后几个球的关键时刻，总能沉着冷静，最终赢得胜利。她自己也曾经说过，其实技术有时是不分上下的，这时靠的就是心理素质。

考场上的"詹森"

詹森效应在学生的考试过程中屡见不鲜。某报曾经接到一位学生家长发来的"求救"邮件：我的孩子即将参加高考。想想三年前孩子中考时的情况，我不由得忧心忡忡。三年前，我的孩子在班级乃至学校都是佼佼者，但这个孩子比较内向，心理素质较差。这个缺点给他带来严重的后果：平时成绩很好，一到大考就一落千丈，中考成绩"超低水平"发挥，只勉强考上了普通中学。孩子没办法面对这个现实，整天把自己关在房间里，消沉了许久。现在，三年过去了，尽管我的孩子在这所普通中学表现很好，年年都获得"三好生"称号。如果正常发挥，孩子上本科甚至重点都没问题，但如果改变不了心理素质差的毛病，成绩难以预料。我们真担心，在高考更紧张的气氛中，孩子能否承受得住。真希望你们能帮我想想办法！

还有一名学生，连续两年参加高考，均因在考场上过度紧张而落榜，而按平时的考试成绩，他是完全可以进重点院校的。第一门考数学时，有一道题他平时没见过，因此紧张起来，心跳加快，呼吸急促，神情慌乱，双眼模糊，看不清试卷，结果本来是特长的科目却考得一塌糊涂，最后以 3 分之差落榜。经过一年的刻苦学习，他又走进了高考的考场。但一进考场，他又被笼罩在一种无形的紧张气氛中，明明会解答的题目，甚至平时熟悉的题目都变得陌生起来，待走出考场才恍然大悟，结果又以7分之差落榜。两次考场失利使这个男孩掉进了痛苦的深渊，他再也没有勇气参加高考了。

与"詹森"说再见

人生道路上有风有雨，有阴有晴。对此消极对待，则是苦是怨，愁煞人也；而积极相对，就可视之是情是趣，就像苏轼所说的"也无风雨也无晴"了，能给人一种淡泊宁静的情趣而回归到依然故我的纯真境界。宋代周密《酹江月》中的"如此江山，依然风月"，纵然世态冷暖炎凉，可那只不过是一时的风雨与晴空，归根结底，还要回复到"依然风月"的本真去。

要让每个学生都能做到"胜不骄，败不馁"，像古人那样淡泊名利，始终以积极的心态面对一次次考试，的确很困难。不经风雨，哪里见彩虹？少年周恩来在回答校长"为什么读书"时，没有像其他同学那样回答，而是提出"为中华之崛起"，并以此为激励，发愤读书，学习成绩始终优异。周恩来从小树立了远大的志向，但是他没有把这些作为压力，使之成为他迈向前进的心理包袱。他反而心胸宽广，虚心学习，严于律己，坚持"活到老，学到老"，取得了事业上的光辉成就。

那么，在学校教育中，如何使学生避免詹森效应呢？

第一，摒弃心中的非理性观念。许多考试焦虑、紧张的学生经常对自己或对别人说："我在重要考试中必须不惜一切代价保证成功。""如果我在重要的考试中失败，我就会没有价值，别人就会看不起我，我会很没面子。""如果考不好，我的前程算是毁了。"这些话纵然能增强他们考好的决心，但也容易引起焦虑，不利于正常水平的发挥。要想避免詹森效应，在平时就应当注意矫正学生这些不正确的想法，使他们养成以平常之心对待考试的良好习惯，减少紧张情绪，更好地发挥出自己的水平。

第二，加强综合训练，提高考试策略。平时小考针对的是部分知识，大考往往着眼于前后知识乃至各科知识的综合应用。学生需要加强对各种知识的整合理解和灵活应用，提高解决问题的能力，形成有效的应对综合问题的策略。此外，还需要对以往大考表现进行反思，发现问题，寻找对策。

　　第三，家长保持平常心。对于家长和教师来说，期望过高也可能会给孩子带来压力，所以他们应当调整过高的期望。我们应当明白，其实孩子需要的是更多的鼓励而不仅仅是"你一定要考上重点大学"等诸如此类的话。除此之外，家长和教师还应以平常心态去对待正式考试，否则势必增加考生的心理压力，使得他们觉得如果考不好，会对不起家长和老师。

要想吃肉，先得吃青菜

——普雷马克原理

"乖，吃了这些蔬菜就让你吃肉。"

"做完作业后，让你看一小时的电视。"

……

普雷马克原理

一般说来，玩和看电视是孩子们喜欢的活动，发生的频率较高；而吃蔬菜和做作业对某些孩子来说是不太喜欢做的事情，发生的频率较低。普雷马克最早提出，利用频率较高的活动来强化频率较低的活动，从而促进低频活动的发生。这一原理被称为普雷马克原理。由于祖母对付孙子常用这种方法，所以又被称为祖母原则。说得更明确一点，就是先让孩子做一些不太喜欢做的事情，然后"柳暗花明"，就可以做自己喜欢的事情了。

普雷马克原理源于1959年普雷马克的一个实验。他让孩子们从两种活动中选择一种：其一是玩弹球游戏机，其二是吃糖果。当然一些孩子选择了前者，一些孩子选择了后者。更为有趣的是，对于更喜欢吃糖果的孩子，若将吃糖果作为强化物，便可以增加其玩弹球游戏机的频率；相反，对于更喜欢玩弹球游戏机的孩子，若以玩弹球游戏机作为强化物，便可提高其吃糖果的量。由此可见比较喜欢的活动可以用来强化不太喜欢的活动。

用高频活动奖励低频活动

峰峰已经是初一的学生了，可是在许多方面还存在一些问题，例如：学习不用功、作业总是拖拖拉拉、挑食——爱吃肉不爱吃蔬菜、练小提琴不能持之以恒、作息时间不恰当等等。这些问题令大家非常苦恼，但是妈妈发现峰峰也有自己的爱好，他喜欢玩游戏、上网、踢球、看动画片、喝饮料。于是妈妈想出了一个办法，列出了下面的这个清单，并将它贴到峰峰写字台边的墙上，这样他就可以时常受到提醒：

首先完成：当天的家庭作业，然后可以：玩游戏；

首先完成：打扫自己的房间，然后可以：出去踢球；

首先完成：洗自己的袜子，然后可以：看动画片；

首先完成：吃蔬菜，然后可以：喝饮料；

首先完成：练习20分钟的小提琴，然后可以：出去玩；

首先完成：早睡早起，然后可以：周末去游乐场；

首先完成：期中考试取得好成绩，然后可以：买电脑；

首先完成：期末考试取得好成绩，然后可以：上网。

当然，在旁边还有一张时间表。

峰峰的表现是：第一周完成得比原来好一些，但也有完不成的情况；第二周比第一周要好……到了期末考试时，就已经做得不错了。

在这个过程中，我们应当注意祖母原则是不能颠倒的。例如，母亲对峰峰说："如果你能够保证在晚上把数学作业做完的话，那么，你现在可以看动画片。"如果峰峰的数学很差，而母亲又允许他看动画片的话，那么，他就没有动力，也没有时间去完成作业了。一边是很难的数学，一边是诱人的动画片，缺乏自制力的孩子，会一直把动画片看完。在看动画片的同时，他同时也会心生内疚、产生不安，毕竟他已经答应了要做数学作业的。答应做某事和内疚并不能帮助孩子完成不喜欢做的事情。完成工作后，再给予其一定的奖励才能成为孩子完成工作的动力。如果颠倒了祖母原则的顺序，那么，要求孩子去完成某件不喜欢的工作是比较困难的。

选用学生的最爱作奖励

再来看学校中的一个例子：有看电视、踢足球和做功课三项活动，某学生喜爱的程度由高到低是看电视、踢足球和做功课。按普雷马克原理，我们可以用看电视和踢足球作为奖品奖励做功课的行为。但条件是学生必须先认真做完功课，然后才能得到看电视或踢足球的奖励。如果颠倒了做功课与得到奖励的关系，即先看电视或踢足球，然后再做功课，则这种奖励不仅不能促进认真做功课的行为，反而会奖励其他不良行为。

但有时，学校、老师和家长们付出了好多金钱，提供了好多东西来对学生进行强化，却没有起到作用，其中的原因可能是因为强化物的选取不恰当，而普雷马克原理就为克服这一困难提供了方法。具体过程就是：首先观察学生在有机会选择时究竟选择什么样的活动，然后按选择的可能性把这些行为排列出顺序。由于人的观点和信念是不断变化的，所以这个顺序不是永久不变的。更何况任何强化物，如果经常使用，都会导致餍足，使反应的可能性下降。所以教师需定期观察学生，对他们的喜好进行重新排序，以便更有效地进行强化。要注意在制订行为计划时，最关键的一个环节就是预先确定在情景中哪个强化物可能最有效。除了观察，还可以和学生商量，看看他想要的到底是什么。

去年今日此门中，人面桃花相映红

——情境相似性

你看到一个人穿过拥挤的房间，你知道你认识这个人，但却怎么也想不起是在什么地方认识的。终于，在经过了一段时间还算礼貌的凝视后，你记起了他(她)是谁——你意识到问题在于这个人完全呆错了环境，帮你递送邮件的这位女士或者警告过你的这位警察出现在你最好朋友的聚会上干什么？

情境相似性

这一现象典型地说明了心理学中的编码特异性原则(encoding specificity)，当回忆时的背景与识记时的背景相匹配时，记忆效果最好。人们常说，触景生情，睹物思人。

有人做过这样一些有趣的心理学实验。在一个实验中，大学生在不同日期、不同实际场合下分别学习两组对偶联想项目(相当于记住外语单词与中文意思)。一次大学生们是在靠近密歇根大学校园的一幢建筑的一间没有窗户的屋子里学习的。实验主持者衣着整洁，穿着上衣，打着领结，把成对联想的项目用幻灯机放映出来。另一次，大学生们是在一间窗户开向校园主楼的小屋里学习的。实验主持者(还是先前那位主持者，但有些大学生认不出他)衣着草率，穿一件法兰绒衬衣，斜纹布工裤，成对联想项目是用录音机播放的。一天以后，一半大学生在原来场合下进行回忆，另一半大学生在另一种场合下进行回忆。在原场合下测验时，大学生能回忆原来所学的59%；而在另一种场合下测验时，大学生只能回忆原来所学的46%。

在另一个实验中(图12)，佩戴水下呼吸器的潜水员在海滩上或在水下学习一些单词序列，然后在其中的一个环境下测试他们对这些单词的保持程度。当识记和回忆的环境匹配时成绩提高接近50%，尽管学习内容与水或潜水根本没有关系。同样的，当背景音乐的节奏在识记和回忆时保持一致时，人们在记忆任务中会表现得更好。

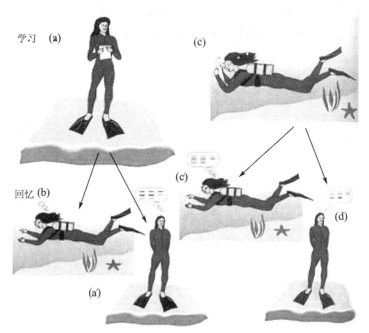

图12　潜水员不同场合学习实验

日常生活中，经常发生与此类似的现象，俗话说"触景生情"、"睹物思人"，在一定的情景下，人能联想起在这一情景下所发生过的事。故地重游，不禁联想起上次同来之人、同游之事。有诗曰："去年今日此门中，人面桃花相映红，人面不知何处去，桃花依旧笑春风。"

为什么会出现这种现象呢？当信息的提取情境与学习情境相同或相似时，我们可以充分利用情境中的信息提示线索，这些线索帮助我们回忆曾在此环境下发生的事情以及学习的内容。当面临新的提取情境时，因新情境与原来情境有差异，在我们走进新情境的刹那间，便会启动与新情境相联系的相关经验，从而达到对新情境的理解，消除陌生感。这一过程虽然是在无意识的状态下完成的，但其对新情境相关经验的启动，必然会引起对原有情境相关知识的抑制。

生理状态相似性

除了环境方面的背景信息能影响学习者的记忆外，个人方面的背景信息如心境、意识水平甚至生理状态同样会影响记忆的效果。我们的情绪兴奋时，能回想出许多愉快的事，心境不佳时能回想出许多不愉快的事。我们常常听人这么说：深醉了的人在清醒后，不记得自己喝醉时把酒瓶藏在何处；而当他喝醉时，则记不得自己清醒时把钱藏在什么地方。

如果能够回复到与自己学习某种知识时同样的情绪或生理状态，就易于回忆起这种知识。心理学家鲍尔让人学习两个项目单，一个项目单是在由催眠而引起的愉快情绪下学习的，即让他们回味自己生活中的一个愉快事件，然后学习。另一个项目单是在由催眠而引起的不愉快情绪下学习的，即让他们回味自己生活中的一个伤心事件，然后学习。后来的回忆测验仍然是分别在由催眠引起的愉快或不愉快情绪下进行。结果是测验时情绪状态与学习时情绪状态相同则记忆成绩较好。可见情绪状态相似性和情境相似性一样，也大大影响了记忆。

另外一个有趣的现象就是独特的气味也能作为记忆的线索。什么样的气味足够独特从而促使了背景依赖与记忆呢？在一个实验中用了一种让人感觉新异的气味(一种不寻常的、亚洲的花果气味)、一种与研究实验室不相称的熟悉气味(薄荷味)和一种与实验室相称的熟悉气味(干净新鲜的松木味)。结果证明，尽管识记和提取时间相隔48小时，但当实验室的气味在提取时与识记时一样的时候，人确实能记起更多的单词。

天天都是读书日

情境相似性以及生理状态相似性能给我们的复习以什么启示呢？我们不妨考虑分别在不同的情境、不同的情绪和生理状态下进行复习，以求回忆时(如考试)的情境与情绪、生理状态和复习时相似的可能性更大，因为，回忆时的情境与状态你是无法预料的。假如你在晴天、阴天、下雨天都复习过，在每个教室、图书馆、实验室都复习过，在清醒、乏困、感冒、紧张状态下都复习过，那么，就能保证考试时的情境和状态与复习时的情境和状态相似的概率大一些。例如，刚好考前由于紧张复习，几天未睡好觉，晕晕乎乎的，又连下几天雨，考试时好几个监考员走来走去，令你紧张不安，尽管如此，这时你仍能获得一定的相似性。

此外，你是不是有过这样的经验：在考试时，当你无论如何也想不起来所学习过的某个内容时，你便挖空心思地回忆你是在什么时候、什么地方学习的这个内容？老师当时讲这个内容时穿了什么衣服、他(她)是把内容写在了黑板的左上角还是右上角？甚至你也会回忆这个内容出现在书上的哪一页，是在这一页的上方还是下方？正在你冥思苦想时，突然眼前一亮！穿着这件浅蓝色上衣的老师不正在讲台上站着吗？于是你仿佛回到了当时老师讲课时的情形，老师的每一个表情、动作，甚至眼神都是那样的清晰！于是你终于想起了老师所讲的内容！也许当时你并不知道其中的原因，你还在纳闷为什么会出现这种现象。这就是神奇的情境作用，以后你会利用了吧！

三个臭皮匠，顶个诸葛亮

——头脑风暴效应

有一家公司面临这样一个严重的问题：严冬季节，美国北方密密麻麻的电线网络上积满了冰雪，以致压断线路，造成事故。依照事先定好的讨论规则，有人提出设计电动清雪机，有人提出用电流或者振荡术除雪，而有人却提出可否用直升机带上几把大扫帚去扫雪，这一方案乍一听令人失笑，但有一位工程师却受到启迪，想出了用直升机螺旋桨搅起的风扫雪的点子。后经论证，这恰恰是简单、高效、成本低廉的最佳办法，于是久悬的难题迎刃而解。

风暴初起

1938 年，作为企业的高级主管之一的奥斯本发现了公司看似上下一心的氛围中暗藏危机，于是提出一个著名的命题"何不让每个员工的头脑卷起风暴"。当时恰逢公司面临上述一个严重的问题，奥斯本为此而组织的"头脑风暴"座谈会，成功地解决了这个问题，在座谈中要求与会者无拘无束地提出方案，不必顾虑"荒唐"、"怪诞"，别人也不得评头论足，只能进行"思维共振"、"智力互补"。

这就是所谓的"头脑风暴法"（brainstorming），这个风暴一起，就解决了大问题。它将不同专业与背景的人集中到一起，让他们互提设想、互相撞击，以求得新创造、新构思。这是一种名副其实的集思广益法，它能使每个参与者在决策的过程中，将思考相互冲击，得出自己也想不到的、富有创造性的问题解决方案。因此，也有人称它为"脑力激荡法"或"开窍反应"，这在我国也称为"诸葛亮会"。但是这个"诸葛亮会"中，没有特定的"诸葛亮"，每个人都必须忘掉自己的身份，全心投入到头脑的风暴中。

席卷之势

一石激起千层浪，"头脑风暴法"一经发现就引起了企业界、教育界等社会各界的认同，得到了广泛的应用。一时间，所有的会议，所有的讨论都要求头脑风暴。但是怎样的讨论才叫遵循了头脑风暴的原则？所有的问题都适合进行头脑风暴吗？当然不是，例如"这张桌子是什么形状"之类的认知类问题，"这本书的作者是谁"之类的记忆性问题，"他是不是一个好学生"之类的评价性问题，"感冒的症状是什么"之类的解释性问题，就没有为头脑风暴提供足够的空间。所以，头脑风暴的问题必须是开放性的，必须是能引发学生的探究兴趣、有利于发散思维的问题。

适合的问题只是第一步，如何来促进头脑风暴的进行才是重中之重。

一位教师在上《小小的船》时，出示了一幅月亮的画面，问学生一个问题："小朋友们，你们看这个月亮像什么?"这个问题一下子使课堂热闹了起来，学生的答案千奇百怪，有的说像镰刀，有的说像钩子，还有一个贪吃的孩子说像香蕉，这本来是一个非常适合进行头脑风暴的问题，学生的回答也证明了这一点。大家都很兴奋，可是教师却不这么想，他设计这个问题的初衷是想从中引出"像小船"这一个答案，以便引出这堂课的主题。于是老师就对学生的答案给予了无情的"轰炸"，终于有学生说出了设定的"像小船"，教学得以"顺利"进入下一个环节，但是学生们却丢了最初的兴奋，开始一脸茫然地"听课"。

时间一长，任凭这位老师如何想尽办法让学生思考，投入感情，都难以引起学生热烈的响应了。有教育者认为："如果教师有 1000 个假设，那么他就容易接受来自孩子的第 1001 个或第 2000 个不同的反应。"而教师只有一两个假设，就难以接受孩子的第三个、第四个想法了。试想一想，教师角色不转变，像权威十足的"老虎"一样，怎能让已经被圈定命运的"绵羊们"自由地表达自己的想法呢？

臭皮匠协定

可见，仅提出一个有趣的开放性的问题是不够的。在进行头脑风暴之前必须要有君子协定，也可以称为"臭皮匠协定"。

不许评价！——要到头脑风暴会议结束时才对观点进行评判

要知道进行头脑风暴是一个高耗能的活动，对观点的评估要占用珍贵的脑力，何不把脑力用在更有价值观点的产生上呢？这是遵循了最经济的原则。而且，如果没有做到延迟的评价，"用直升机带上几把大扫帚去扫雪"的点子早就在大家的嘲笑声中溺死了，哪里还有最佳的"用直升机螺旋桨搅起的风扫雪"的最佳办法？同样，如果做到了延迟满足，恐怕我们就不会与《小小的船》的老师一样抱怨学生愚笨了。

异想天开！——说出想到的任何主意

让大家闭嘴容易，开口难。驯服一个狂热的想法比率先想出一个立即生效的观点要容易得多。所以观点越"疯狂"就越要给予鼓励，现在就大声说出你脑子中闪过的任何奇异的和不可行的观点，看看它们能引出什么。没有任何观点是荒谬的，也没有什么是夸张的，在头脑风暴里只有好点子！

越多越好！——重数量而非质量

要知道，我们讨论的核心目的就是一网打尽所有可能的观点，寻求观点的量，浓缩观点清单是以后的事情。如果头脑风暴讨论结束时有大量的观点，那么发现一个非常好的观点的概率就会大大提高。

见解无专利！——鼓励综合数种见解或在他人见解上进行发挥

我们鼓励每个人的参与，但是呈现出来的每个观点属于团体，只有所有参与者能够自由地和自信地贡献，才是进行头脑风暴的体现。当然，每个人的独特视角在相互的碰撞中很可能会产生新的火花，如果你的观点是建立在其他人的观点之上，只要进行了扩展和发挥，也能受到鼓励，这与生成一系列观点一样有意义。

头脑风暴效应在群体的氛围下，一般是 10—12 个人中能产生最大的能量。教学中的许多活动都非常适合进行这样的活动：班级讨论会，进行探究学习，合作作文等等。只要把握住"协议先定、评价后行"的原则，好点子就能在每个人的头脑中刮起风暴。这种非评价、发散性的思维也同样适用于个人，只要你愿意，按照上面的规则，现在就可以尝试一下头脑风暴带给你的奇妙体验！

我学故我优

——学习对大脑的可塑性

> 给我一打健全的儿童，以及使之成长的具体条件，我可
> 以按照自己的要求，把他们随意地培养成各类行家——医
> 生、律师、艺术家、机械师，甚至乞丐和盗贼，不管他们父
> 辈的才华、嗜好、秉性、能力、职业和种族有何差异。
>
> ——华生

生而知之 VS 学而知之

为什么一些人比另一些人更为聪明能干；有些人富有号召力，而另一些人则只能听命于人；有些人老谋深算、胸有成竹，另一些人则呆板木讷、愚钝不化。人与人之间为什么会有如此巨大的差异？对于这个问题，向来有两种观点。一种人将其归之于天命："命里有时终须有，命里无时莫强求。"所以"一两的遗传胜过一吨的教育"。但有人则坚信"王侯将相宁有种乎"，"笨鸟"可以先飞，勤亦能补拙，上文引述的著名的心理学家华生的话就充分显露出他对后天教化的强烈信念。

对于"生而知之"还是"学而知之"这一问题，古往今来多有分歧。实际上，遗传和后天学习对于人的发展都起着重要的作用，两者相互联系，缺一不可。遗传对智力的影响主要表现为与生俱来的感官和神

经系统特征，学习则表现为对感官或神经系统发展的刺激与"催化"。人与生俱来的神经系统，尤其是中枢神经系统，具有一般的结构的共同性，又有其特殊性。其共同性体现在每个人都有同样数量和排列的部件，其特殊性体现在每个人的遗传指令所控的神经系统的发展的量和度的差异。例如，一个新生儿脑实质的重量为350克左右，6个月之后增长到600克左右，一岁时900克左右，成人1500克左右。脑神经细胞的树突及其树突刺也随着年龄的增长而变得更为丰茂。但是，脑实质重量和树突变化的速度和极限在一定程度上受到遗传基因的制约。然而，后天的学习若在遗传规定的极限范围内，就可以使树突变化在速度和其他发展的量度方面达到饱和状态。

意大利男孩的悲剧

"玉不琢，不成器；人不学，不知道。"人不是生而知之，只是具备了"知之"的条件。一个具有良好遗传素质的人，就像一块玉石，尽管它很珍贵，若不经琢磨是成不了精美的器具的。王夫之也曾经指出："庶物之理，非学不知，非博不辨。"这里强调的也是一个"学"字。如果不好好学习，即使你具备很好的先天素质，也不可能发展良好。众所周知的江郎才尽就是一例。

事实上，我们不仅仅强调学的重要，何时学、怎样学同样至关重要。现代脑科学研究显示，人脑发育存在着关键期。在关键期内，脑在结构和功能上具有很强的适应和重组能力，易受环境和经验的影响。视觉系统的发育最能说明这个问题。研究发现，黑猩猩在出生后16个月内如果生活在黑暗中，它们的大脑视觉细胞将会枯萎，再到明亮的环境里也不能恢复，黑暗使它们永久失明。而先天白内障失明的婴儿，经过手术治疗可以获得视力。如果超过5岁再做手术，视觉皮层脑细胞就会萎缩或转而从事其他工作，此时大脑已经失去辨认图像的能力，即使手术做得再成功，视力也不能恢复了。

在医学史上就曾有报道，一个 6 岁的意大利男孩子右眼失明，而其眼睛的机制是完全正常的。最后才弄明白，原来这孩子在婴儿期，也就是视觉发育的关键期内，为了治疗轻微的感染，他的眼睛曾被绷带包扎了两周。这种治疗对于已经成熟的脑不会有影响，但对发育中的婴儿大脑来说，影响就非常严重了。由于这只被包扎的眼不再工作，脑内相应的神经细胞发生萎缩，从而导致了这一悲剧的发生。

根据长期的观察和研究，心理学家还指出了其他一些心理现象的关键期：

感觉关键期：从出生到 5 岁，这时，儿童不仅能有选择地注意周围的环境，而且开始建立并完善各种感觉功能；

秩序关键期：1 岁至 4 岁，这时，儿童能够理解事物的时间和空间关系并对物体进行分类；

细节关键期：1 岁至 2 岁，这时，儿童的注意力往往集中在事物的细枝末节上；

行走关键期：1 岁左右，这时，似乎有一种不可抗拒的冲动驱使幼儿去行走；

语言关键期：出生后 8 个星期到 8 岁，这时，儿童对人的声音产生兴趣，然后对词产生兴趣，最后才对语言产生兴趣，并逐渐掌握复杂的人类语言。

学习不嫌开始晚

虽然学习具有一定的关键期，但这并不意味着，过了这个关键期，学习就无法进行。即使过了关键期，这些方面在以后的生活中仍然可以学习，只是发展水平不那么高罢了。所以，"关键期"应改称为"敏感期"更为合适。

学习不仅仅表现于外在行为的变化，甚至大脑的结构、大脑的功能都在默默地发生变化。现代脑科学技术的发达为此提供了鲜明的事实。比如在一项对早期双语者和晚期双语者说双语时的脑区激活情况的研究来看，发现晚期双语者说两种语言时在布洛卡（Broca）区的激活区域分离，而早期双语者两种语言在威尔尼克（Weirnicke）区的激活区域重叠。如图13、图14所示：

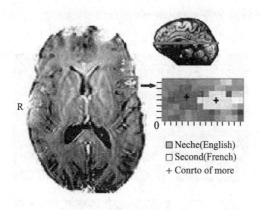

图13　晚期双语者两种语言在 Broca 区的激活区域分离

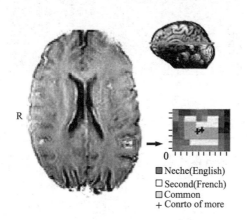

图14　早期双语者两种语言在 Weirnicke 区的激活区域重叠

近来有很多的研究者发现，一些特殊的培训可以修复大脑的神经网络连接以帮助那些有阅读障碍或者诵读困难者。如图 15 所示，上方的三副脑成像图显示的是一个 10 岁的男孩在完成一项需要判定词汇的语音任务时的脑区激活情况。他的阅读水平仅相当于一个 8 岁大的小孩。下面的三副脑成像是他经过 8 个星期的特殊培训后完成相同任务时的脑成像图。发现经过干预之后，他的阅读水平提高了 3 个年龄段，而他的脑活动的区域也同样发生了改变。

PRIOR TO INTERVENTION(干预前)

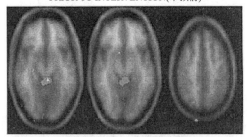

AFTER INTERVENTION(干预后)

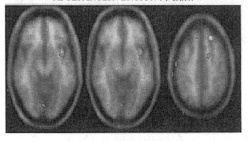

图 15　干预前后 10 岁男孩的脑区活动变化

我学故我优，能力虽然生来有高低之分，但能力并非一成不变。所以，任何时候学习都不晚。有这么一则故事：国外某大学一群即将毕业的工程系大学生们满怀信心地走进考场，参加他们自认为十分简单的一场考试。然而 3 小时后，他们当中仍然没有一个人能回答试卷上的任何一个问题。最后，还是他们的教授打破了考场的寂静，他说："这正是我预期的，我只是要加深你们的印象，即使你们已完成 4 年的工程教育，但仍然有许多有关工程的问题你们不懂；

要记住，虽然你们是大学毕业生，但你们的教育才开始。"是啊，他们的教育才刚刚开始，活到老，学到老，我们要把学习当成一项终生的事业。当有一天世界上还只剩一个东西在转动，那不是地球，而是我们的大脑。

你听到了你要听的

——鸡尾酒会效应

当人们处在鸡尾酒会上时，情形总是这样：觥筹交错，人声嘈杂。但是如果你正专注于和一个富有魅力的小姐交谈，即使周围噪声很大，但你耳中仍然能听得到对方的轻言细语，周围的各种噪声都觉察不到。这种情况下，你对周围人谈些什么是听不清的。但假如哪个角落突然传来你的名字，你马上就会警觉起来。有时候，你还能听到某个熟人似乎也来到酒会了，不由自主地会朝那个方向看一下。呵呵，你的耳朵似乎能够过滤声音啊！

过滤声音的耳朵

在这个鸡尾酒会上，你听到了你要听的：交谈双方的声音、自己的名字与熟人的声音。这种现象被称为鸡尾酒会效应。

交谈双方的声音是你在鸡尾酒会上的注意对象，其他声音不过是一种背景。人在交谈时，交谈双方互为注意中心。也就是说，交谈我方的声音是交谈你方的注意中心，交谈你方的声音是交谈我方的注意中心，其他人的声音只是双方的感知背景，成为非追随的声音对象。此外，交谈双方还会不时地做些手势、表情之类的身体语言以提供话语理解的线索。

教师在课堂上的讲课要注意生动性、直观性、语调的抑扬顿挫和身体语言的丰富，如此才能长时间地吸引学生的注意力，使自己成为学生的注意对象，不让自己成为学生交头接耳时的注意背景。还可采取个别提问的方法，使自己成为学生的直接交流对象。此外，教师了解每个学生的个性，熟悉与他们有关的事物，比如当前流行于学生们中间的歌曲、衣饰、娱乐，就能很快成为学生的朋友，成为与学生生活息息相关的人，而不是凌驾于他们之上的权威符号，就能变成学生过滤不掉的声源。

记住别人的名字

自己的名字之所以能被听到，是因为关系到自己的事，当然会感兴趣。比如，任何人在看集体照时，首先会看到自己在照片中的样子和位置。心理学上有一个很有趣的追随耳实验，就是给实验者戴上耳机，同时让他的两个耳朵听两种不同内容的东西，并让受试者大声说出从一个耳朵听到的材料，事后检查受试者另一个耳朵听到了些什么。前者称为追随耳，后者称为非追随耳。结果发现，受试者一般没听清楚非追随耳的内容，即使当原来使用的英文材料改用法文或德文呈现时，或者将材料内容颠倒时，受试者也很少能够发现。这个实验说明，从追随耳进入的信息，受到了注意，而从非追随耳进入的信息，则没有受到注意。但有趣的是，如果在非追随耳的内容中加入受试者的名字，受试者却能清楚地听到。

如果你当过教师，在进入一个新班级后，做的第一件事肯定是拿到班级名单，并尽快对号入座地认识班上每位同学，这是融入班级最关键的第一把火。每个人的名字都是自己最熟悉最亲切的一个符号，学生往往会因为教师很快认识自己而心存感激！

开心的钥匙

熟人的声音之所以能被听到，是因为熟悉的信息激活了记忆中现有的相应模块。也就是说先前经验的丰富性影响了听话者的注意力。所以，教师要利用好与学生本身有关、学生熟悉的生活经验，因势利导。

想起一个故事：一把坚实的大锁挂在大门上，一根铁杆费了九牛二虎之力，还是无法将它撬开。钥匙来了，它瘦小的身子钻进锁孔，只轻轻一转，大锁就"啪"的一声打开了。铁杆奇怪地问："为什么我费了那么大力气也打不开，而你却轻而易举地就把它打开了呢?"钥匙说："因为我最了解它的心。"每个人的心，都像上了锁的大门，任你再粗的铁棒也撬不开。惟有关怀，才能把自己变成一把细腻的"钥匙"，开启人的心锁。

要让你的声音成为别人耳朵过滤不掉的声音，你就必须成为一把灵巧的钥匙!

情令智昏

——情绪判断优先

　　奶奶对小孙孙说："你再不听话，狼外婆就来了。"

　　母亲对小儿子说："你要再吃糖，牙齿就会坏掉，拔牙可疼了。"

　　环境保护者对大家说："如果再乱伐树木，绿地将变成沙漠，连喝水都困难。"

　　通常，在听了这些话之后，小孙孙会不再调皮，小儿子不再吃那么多糖，人们也开始关注环境保护。原因就是这些话唤起了他们的恐惧，从而引起了态度和行为的改变。

情绪判断有限性

许多广告运用的也是这种方法，例如对头皮屑带来的烦恼、蛀牙带来的疼痛、脚气患者的不安等等进行大肆渲染。

　　戴博斯和利文撒尔曾经做过一项实验。他们让大学生参加一次破伤风预防注射的劝说活动，其中包括指明这个病的严重性、致命性和易感染性。并且把这些大学生分为三组，第一组处在高恐惧唤起条件下：对这种病进行非常逼真的描绘，病状也看得很清楚，并制作出一种尽可能吓人的情境；

第二组处在中等程度的恐惧条件下；第三组的恐惧唤起最小。然后，让受试者回答预防注射的重要性如何，以及是否想接受注射。同时附近的大学保健医院在此后一个月内对做预防注射的学生进行了登记。结果表明，唤起的恐惧越大，想接受注射的人越多。恐惧唤起引起了态度和行为的变化。

另外一个劝说受试者使用节能灯的实验同样证明，如果给受试者不仅呈现温室效应的内容、原因所在以及结果如何，而且呈现一些与温室效应有关的旱涝灾害的图片，更易引起他们的情绪反应——恐惧，他们也更倾向于使用节能灯。

除了某些消极情绪如恐惧的产生易引起人们行为的改变，有时积极情绪也会产生这种作用。例如，现在消费者对生产企业"王婆卖瓜，自卖自夸"式的广告已经深恶痛绝。而人情味十足的广告，通常使产品形象上升到一个全新的高度，也自然融解了消费者对广告的本能抵触。在这个过程中，消费者首先是感动和情感共鸣，继而就会引发他们现实的或潜在的消费需求，这样，经营者便在顾客的情感体验和满足中达到了自己的目的。

清华清茶广告第一次在《北京广播电视报》亮相后，创造了京城报纸广告单期反馈的新高。"老公，烟戒不了，洗洗肺吧"，短短一句话，亲情、关爱、规劝、恳求、理解、支持、功效、特征全都包含在内，像一枚"情衣炮弹"迅速传诵全国，以至于被抄袭成"亲爱的老公，烟戒不了，洗洗肺吧"等各式版本，各种沉睡多年的戒烟产品和"清咽润喉"产品也如雨后春笋纷纷登场，开创出一个全新的行业经典。继北京样板市场火爆启动后，短短两个月，全国市场一发不可收。清华清茶成为 2002 年中国保健品营销的独特亮点。有一位太原的经销商说："我在太原跟风经销一个保健茶，把他们的广告克隆了一把，两个月竟赚了 150 万！"

情感投资

乔伊·吉拉德是美国汽车推销大王，他认为在推销中重要的是

"要给顾客放一点感情债"。他的办公室通常放着各种牌子的烟，当顾客来到他的办公室忘记带烟又想抽一支时，他不会让顾客跑到车上去拿，而是问："你抽什么牌子的香烟?"听到答案后，就拿出来递给他。这就是主动放债，一笔小债，一笔感情债。一般顾客会感谢他，从而建立友好的洽商气氛。有时，来访的顾客会带来孩子。这时，推销大王就拿出专门为孩子们准备的漂亮气球和味道不错的棒棒糖。他还为顾客的家里人每人准备好了一个精致的胸章，上面写着："我爱你。"他知道，顾客会喜欢这些精心准备的小礼物，也会记住他的这一片心意。

相类似的，在学校里我们也应当重视情绪和情感的这一重要作用。例如，如果某一学生和同学之间的交往不如人意，就会非常难过、孤独，不愿意去上学。如果老师的激励措施不公平也会影响到学生的情绪，从而影响到他们学习动机的强弱。如果在正式讲课前，老师讲些与所学内容有关的有趣话题，就会激发学生的积极情绪从而激发学习动机。

有时，有的父母和老师为了激发孩子的学习动机，经常给他们讲谁谁谁不努力学习，没考上大学，干着累人的工作，还吃不饱。当然这在促进学习动机方面起了一定的作用，但要把握一个度，否则就会使学生过度焦虑，不利于其进行学习。而且有的研究证明虽然在多数情况下，"恐惧唤起"可提高劝说的功效，但太强的恐惧也可能使效果适得其反。因为太强的恐惧会引起被劝说者的防御机制，他们甚至还会拒绝相信这种危险。

再者，就是在处理学生特别是初中生之间的冲突时，应当等彼此之间的情绪稳定下来或者引导其用正确的方法发泄完之后再进行解决，否则容易弄巧成拙，甚至会导致学生与老师之间的正面冲突。因为一般情况下情绪是优先于理性思维的，应当先让情绪说话。

一时遭蛇咬，十年怕井绳

——厌恶实验

美国著名心理学家华生曾经做过这样一个实验。实验前，可怜的只有11个月大的小阿尔伯特很愿意同一只白鼠玩耍并敢用手抚摸它。实验开始后，每当他用手抚摸白鼠时，实验者就在背后用铁锤猛击铁板使其发出较大的声响。没多久，他就形成了对白鼠的恐惧，一看到白鼠就露出害怕的表情。继而，这种恐惧反应又泛化到别的东西身上，如白兔、带绒毛的玩具、毛皮大衣。可以想象，这个可怜的小人儿长大以后，尽管知道这些毛茸茸的东西并没有什么好怕的，也会莫名其妙地厌恶、排斥。

习得的厌恶

厌恶或者害怕是人类本能的情绪反应，谁人没有恐惧、孤独的时刻？但是我们厌恶或者害怕什么，却是后天习得的，没有没来由的讨厌和反感。早在1920年行为主义的先驱华生所做的上述经典的恐惧形成实验就说明了这点。这个有些残忍的实验告诉我们，人的恐惧情绪可能是通过形成某种条件反射而习得的。

仔细回忆一下，好多讨厌的事情总是与某种不好的经验发生了联系。例如，有一个孩子特别不喜欢吃菜花，她称之为恶心花，一听到名字就想呕吐。这种情况形成的原因就是很小的时候，她吃过有菜花的菜，之后开始呕吐，难受了一整天，以后她就再也不吃菜花了。菜花本身无罪，但是恰好赶上了小主人公的呕吐，一旦与这种不良情绪联系起来，就从此与小主人公绝缘。

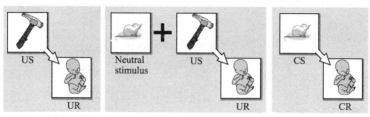

注：US－无条件刺激；UR－无条件反应；Neutral stimulus－中性刺激；

CS－条件刺激；CR－条件反应

图16　厌恶可以由条件反射形成

在实际教育中，许多学生对待学习的厌恶态度正好经历了对厌恶的学习。例如，许多学生可能不喜欢外语，因为他们将这些外语与要求在课堂上大声翻译句子这样不愉快的经验联系了起来。在课堂上被提问难题引起了焦虑，学生形成了对外语厌恶的条件反射，一上外语课就紧张或者极度回避，有的甚至波及其他课程或学校活动。

学来的改变

只是解释了厌恶产生的原因，所有的问题也不会自动解决。人们更关心的是，知道了自己厌恶的原因后该做些什么。能否消除厌恶的情绪和行为呢？

心理学家通过研究发现，通过撤销厌恶刺激，建立愉快的联结，竟能达到治愈的效果。

华生的学生琼斯曾做了一个经典的治疗实验。34 个月大的小男孩彼得患有恐惧症，害怕有毛的物体，尤其害怕兔子。治疗中，琼斯先给彼得一些他喜欢吃的食物，然后把一只关在笼子里的兔子逐渐移近正在津津有味地吃东西的小彼得。如果移近的兔子使小彼得表现出不安，就把笼子移远一点儿，等他平静下来再做进一步的尝试。其目的就是要在愉快刺激(好吃的食物)与所害怕的兔子之间建立一种联系，从而减弱或消除恐惧反应。

琼斯的治疗实验成功了。彼得不仅对关在笼子里的兔子不恐惧了，就连兔子从笼子里出来也不在乎了，最后，甚至变得很愿意与兔子一起玩耍了。由此发展起来的行为主义方法被广泛地应用到治疗恐惧等领域。

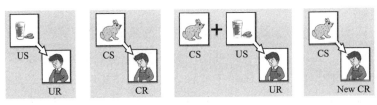

注：US–无条件刺激；UR–无条件反应；CS–条件刺激；CR–条件反应

图17　行为主义疗法消除厌恶

研究并未止于此，研究者还发现，能通过形成厌恶的方法避免某些我们不希望出现的行为。约翰·加西亚和他的同事就利用这种方法成功阻止美洲小狼吃绵羊，他们把用羊皮包裹的有毒羊肉汉堡放到羊圈四周，吃到这些羊肉汉堡的狼都生了病，出现呕吐，并立即对羊肉产生了厌恶。后来，它们一看到绵羊就恶心，躲得远远的，再也不攻击绵羊了。

镜子的妙用

形成厌恶也不一定要与呕吐等不良的生理反应相联系。一位心理学家就利用了镜子进行厌恶治疗，也解决了大问题。

> 当时纽约的一栋摩天大楼的电梯按钮总是坏得很快。人们虽看见电梯按钮已经亮了，但还是要再按一下才安心，好像别人按的都不算，非得自己的"魔术指"按一下电梯才会来。老板在电梯旁贴很多告示都没有效，最后一位心理学家在电梯门上装了一面大镜子，轻易解决了问题。只要人们一站到镜子前，原先熙熙攘攘的人群，在镜子前都成了绅士、淑女，耐心等待电梯。

真的是镜子的功劳吗？心理学家笑笑说："因为谁都希望呈现在别人面前的是一个美好的形象，很少有人会故意地做出某些恶形恶状。他们出现这种恶形恶状，只是苦于不自知而已。"这就是镜子的妙用。

照照镜子，看看自己，这实在是个很好的教育方法。这个方法也可以拿来用于家庭教育。当孩子蛮不讲理发脾气时，你可以在事后把他们的行为模仿给他们看，把他们当时说的话再说给他们听，当孩子知道自己当时的形象后，他们的良知就可能促使他们去改正。

不仅如此，用形成厌恶条件反射，并佐以健康的文体活动等方法可以有助于解决学生的多种不良行为问题。美国教育影片《时钟的柳橙》就表现了利用厌恶疗法矫正不良少年暴力行为的情形。在治疗中，强迫这些少年在看到纳粹迫害犹太人的暴力镜头时，就给他们厌恶刺激。就这样"治疗"几次之后，这些少年实际看到暴力行为时，就会莫名其妙地头痛，或者浑身感到不舒服，从而使他们彻底厌恶暴力、远离暴力。

厌恶实验虽然只是一系列的研究，但是它产生的效应却远远超越了实验本身。特别是在教育中，学生们许多行为背后都隐藏着深刻的道理，对积极的行为给予鼓励，对消极的行为给予厌恶的惩罚，就能很好地塑造学生的行为。但是本文只是对厌恶实验及其应用作了简单的介绍，以供广大教育工作者借鉴，如果学生出现比较严重的情绪困扰，还是要及时求助专业的心理医生。

弄假成真的谎言

——认知失调

著名美国社会心理学家费斯廷格等人做过一个有趣的实验。在实验中，先让两组人从事重复乏味的任务 1 小时，然后让他们告诉别人任务是有趣的。这两组人的惟一差别是，第一组的人得到 1 元钱的报酬，第二组人得到 20 元的报酬。最后问这两组人对任务的真实感受。结果发现，第一组报告说任务有趣、有意义，第二组则报告说任务乏味无意义。

弄假成真的谎言

费斯廷格认为，两组之所以有差别，是因为第二组人觉得说谎有理由，即可以得到 20 元钱，"哦，我这样做只是为了得到钱"，他们没有感到高度的认知失调。但第一组人在 1 元钱条件下要说谎，收益太小，说谎的理由不充分，认知发生失调，感到很大的心理压力，为了缓解焦虑，他们就要从任务本身找到其有趣好玩的理由。这样，从心理上说，谎言弄假成真了。

费斯廷格根据实验提出了认知失调理论，即当两种想法不一致或想法与行为不协调时，就会感到不舒服。"我是一个品德高尚的人"与"我希望某某人比我生活得差"就是两种想法的不一致；"我是一个品德高尚的人"与"我做了一件损人利己的事"，这就是想法与行为的不协调。为了缓解不协调，就必须作出调整，只有人的认知平衡时，才不紧张。

生活中也有这样的现象，今天下午你准时来到办公室，准备与某人商量一个你期盼已久的事情，对方在你到办公室后突然通知你说他有急事不能按时赴约，你就会产生莫名的烦恼，因为你的期望落空，你下次还要与他讨论此事。意外破坏了你的安排，令你不快，甚至发怒。你无心做别的事情，也许很久才能调整好心态。

战争中历来讲究心理战，中国历史上著名的"空城计"正是利用了认知失调这种心理效应。

三国时期，诸葛亮失街亭后，司马懿引大军15万向诸葛亮所在的西城蜂拥而来。但司马懿来到城下却看见诸葛亮坐在城楼上焚香弹琴，城门大开，里外有20多个百姓模样的人低头洒扫，旁若无人。司马懿看后，疑惑不已，便来到中军，吩咐全军撤退。他二儿子司马昭说："莫非是诸葛亮家中无兵，所以故意弄出这个样子来？父亲您为什么要退兵呢？"司马懿说："诸葛亮一生谨慎，不曾冒险。现在城门大开，里面必有埋伏，我军如果进去，正好中了他们的计，还是快快撤退吧！"于是各路兵马都退了回去。

来犯的敌人以为攻击对象会严阵以待，至少会格外警惕。这是他们旧有的经验和惯常的思维逻辑。但是他们看到的事实却完全是另外的样子。这与他们的逻辑和先前经验是完全相违背的，于是，认知不协调就产生了。在这种情况下，他们的心理压力会骤然增加，为了解决他们心中的这种压力和不断增加的疑惑与恐惧，他们选择了与旧有观念和行为完全相反的举措——退兵。

失调变为协调

解决认知不协调有三种途径。

第一，改变行为，使行为符合想法。司马懿退兵正是如此。再如，知道吸烟有危害而每天还在吸烟的人，把烟戒掉，这样，想法和行为便协调了。有些班主任喜欢指任一些调皮捣蛋或爱讲话的学生当纪律委员，就是让他们有角色意识，在想法上觉得自己有必要带头遵守纪律，为了避免行为与其角色认知的不协调，这些孩子就会改变自己过去不遵守纪律的做法。

第二，改变想法，使其符合行为。比如，我们买了一件衣服，回家一穿，却发现不好看，我们自然很苦恼。这时候怎么办？改变行为？把衣服退回服装店？万一不能退呢？那么，我们就只好改变我们的想法了——我们得说服自己：这衣服虽然烂，但还是有可取之处的。这就是敝帚自珍的道理。我们选择自己喜欢的，也会喜欢自己所选择的——为的就是不要让自己的想法与行为发生失调。一个学生认为自己比别人都笨，而期终考试时一门功课考了全班第一，他就会改变对自己原先的消极评价，认知到自己还不差，这样认知达到协调，学习动机无疑会得到极大提高。

第三，引进新的想法，改变不协调的状况。如为了缓解吸烟问题上出现的认知不协调和心理紧张，可以寻找有关吸烟不会致癌，甚至反而对身体有些益处的事例知识。一个学生认为自己比谁都聪明，而期末考试时有好几门功课都不及格，他就会改变自己原先的想法，发现自己只是个在班上表现平平的学生。如果他不承认这一点，他就会努力去寻找理由，如"太贪玩，没用心"，从而为了改变糟糕的表现而变得努力。

教育要讲究策略，聪明的老师们不妨让学生打破旧有的不良协调，产生认知失调，然后通过调整失调，使其达成新的良好的认知协调。

为何工作？

——德西效应

在一座宿舍楼下放着一辆废弃的卡车，夏季的中午，一群孩子老是在车上蹦蹦跳跳，闹得家家心烦意乱，无法休息。居委会大妈责骂、轰赶全没有用，孩子们反而越轰越蹦得起劲。大家拿他们实在没有法子。

住在该区的王老师主动请缨，愿意尽力将这件事处理好，但有一个条件：这几天不得干预自己的行动，并请大妈做好附近居民的工作，暂时忍耐几天。

王老师召集这些孩子宣布："今天起每天组织你们比赛，谁蹦得最高谁得奖，今天的奖品是这个！"王老师高高扬起一把漂亮的玩具手枪，孩子们欢呼雀跃，竞相蹦跳，累得筋疲力尽，其中一人得奖。第二天王老师宣布："今日的奖品是两块巧克力！"孩子们看到奖品档次降低很多，兴趣锐减，牢骚也有了，但他们还是继续参加蹦跳比赛。第三天王老师说："今天的奖品是一包花生米。"孩子们一听，牢骚大发，纷纷抱怨："不蹦了！不蹦了！累得要死，真没劲！不如回家看电视。"

宿舍又恢复了安静。

德西效应

"宝贝，好好用功学习，要是这次期末考试你进了班里的前五名，老爸就奖给你一辆捷安特的山地车。"

"乖孙子，这次又考了全班第一，来！这是爷爷奖给你的最新款的 mp3。"

这些话听起来一定不陌生。用各种各样的物质奖励来激发孩子们不断"奋发图强"似乎是无奈的家长们惟一管用的招。可是"有钱能使鬼推磨"真的是无需检验的真理吗？

心理学家德西在 1971 年做了一项专门的心理实验给这所谓的真理以致命的一击。

> 他让一些学生解答妙趣横生的智力难题。开始，对所有学生都不奖励。接着把他们分成两组，其中一组学生，每解答完一道智力难题就给予一定的奖励；另一组学生不给任何奖励。然后在两组学生的休息或自由活动时间里，实验者观察发现：尽管奖励组学生在有奖励时解题十分努力，但在自由活动时却只有少数人在继续自觉地解答；无奖励组的学生却有更多的人热衷于尚未解出的智力难题。总的说来，奖励组的学生对解答难题的兴趣减少，而无奖励刺激的学生对解答难题的兴趣比有奖励刺激的学生更浓厚。

从结果可以看到，进行一项愉快活动，如果同时提供外部的物质奖励，反而会减少这项活动对参与者的吸引力。也就是说当外加报酬和内感报酬兼得的时候，人的工作欲望不仅不会增加，有时反而降低，甚至变成二者之差。这种外加报酬抵消内感报酬的现象，称之为德西效应。

莱泊尔等人做过的一项经典研究证明了该效应的存在。

> 研究者让学龄前儿童使用特制的画笔画画。许多儿童对此热情甚高。然后，研究者将儿童随机地分成三组：第一组儿童被事先告知，如果他们给参观者画一幅画，就会受到奖

励(优秀画家奖)；第二组儿童虽未事先告之，但在画完之后也会意外得到同样的奖励(但不是每次都能得到奖励)；第三组儿童不接受任何奖励。4 天后，研究者记录儿童的自由活动情况，结果发现，受到奖励的第一组儿童用于绘图的时间是第二、三两组儿童所用时间的一半。

德西效应说明，在学生感兴趣的学习活动中，过度的奖励刺激不仅不能提高学生学习的主动性，反而有可能弄巧成拙。学生将主要学习目标置于脑外而着重于奖励，使他们原有的学习热情降低。孔子也曾说过："知之者不如好之者，好之者不如乐之者。"所以教师在对学生实施教育的过程中，应多从内容和方法上下工夫，使学生从内心感到喜欢这些材料，认为这是一种幸福的事情，只有在学习中达到了这种境界，才能不去计较有没有给予表扬和报酬。

内外转移

生活中不乏这样的例子。有一个孩子叫里克，他代数学得很差，但他又不能完全放弃它，因为母亲时常告诫他，进大学至少需要不错的代数成绩。一方面，母亲认为里克并不努力；另一方面，里克觉得每当他应付代数问题时，自己就变得紧张甚至惊慌。由于屡遭失败，他越来越觉得自己又笨又蠢，而实际上，除了代数以外，他其余的所有功课都非常好。里克的母亲曾试图通过给予奖励来强化他，但并不起作用，而后给他雇了一名家庭教师，效果甚微。

一年后，里克和他的伯伯共同生活了一个月。他的伯伯是一位建筑师，他在伯伯那里能够浏览建筑书刊，见到装饰材料和建筑设计图纸，而且伯伯还带着里克去为客户监审建筑设计。这些经历给里克展现了一个完全崭新的世界。随着兴趣和好奇心的增强，里克提出了好多问题，他的伯伯对此都作了耐心细致的解答。到了月末，里克希望自己也成为一名建筑师。但代数怎么办呢？他在征求伯伯意见时，伯伯给他提出了一些有益的建议。当里克回到家里时，使家里人感到吃惊的是，他提出要在新学年从家庭教师那里抓一下代数方面的"应考课程"。在起初的一阵感动之后，他的父母表示同意，条件是要他自己负担学费。使大家感到奇怪的是，里克同意了这个条件。他每天要在家庭辅导的时间里挤出一两个小时去挣学费，但他的学习成绩却奇迹般地提高了。而且过去的那种糟糕的心情也平静了下来。

反过来，教师可以刻意将奖励与做某件事联系在一起，使孩子的兴趣在一定程度转移到对奖励的追求上来，通过调控奖励来控制学生的某些不良行为。成功消退孩子吵闹的王老师就是巧妙运用德西效应，将孩子们对蹦跳的兴趣转移到对奖励的追求上来，随后逐渐减少奖励，达到降低孩子们积极性的目的。

奖励的给予实际上蕴含着深刻的学问。教师在奖励和表扬学生时，应该运用"奖励内部动机为主"原理，使学生更关注自己的成长，引导他们朝自我成长的方向发展，而不要引导他们仅仅去谋取一些物质上的"蝇头小利"。

求速度，还是求正确？

——冲动型与沉思型

古代有一位县官，雇用了一个急性子和一个慢性子的人，分别给他当差。县官让急性子给他当跟班，他说派急性子去办事，马上去马上来，不会误事；让慢性子给他看孩子，他说慢性子脾气好，孩子怎么磨他，他也不着急。

一天，知府大人传令要来巡查，县太爷让急性子备轿，并陪他到城外迎接知府。急性子很利落地收拾好一切，就陪县太爷上路了。路上，他们要经过一条小河，轿子过不去。这时，急性子说："老爷，我来背您过去吧？"县太爷问："你行吗？"急性子拍拍胸："没问题！"于是，县太爷就让急性子背着自己过河。在小河中央，县太爷感动地说："你会办事！等我这次回去，一定要好好赏你"！急性子一听无比激动，"唰"就把县太爷丢入河里，并鞠躬说："谢老爷赏！"县官又恼又怒。

过了几天后，县太爷回家看望孩子，他本以为慢性子慢条斯理能把家里照顾得很细致，可一进门却发现二儿子病了，很生气，又看见慢性子在院子里踱着方步。于是他问慢性子："孩子病了你怎么不告诉我？你在这里干吗？"慢性子说："回老爷，我正在找根竹竿，救落井的大少爷。""什么？你怎么这么不紧不慢，什么时候落井的？""请老爷息怒，是昨天早上。"县官当场瘫倒在地。

重快慢，还是重对错？

看了这则笑话，你可能会哈哈一笑，觉得未免太夸张了吧！但它反映了一个人一个性子。在学习上则反映了学生是有点"急性子"还是有点"慢性子"。

这里有一项任务，要求你尽可能地快速完成。如果错了，再次尝试，直到找到正确答案为止。最后看看你完成这项任务一共用了多长时间。准备好了吗，计时开始！

请你尽快从下面一组6张图片中找出与顶端一张一模一样的图片。

怎么样，你共用了＿＿＿＿＿＿分钟＿＿＿＿＿＿秒（速度：快＿＿＿慢＿＿＿）答案：正确＿＿＿错误＿＿＿

我们再来一次。请看下图，请找出每组四个图形中与众不同的一个。计时开始！

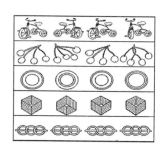

你共用了_____分钟_____秒（速度：快____慢____）答案：正确____错误____

你可以让你周围的人做一做，然后和他们的结果比一比。

对于这两项任务，每个人都是有点压力的，必须迅速在两者之间做出抉择：是正确反应，还是迅速反应。根据你做出反应的时间和错误反应的数量，我们就可以知道你的学习风格。如果你的速度比较快，但是最后答案却是错误的，那你很可能就是"冲动型"的人；相反，如果你的速度比较慢，但是最后答案却是正确的，那你很可能就是"沉思型"的人。这两种风格有点像生活中所说的"急性子"和"慢性子"。

有心理学家根据学生在匹配相似图形测验中的思考时间与错误率，将学生分为四个类型。①沉思型，对问题的思考时间在平均思考时间以上，错误率在平均错误率以下的儿童；②冲动型，思考时间在平均思考时间以下，错误率在平均错误率以上的儿童；③快而正确型，思考时间和错误率均在平均数以下的儿童；④慢而非正确型，思考时间和错误率均在平均数以上的儿童。有近三分之二的儿童属于沉思型或冲动型，属于后两种类型的儿童只有三分之一。可见，沉思型或冲动型是儿童普遍具有的两种认知风格。

	速度快	速度慢
正确率高	快而正确型	沉思型
正确率低	冲动型	慢而非正确型

冲动型的人总想快速作答，他们倾向于根据几个线索形成直觉，快速形成自己的看法，匆忙做出选择，很快做出反应，他们犯的错误多些。沉思型的学生并不急于作答，而是倾向于采取小心谨慎的态度，进行深思熟虑的、计算的、分析的和逻辑的思考，先评估各种可替代的答案，然后选择较有把握的答案，他们做出的选择比较精确，

但速度要慢些。在平时的学习中，冲动型和沉思型在各个方面都存在相当一致的表现！

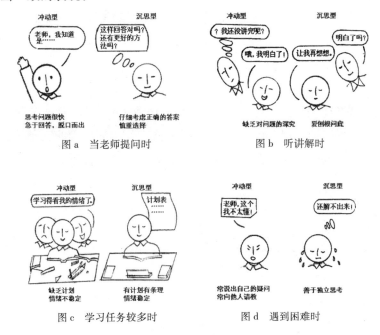

图a　当老师提问时

图b　听讲解时

图c　学习任务较多时

图d　遇到困难时

既要快，又能对

冲动型与沉思型与人的智力无关，往往反映两种不同的思考和行事风格。《水浒传》中李逵就是典型的冲动型，这种风格往往不拘小节，在关键的问题上给出关键性的决断，而避免了优柔寡断者的拖累。冲动型在强调速度的竞赛中往往能获得好成绩。但是，在平时的考试中，他们的考试分数常常没有沉思型高，这并不是因为他们不懂这个问题，而是用错了方法，甚至是没有完全理解题意，就急急忙忙地写下了答案。

王斌是高一的学生，平时在做题目的时候，反应很快，经常是拿到题目以后不假思索地就写，总是能够很快地给出答案。但是，他觉得自己太急躁了，面对问题时总是急于求成，不能全面细致地分析问题的各种可能性，不管正确与否就急于表达出来，甚至有时还没弄清问题的要求，就开始对问题进行解答。这样，虽然他能很快地给出答案，但是写得快、错得也多！

如果学生是一位冲动型，不要急！冲动型并不是不可以改变的。许多研究表明，通过训练和自我有意识地控制，可以减少因冲动而导致的错误。不妨要求这样的学生采用下面的冲动减速法反复训练自己。

拿到一个题目之后，先别急着做，按照下面的四个步骤来问问自己：

① 我理解问题了吗？

我读懂题目了吗？题中告诉了哪些已知条件，求什么问题，自拟一个草图，把已知条件和所求的问题表达出来行吗？

② 我拟订计划了吗？

把已知数据与未知量结合起来，我是否把已知条件都用上了？有没有多余的已知条件？

③ 我执行计划了吗？

将确定的解题思路付诸行动，认真检查每一步骤。我能肯定自己的解答是正确的吗？怎样证明呢？

④ 我进行检查了吗？

检验所得结论与推论过程。我用什么方法检验？每一步都做对了吗？还有没有其他解题方法？比较一下，哪一种方法更好？

但是，沉思型的学生就一定十全十美吗？张明的情况和王斌刚好相反，他总是把问题考虑周全以后，再开始解答，他觉得自己看重的是解决问题的质量，而不是速度。因此，虽然他每次考试、作业的速度都不快，但是准确性比较高。每次考试的时候都能取得比较高的分数。他说：

> 虽然我的正确率还是挺高的，但是，感觉自己做题的速度太慢了。在考试过程中，虽然我能保证做过的题目的正确率，但是如果题量大的话，我就不能完成所有的题目了。从某种程度上来说，"动作慢"这个缺点也给我的考试成绩带来了负面影响。

张明的烦恼是许多沉思型共同的心声。又快又对的人总是被大家所羡慕。

> 王超是个公认的"聪明人"。课堂上他思维活跃，积极动脑、踊跃发言，老师布置的题目总是又快又对，每天花在学习上的时间并不多，但是效率总是非常高。考试的时候也是一样，常常是下课铃声还没有响，他已经早早地做完了所有的试题，并且正确率极高。是班里的"尖子生"。

当然，冲动或沉思是学生的一贯学习风格，学生倘若对学科领域经验丰富，也是可以做到又快又对的。训练途径就是"熟能生巧"。研究表明：沉思型的学生在完成自己"熟悉"的问题的时候，速度也是很快的。也就是说，要想成为"又快又好"的类型，就必须加强练习。

教育中的心理效应

布妈妈的启示
——依恋心理

都说"世上只有妈妈好，有妈的孩子像块宝"。妈妈，对于孩子，到底意味着什么？孩子对母亲的眷恋，是不是仅仅因为妈妈提供了奶水、食物，或者更简单点，就是因为俗语说的"有奶便是娘"？答案当然是：非也！

有奶便是娘乎？

婴孩对母亲情感依恋的问题，一直都是心理学家的兴趣所在。针对这个问题，心理学家们也进行了相当多的实验，不过这些实验不能在人身上做，只能在动物身上进行。尽管这使实验的说服力打了折扣，但是对于我们依然有着深远的启示。

心理学家哈洛等人设计了一个实验，研究幼小的猴子对母亲的依恋。他制作了两种假的猴妈妈。一种假妈妈是用铁丝编成的，另一种是先做一个母猴的模型，之后套上松软的海绵状橡皮和长毛绒布。实验的时候，把它们和刚刚出生的小猴放进一个笼子里，观察它究竟喜欢里面的铁丝妈妈还是布妈妈。

一个有趣的现象出现了。如果铁丝妈妈身上没有奶瓶，而布妈妈身上有，小猴很快就和布妈妈难舍难分；即使奶瓶是放在铁丝妈妈身上，小猴也并不愿意在铁丝妈妈身边多呆，只在感觉饿时才跑去吃奶，其余时间都依偎在布妈妈的怀里。哈洛等人对此的解释为，小猴对母猴的依恋并不只是因为母猴能给它喂奶，更重要的原因是母猴能给小猴以柔和的感觉（图18）。

图18　幼猴的依恋

布妈妈给予小猴子的其实还不止这些。如果在小猴子离开布妈妈出去玩耍时，突然给它看一个模样古怪的庞然大物，这时，小猴子会惊恐万状地撒腿奔向布妈妈，紧紧依偎着它，逐渐定下心来。可是，如果把布妈妈换成铁丝妈妈，小猴就不会跑去寻求安慰。可见布妈妈还能给小猴以安全感。

后来，心理学家给布妈妈增添了越来越多的母性特征。比如，在身体里装上电灯泡，这样布妈妈的"体温"就升高了，不再那么冷冰冰了。这时，小猴就去找温暖的布妈妈，而不愿找冷冰冰的布妈妈。如果把布妈妈设计成能摇动的，吸引力就更大了。简而言之，布妈妈拥有的母性特征越丰富，小猴子就越喜欢它。

但是，布妈妈的母性特征再丰富，也不能同真的母猴相比。在布妈妈身边长大的小猴成年后不同程度地带有行为上的偏差，类似人类精神疾患的行为。

可见父母在喂养孩子的过程中给予婴儿的不仅是食物，也包括他们的爱抚、赞许和爱。婴儿在吃奶的同时，还可以听到妈妈熟悉的心跳声和亲切的话语，闻到妈妈熟悉的味道。躺在妈妈温暖的臂弯里，渐渐地，婴儿看清楚了妈妈的面容。

做个布妈妈

布妈妈的故事无疑给我们那些忙碌的父母们上了重要的一课。有人认为父母对孩子的爱天经地义，就如同本能，无需学习。但实际上，并不是每个人生来就懂得如何做好的父母。做好父母本身是一件非常复杂的事情，它要求父母要有责任心，有能力，有耐心，最重要的一点，要有爱心，这才是孩子生命元素的 NO.1。可是现在的父母们总是很忙，在事业和孩子之间摇摆不定，于是把孩子作为皮球一样抛来抛去。"爸爸，陪我一起玩吧。""别烦我了，没看我正忙着吗？""妈妈，给我讲个故事吧。""乖，宝贝，妈妈上班回来，辛苦一天了，你自己玩吧。"这些对话，听起来是不是很熟悉？是不是常常在我们的家庭中上演呢？可怜的孩子，最终，只好把求助的目光投向了电视机——这个有画面有声音的电子保姆。

越来越多的父母在抱怨说，自己整天在公司没日没夜地工作，目的就是希望能给孩子创造更好的物质环境，这样就能送孩子上更好的学校，给孩子买更多的资料，准备更先进的电脑。父母们含辛茹苦，似乎有充足的理由证明自己做得有多么称职。可为什么孩子就是不领情，觉得父母根本不关心他们，不在意他们，感受不到父母对自己的爱？父母们，反思一下吧。你到底给了孩子什么？一个温暖的拥抱、一个肯定的微笑、一次善意的提醒、一份无条件的理解，还是一个自动洗衣机、一个自动售货机、一个自动提款机？就像小猴子不喜欢只能提供食物的"金属妈妈"一样，孩子也会回应你说：爸爸、妈妈，想说爱你不容易。

这不仅对孩子的父母提出了更高的要求，对教师或者任何的教育工作者同样具有深刻的意义。所谓"一日为师，终身为父"，以及一直流传的将老师比作慈母的比喻——教师，很多情况下或多或少在学生的心中其实也扮演着类似于父母的角色。那么，老师们，你们是否也是只关心学生的学业，而对学生的其他的情感上的各种需要置之不理呢？

著名的心理学家马斯洛认为：人有七种基本需要，即生理需要、安全需要、归属与爱的需要、尊重的需要、求知与理解的需要、美的需要和自我实现的需要。而对学生的普遍调查发现，他们最缺乏爱和自尊的需要的满足。有的孩子为了得到老师的关注，甚至不惜故意违反纪律，使得老师能够注意到他。而有些孩子报告说他最喜欢某某老师，是因为他每次回答完问题，老师都会轻轻地拍拍他的肩膀，这让他觉得自己非常幸福。难以想象吧，轻轻地拍拍学生的肩膀，这不过是举手之劳，给学生带来的心理触动会是这么大！

所以不论是为人母者，还是为人师者，请你们不要再吝啬自己所能给予孩子的那举手投足的温暖，也许就是那点点滴滴改变着孩子的一生。

顶着光环行走的人

——晕轮效应

有这样一则笑话。有一天，一个老师上课，发现两个学生在睡觉，他们都把书铺在自己的面前，结果老师把其中的一个差生叫起来批评说："你看看人家（指着另一个睡觉的学生，平时成绩很优秀），人家睡觉还看书呢，你倒好，一看书就睡觉。"

晕轮效应

社会心理学家戴昂等人曾在 1972 年进行了一项研究，在该研究中，研究者分别让被试看一些很有吸引力的人、没有吸引力的人和一般人的照片，然后要求被试评定这些人的特点，要评定的这些特点与有无吸引力并没有关系。结果却发现，有吸引力的人得到了很高的评价，而没有吸引力的人则得到了较低的评价。数据如表 1 所示：

表 1　对有吸引力的人和无吸引力的人的特征评价

特征评定	有吸引力的人	一般人	无吸引力的人
人格的社会合意性	65.39	62.42	56.31
职业地位	2.25	2.02	1.70
婚姻美满状况	1.70	0.71	0.37

特征评定	有吸引力的人	一般人	无吸引力的人
做父母的能力	3.54	4.55	3.91
社会与职业幸福程度	6.37	6.34	5.28
总的幸福程度	11.60	11.60	8.83
结婚的可能性	2.17	1.82	1.52

注：数字越大，表示所评定的特征越积极

从中我们可以看到，在知觉他人时，人们往往根据少量的信息将人分为好或坏两种，如果认为某人是"好"的，则被一种好的光环所笼罩，赋予其一切好的品质；如果认为某人"坏"，就被一种坏的光环笼罩住，认为这个人所有的品质都很坏。这种对一个人的某种特征形成好或坏的印象后，就倾向于据此推论此人其他方面的特征的现象，就是晕轮效应。这就像月亮形成的光环一样，向周围弥漫、扩散，从而掩盖了其他品质或特点，所以也形象地称之为光坏效应。如果是消极品质的晕轮效应，有时还被称作扫帚星效应。这种效应的产生是因为人的社会知觉往往受到个人"内隐人格理论"的影响，他们常常从个人具有的一种品质去推断他的另一种品质。尤其当这种品质为"核心"品质，比如好坏、善恶等时，人们更具有这种推论倾向，这使得在社会知觉中人们对他人的评价往往具有很高的一致性，即认为好者十全十美、坏者一无是处。

大文豪的"美"苦头

晕轮效应是一种以偏概全的评价倾向。其错误在于：第一，它容易抓住事物的个别特征，习惯以个别推及一般，就像盲人摸象一样，以点代面；第二，它把并无内在联系的一些个性或外貌特征联系在一起，断言有这种特征必然会有另一种特征；第三，它说好就全都肯定，说坏就全部否定，这是一种受主观偏见支配的绝对化倾向。

俄国著名的大文豪普希金就因晕轮效应的作用吃了大苦头。他狂热地爱上了被称为"莫斯科第一美人"的娜坦丽，并且和她结了婚。娜坦丽虽然容貌惊人，但与普希金志不同道不合。当普希金每次把写好的诗读给她听时，她总是捂着耳朵说："不要听！不要听！"相反，她总是要普希金陪她游乐，出席那些豪华的晚会、舞会，普希金为此丢下创作，弄得债台高筑，最后还为她决斗而死，使一颗文学巨星过早地陨落。也许在普希金看来，一个漂亮的女人也必然有非凡的智慧和高贵的品格，然而事实并非如此。

给我一双慧眼吧

其实，很多教师都会不同程度地受到这一心理效应的影响，产生对学生认识上的偏差。本文开头的那个笑话确实有些夸张。但一个学生的学习成绩好，就会被认为是一个智力很高、聪明、热情、灵活、有创造性的学生；而如果学生在某一方面表现不好，如成绩不好或顽皮捣蛋，那么往往就会被教师认为什么都不行，一无是处。这种事情并不少见。比如说，老师往往让学习好的孩子来担当体育委员或者文艺委员等等，实际上，学习成绩好的孩子并不一定文体方面也优秀。再比如，一个"调皮鬼"没有按照老师的要求去解题，老师会认为是"故意捣蛋"；而一个"好学生"这样做，教师则认为是"有创造性"。

这种做法将在学生中造成很坏的影响：被教师宠爱的学生往往自以为是、目中无人，一旦不如意或偶尔不受教师重视，则会由爱生恨而导致师生关系紧张；受教师冷淡或厌恶的学生，则会从教师的言行和教态中意识到教师的偏心和歧视，因而也以消极的态度对待教师，不理会或拒绝教师的要求，在学习上或品行上表现出"破罐子破摔"，不求进步。

为防止晕轮效应带来的不良后果，教师应实事求是、全面地掌握学生的信息，切忌一叶障目。仅凭对学生的点滴了解而对学生作出的评价，往往与学生的实际不相符。只有全面了解学生的心理行为特点，才能有针对性地教育学生，避免因对学生的不公正的评价而损伤学生的自尊心。同时教师应树立学生发展的整体观念。不管学生成绩好坏，聪明或愚笨，听话或顽皮，都是可爱的，都要教育他们进步，低分并不意味着低能。在实际教学中，教师应该承认既没有十全十美的学生，也没有一无是处的学生，学生是由性别、相貌、个性、品行、能力、素质等多方面构成的一个整体，他们在某一方面也许是差的，在另一方面却可能是突出的、优秀的，即好学生也有不足之处，坏学生也有闪光点。教师不可能喜欢学生的一切，但必须承认学生是有价值的人。

榜样的光环

教师也应该重视教师本身的积极光环对教育的有利影响。榜样的力量是无穷的。学生很多时间是在学校里，与老师接触的较多，他们会有意无意地模仿教师的行为。爱屋及乌，如果教师在学生心中有一个好的形象，即有一个积极的光环，学生就乐意接近老师、信任老师，则教师对学生的教育就能起到事半功倍的效果。教师对学生影响最大的是品德修养、严谨的工作作风、渊博的学识等，这几方面都容易形成积极的光环。大量调查表明，品德高尚、学识渊博、工作严谨、态度求实、公正的教师易对学生产生亲和力，教师的治学态度、责任感、敬业精神、精辟观点、人生态度，所有细微处都会成为学生学习的榜样和成长的动力。

不足的完美

——仰八脚效应

不知你喜欢什么样的人，是完美得挑不出一点不足来，还是不足得挑不出一点优势来，还是完美中略带一点不足？

仰八脚效应

现在，你也许已经有了自己的想法，那么大多数人的观点是什么呢？

曾经有研究者安排了三位演讲者进行演讲：第一位演讲者语言流畅，举止大方，神情自然，表情丰富，富有激情，有感召力，总之表现得可谓完美无缺；而第二位演讲者却让人大跌眼镜，说话断断续续，不符逻辑，内容平淡，神情拘束；第三位演讲者和第一位一样大方，但在这过程中不小心碰倒了摆在演讲桌上的水杯。之后，研究者对听众进行了调查，结果表明他们中的大多数最喜欢的是第三位演讲者。

这可能是因为听众觉得太过完美的人高高在上，难以接近，或者会使自己相形见绌，而犯有一点点小错误的人和自己比较接近，也比较具有亲和力。我们通常称这种现象为仰八脚效应。仰八脚是指身体向后摔倒，仰面朝天地躺着。

某公司有一位小职员喜欢上一位节目主持人，主持人不但有名，而且还是美女。小职员自惭形秽，始终没有勇气告诉她。因为他知道，她比自己优秀得多，而且，在她身边比他优秀的人多的是。

　　直到有一天，他去参加一个婚礼，且主持者就是她。在宣布婚礼开始的时候，她却把新郎说成了"小姐"而新娘则说成了"先生"。在众人面前出了丑，当时她的脸羞得通红。对这样的名主持来说，这实在是一个不能原谅的错误。宾客们也在下面交头接耳。接下来，她的发挥也大失水准。可就在当时，他就下定决心告诉她自己的想法。后来他才知道，原来她是故意这样做的，是想让他看到她也有做得不好的地方。

　　这儿还有一个事例，有一对孪生姐妹，在同一所学校的同一个班上学，她们学习好、能力强、长得也漂亮，就连高考成绩都一样高，并且考进了同一所重点大学。但是她们之间也有不同之处，那就是妹妹的朋友要比姐姐的朋友多得多，这是为什么呢？有的同学是这样说的："我觉得妹妹具有亲和力，姐姐却总是高高在上。"原来，妹妹平时总是爱闹出点笑话来，比如，体育老师刚教完一个旋转动作，她就在宿舍里练，一不小心滑倒砸在了水桶上，逗得大家笑得肚子疼，从此宿舍里的人便取《乱世佳人》主人公斯佳丽的谐音，称其为斯盖桶。她还总是爱把诸如钢笔等东西忘到某个地方，然后翻箱倒柜地找。而这些失误在小心翼翼的姐姐身上是不可能发生的。当然，我们并不是说妹妹故意这样做，但其结果却让大家知道她也有缺点，从而增强了本人的亲和力。

　　这姐妹俩的事例再一次说明了人们虽然敬佩具有超级能力和成就的人，但对这种人总有些敬而远之，因为人们担心他们的十全十美，会使自己相形见绌。如果这种接近十全十美的人当众出丑而丢了面子，则更能被人所接受。其实，很多出色的政治家也是运用这样的方式留下了亲民的形象。

不仅可敬，还要可亲

　　学生特别是小学生经常把老师当作权威，觉得老师和普通人是不一样的。我们经常听到这样的问题："妈妈，妈妈，我们老师竟然喝水呢！今天我亲眼看到的。""妈妈，老师也睡觉吗？""老师还上厕所？"看到这儿，请不要笑，事实上这种现象是存在的，许多大学生都报告过这样的经历。当然教师权威的形成会使某些捣乱的学生不至于随心所欲，但有时这也会阻碍老师和学生之间的平等沟通。那么我们老师应当怎么做呢？说来其实并不难，只要我们在忘了某个字怎样读怎样写的时候，承认我们忘了；在错怪某一学生时，承认自己错了。

　　但需要注意的是，万不可东施效颦，因为在上述的实验中也表明，成就一般的人出丑之后会被认为是无能，真的会丢面子的，而其还可能会使别人更加不喜欢自己，他们甚至可能会说："没本事，态度还不好。"试想：主持人、孪生姐妹若不那么出色，却屡屡犯这种低级错误，别人的感觉会怎样？教师若没有让学生敬佩的地方，却总说："是老师误会你了。""这个老师也忘了。"学生又会怎么想呢？

　　所以虽然有时出丑也未必是一件坏事，相反还可能会起到积极作用，但却不可乱用，只有具有一定的资本的时候，方可谨慎行之。

感人心者莫乎情

——南风效应

　　法国作家拉封丹曾写过这么一则寓言，讲的是南风和北风比赛威力，比赛的项目就是看谁能把行人身上的大衣脱掉。北风首先发威，一上来就拼命刮，凛凛寒风刺骨，其结果，行人为了抵御北风的侵袭，把大衣越裹越紧；南风则徐徐吹动，顿时风和日丽，行人因此觉得春暖上身，始而解衣敞怀，继而脱掉大衣，南风获得了胜利。

南风悠悠暖人心

　　这个寓言深刻地告诉我们，感人心者莫乎情，温暖胜于严寒，感化往往胜于压服，和风细雨有时候要强于暴风骤雨。南风之所以能达到目的，就是因为她顺应了人的内在需要，使人的行为变为自觉。这种以启发自我反省、促使唤醒内心良知、满足自我需要而产生的心理转变，被称为南风效应，有时也被称作温暖法则。

　　南风效应的作用途径是不排斥，不强力，不对抗，改走温和、柔性的路线。

　　美国纽约地铁站治安非常混乱，偷窃和抢劫事件时常发生。历届市政府采取一系列强硬措施加以整治，但无论惩罚多么严厉，犯罪率仍然居高不下。新一任市长安东尼奥上任之后，下令在地铁站里不间断地播放贝多芬、莫扎特的古典音乐。一段时间后，地铁站内偷窃、抢劫行为居然大为减少，案发率创历届政府中的最低，地铁秩序得到了很大的改善。

安东尼奥并没有像前任市长们那样采用惩处方式试图以暴制暴，相反，他采用了一种温暖、和缓的方式。这种看似微不足道的方式却蕴含了巨大的力量。用泰戈尔的话来说就是："神的巨大威权是在柔和的微风里，而不在狂风暴雨之中。"

南风有效应，是因为南风饱含着真诚和信任，让人的内心不得不受到感触、感动终至感化。

东晋末年，大权独揽的刘裕为了取晋而自代之，派出武艺高强并且胆识过人的沐谦去暗杀来自司马家族中最大的障碍——司马楚之。司马楚之求贤若渴，待人真诚，每天来投奔他的人络绎不绝。沐谦来到司马楚之的府上，司马楚之与他交谈之后，欢喜异常，对他恭敬有加，如获至宝。沐谦苦于厅堂上人多而不好下手，想出一个主意。他躺在客舍的床上装病，把匕首藏在枕头底下，等待司马楚之的探望，伺机将锋利无比的匕首插入他的心脏。果然，司马楚之得知沐谦染有风寒，晚上亲自登门看望他。沐谦躺在床上静静地准备着，手伸到枕头底下。司马楚之进屋后，嘘寒问暖，命人熬好中药，亲自倒了一碗汤药送到沐谦的嘴边，嘱咐他按时吃药，病很快就会好的，一切都由他负责。其情之真，其意之切，每句话都发自肺腑。沐谦眼圈一红，从枕头底下拿出了匕首，站起来向司马楚之坦率地说明了意图，并劝告他不要轻易跟人亲近，这样才能保全自己。司马楚之叹了口气，回答说："真如你说的，我如果严加戒备，虽然可以有所防范，但恐怕也要失去士人的心了，不能真诚待人，谁还会跟从我呢？"沐谦一听，深为感动，上前深施一礼："沐谦不才，愿意做您的保镖，保护您的安全。"

刺客变保镖，靠的是什么？司马楚之所依仗的最好防护，并不是铠甲的坚实，而是内心的真诚与信任。

南风吹拂而来的是宽容，是对对方尊严的保护，引发的是良知唤醒与道德自责。

从前，有个人到别人的菜园里偷菜，恰巧被菜园的主人看见了。菜园主人不但没有制止，反而转身就走。偷菜人以为他要告官，连忙赶上去。不料菜园主人进了自己的家门，还把门关上。偷菜人说："我被你看见，偷你的菜，我现在没法做人了。"菜主人笑道："你说什么话呢？咱们是邻居，你只想知道我那菜长得为啥那么漂亮，对吗？我那菜，好看，也好吃，不信？你先尝尝。"说着，他真的到园子里抱出两棵菜，硬塞到偷菜人的手里。后来，这个偷菜人成为邻里众口称赞的好品行的人。

菜园主人表面上看似"软弱"的言行，其实包含着对偷菜人尊严的爱护，更唤醒了其内心的良知，从而使其自觉地改过自新。

四颗糖，一朵玫瑰花

南风效应运用于教育，特别是在如何对待那些在成长的道路上偶尔犯错的孩子身上，更有着神奇般的力量。譬如早已在教育界被传为佳话的著名的教育学家陶行知先生"四块糖"的故事就是一例。

陶行知在担任某小学的校长时，看到一名男生王友用泥块砸班上的学生，当即制止了他，并要他放学后去校长室。放学后王友已经等候在校长室准备挨训，陶行知先生却掏出一块糖果送给他，说："这是奖给你的，因为你按时来到这里，而我却迟到了。"王友惊异地接过糖果。随后陶行知又掏出一块糖果放在他手上，说："这块糖果也是奖给你的，因为当我不让你再打人时，你立刻就停手了，这说明你很尊重我。"王友更惊异了，眼睛睁得大大的。陶行知又掏出第三块糖果塞到王友手里，说："我调查过了，你用泥块砸那些男生，是因为他们不守游戏规则，欺负女生。你砸他们，说明你很正直善良，有跟坏人作斗争的勇气。"王友感动了，他流着泪后悔地说："陶……校长，你打我两下吧！我错了，我砸的不是坏人，而是自己的同学呀！"陶行知满意地笑了，说："你能正确地认识自己的错误，我再奖给你一块糖果，可惜我只有这一块糖果了，我的糖没了，我看我们的谈话也该结束了吧。"怀揣着糖果离开校长室的王友，此刻的心情不难想象。

学生打人了，陶先生没有批评，没有斥责，没有让学生先写一份检查，更没有唤其家长来校"共同教育"，而是让学生一步步地完成了对自己错误的认识。四块糖不仅让学生认识到了错误，更发掘了学生的四个优点：守时、尊重人、正义感和勇于认错。这就像那微微南风，拂过学生心灵的土壤，留下一份温暖，培育了一份感动。

试着想象一下，假如刮起呼呼北风：给砸泥块的学生一个处分，后果又会如何？王友可能会怨恨不服，成了一个与教师对抗的"破坏分子"。他从此被贴上"坏孩子"的标签，顶着"捣蛋鬼"的帽子，一辈子抬不起头，自暴自弃，破罐子破摔。

　　学生年少无知，又容易冲动，犯错误是不可避免的，教师批评教育学生也就成为日常工作必不可少的一部分。为了"脱掉"学生身上那无知无识的土气、道德缺失的流气、独生子女的霸气，教师们使用的方法是多种多样的。有的教师对犯了错误的孩子，总是怀着"恨铁不成钢"的心情，动不动就声色俱厉地训斥，命令孩子写检查，甚至对孩子采用罚站、打骂等简单粗暴的方式。好像不如此就不足以显示师长的"威严"，就没有尽到教育的"责任"。殊不知，这"呼呼北风"只能引起孩子的对立情绪和逆反心理，既不利于改正错误，也不利于孩子的身心健康。为什么不试一试使用"南风"呢？它看起来平淡无奇，却触及了孩子的心灵；听起来缺乏力度，却起到了"润物细无声"的效果。著名教育家苏霍姆林斯基也曾说过，"任何一种教育现象，孩子在其中越少感觉到教育的意图，它的教育效果就越大"。

　　古语有云："教者也，长善而救其失也。""数其一过，不如奖其一长"也是说的这个道理。面对犯错误的孩子，教师最好对他们多一分宽容和尊重，让他们自发自醒、催我自新。

我擦掉了黑板上的"我"

　　践行南风效应，给学生以温暖和包容，说起来似乎简单，但做起来却不易，尤其是当学生的行为触及了老师的威严甚至带有挑衅意味的时候。在2007年的《新课程》杂志中学版上，王兴奎老师讲述了在这种情况下是如何自我克制，机智地改变风向的。

　　预备铃响了，我走上讲台，发现黑板右下方画着一幅秃顶的人头像。我因为血压高，头顶有点秃，这分明是对我的嘲讽与挑衅。我顿时怒火上冲，厉声吼道："这是谁画的"？学生们没人吱声。我让全体学生站起来，声言什么时候有人承认了再让大家坐下开始上课。在这种压力下，居然还是没人站出来承认错误。经过一番思想斗争，我冷静下来，让学生们都坐下，与我一道闭上双眼，并说希望这位同学能够勇敢地走到讲台把画像擦掉。一会儿过去，我没听到动静，于是自己睁开眼，轻轻地把画像擦去了。然后让学生们睁开眼，我说，"黑板上的画不管是谁画的，既然他已经把它擦去了，就足以证明他是个诚实、勇于承认错误的孩子。让我们用掌声表示对这位同学的敬意"！教室里响起了哗哗的掌声，很久很久。

课后，一位学生到我办公室，问我为什么要帮同学擦掉画像，并真诚地笑着说其实好多同学都偷看到了，同学们都说老师外表虽严肃，其实是个特别宽厚的人。我突然明白了为何当时教室里的掌声响了那么久。几年后，我收到了一封来信。在信中，那位"画家"承认了自己的错误，表达了对老师的感谢与敬意。他说："在您之前的两位班主任总把我的毛病放在同学们面前'大放光彩'，搞得我很没面子。对他们我也憎恨过、搞过恶作剧。那件事情之后，我从您的身上懂得了尊重与宽容，是您促动我改正了自己的淘气，考上了重点高中。我会永远记住我的耻辱，做一个有益于社会的人"。

面对学生当着全班拿自己"开涮"，王老师并没有被盛怒冲昏头脑，而是及时调整了自己的情绪，急中生智，以一种十分宽容、温和的方式，快速解决眼前的尴尬局面。当时他虽然不知道是谁画的，但一阵南风吹过，他挽救了一名学生，更是赢得了全班学生的真诚的尊重！这肯定比威严的北风有效得多。

同时，这则案例告诉我们，教师越强硬，摆出一副高高在上的姿态，越会激发学生本能的自我保护意识，自然地启动"全副武装"的防御。在习习南风的温暖包围下，学生反而会慢慢地卸下"盔甲"，向老师敞开心扉。

没有最好，只有更好

——成就动机

假设有人让你在一个无人的屋子里独自一人玩套圈的游戏。你可以自由选择起点位置。你是选择距离目标很近的位置，百发百中？还是选择距离目标很远的位置，鲜有套中者？还是选择距离目标适中的位置，约有一半次数套中目标？

追求可能的成功

如果你选择前两者则说明你是一个成就动机较低的人，做事是为了避免失败，确切地说，是为了避免因失败而带来的负面情绪。距离很近，确保绝对不会失败；距离很远，则别人也成功不了，自己也不会因失败而被别人小瞧。相反，如果你选择最后一种做法，则表明你是一个成就动机高的人，你不断地在自己的最近发展区内挑战自己，追求可能的成功。你做事不是为了做给别人看，不是为了证明自己能干，而是追求自我超越、自我成长。

这一假定情境正是著名的心理学家麦克里兰曾经做过的一个实验。他就这一成就动机问题曾作过深入的研究，他发现，人具有追求卓越、实现目标、争取成功的需要，这种需要可称为成就需要。具有强烈的成就动机的人追求的是个人成就而不是报酬本身，他们极想把事情做得比以前更好、更有效；他们能够为解决问题的方法本身承担责任，及时获得对自己绩效的反馈以便于判断自己是否有改进；他们喜欢设置有中等挑战性的目标。他们不是赌徒，所以不喜欢靠运气获得成功。他们也不喜欢成功的概率过大，因为那样对他们的能力没有挑战性。当一项任务的成功的可能性为50%时，他们的成绩最好。

　　心理学家阿特金森在一项经典实验中演示了这一点。他在实验中把80名大学生分成四组，每组20人，给他们一项同样的任务。对第一组学生说，只有成绩最好者(1/20)能得到奖励；对第二组学生说，成绩前5名(1/4)将会得到奖励；对第三组学生说，成绩前10名者(1/2)可以得到奖励；对第四组学生说，成绩前15名者(3/4)都能得到奖励。结果如图19所示。

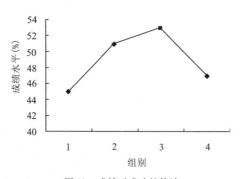

图19　成绩对成功的估计

　　成功可能性适中的两个组成绩最好，成功概率太高或太低时成绩下降。第一组学生大多都认为，即便自己尽最大努力也极少有可能成为第一名；而第四组学生一般都认为自己肯定在前15名之列，于是，这两组学生都认为无需努力了。研究表明，最佳的成功概率是50%左右。因为大多数学生认为，如果尽自己努力，很有希望获得成功；如果不努力的话，也有可能会失败。

依靠自己，尽心尽力

成就动机高的学生具有独立的见解，能够抵制不可靠的意见，在学校进行的智力测验中能取得较好的分数。他们做事总是力求尽到自己最大的努力，将自己的智力发挥到极点，尽力克服一切障碍，将事情做得尽善尽美。相反，成就动机低的学生自信心不足，倾向于认为自己的能力有限，往往设置一些不切合实际的目标，不付出足够的努力，于是导致了一次又一次的失败。不断的失败致使他们更加证实自己能力的不足。他们将失败归因于缺乏能力，而将成功归因于运气、机遇、任务简单。这样，无论成功还是失败对他们都没有积极的影响。成功了，他们不会再付出努力，而一旦失败，却导致他们进一步去避免失败。

一个人的成就动机是在日常生活中培养出来的。就以摔倒为例来说吧。中国的孩子摔倒了，父母一般飞奔过去，猛然扶起孩子。孩子一见父母来势凶猛，以为出了什么大事，情不自禁地大哭起来。父母为了安哄孩子，连忙拍拍桌子、打打门、跺跺台阶等，为孩子出出气。这样做，父母虽然能够解决眼前的问题，表达了爱意，甚至补救了因自己看护不力而产生的内疚，但久而久之可能会给孩子留下后遗症。一是孩子学会了推诿责任，不管遇到什么问题，都条件反射地以为"这不是我的错"。二是无法建立自我保护意识，不知道如何防止重蹈覆辙，下一次照样还会摔倒。更为重要的是，孩子学会了无需尽自己的努力和智慧来克服障碍、追求成功，他们认为遇到困难，总会有人兜着！

然而，外国的家长就不会这一套了。有一天，我被邀请到英国一位老教授家玩。我与这位老教授及其女儿在庭园中座谈。老教授三岁的小外孙在地上奔跑玩耍，突然，一声猛响传来，只见小孩扑在地上，看样子摔得不轻。我忍不住欲起身扶起孩子，却被老教授示意坐下。老教授和孩子妈妈对着孩子哈哈一笑，孩子听见笑声，认为没什么大事，也笑了笑，挣扎了几下，最终爬了起来，继续玩自己的，好像什么也没有发生。老教授和他的女儿没去扶助孩子的身体，却要扶助孩子成就一颗坚强的心：在哪儿跌倒的，就从哪儿爬起来！这位小外孙从中学会了：要靠自己的力量，克服障碍，把事情做好！

没有最好，只有更好

显然，我们希望我们的学生的成就动机高一些，因为成就动机高的人具有更强的责任心，能有更突出的成就。但有时候，孩子的成就动机过高，却有可能被家长抱怨认真过头、太较真。七岁的晓月是小学一年级学生，凡事却让父母觉得她过于认真。上学迟到了会跟父母大发脾气，抱怨他们没有按时叫醒她；一次小测验没拿到100分，好长时间都会念念不忘。对此，身为大学教师的母亲很不以为然："考试并不一定要得100分，关键还在于你有没有掌握知识；上学迟到一次没什么大不了的，只要你不是故意。"可说了白说，晓月照样我行我素，这令晓月妈妈十分苦恼。其实，过分的是晓月妈。在孩子年幼的时候，他们会坚信许多单纯的东西，并将之视为生命中最神圣的，这其实是一种纯粹而又强烈的成就动机。这时候的孩子或许是固执的，但却是可爱的。100分究竟有什么意义？走过那些岁月的人回望时确实觉得没什么，但是如果一个孩子一开始就不想努力去做到最好，那么他一生恐怕也就不会认为自己是最好的；同样如果他从小就能仔细分辨态度与行为的差异，认为迟到一次没关系，那么，恐怕他以后也不可能严肃地对待学习和人生了。

孩子的认真是上天赐予他们的礼物，孩子的成就动机是促使他们成功的原动力。所以，如果孩子天生认真，那就请呵护那份纯真的成就动机。如果不是，就耐心地培养他们的成就动机，教会他们根据成就、胜利、成功来考虑问题，承担个人责任，适度冒险，从而做一个成就动机高的人，也做一个有高成就的人。

不为做给别人看

——成就目标定向

　　王阳是初二年级某班的一名落后生。不管他做什么，他都无法获得好成绩。后来，他常常设法耍一些小聪明。有一次，他阅读一篇文章，然后回答 12 道问题。老师在课堂巡视。他向老师问了几个简单的问题，以便给老师留下这样一个印象：他在尽力自己回答问题。实际上，他从邻座同学那里抄袭了其他题的答案，并没有进行相关的阅读和理解。有时，他故意忘了带作业。又有一天，老师让学生拿出昨天的作业。他装着到处寻找自己的作业，其实他自己知道、老师知道、其他同学也可能知道他并没有完成作业。如果老师要他准备明天的数学考试，他可能公开地忙于帮助其他同学做一些不是十分重要的事情，诸如削铅笔之类。结果，他在数学方面毫无进步，不可避免地一次又一次失败。

是为了掌握，还是为了表现

　　王阳的小聪明可能玩得太明显了，但类似的现象在你身边是否发生过。请你想一想，你身边的王阳们有些什么特点，他们为什么要这么做呢？

　　由于连续的失败，王阳知道自己无论怎么努力都不可能获得好成绩。但他又很爱面子，认为能力是面子的根基，他生怕老师和同学瞧不起自己、笑话自己能力低下。于是，他把心思花在如何保护面子和自尊上。他制定了表现方面的目标，学习全是为了做给老师和同学看，他为此采取了典型的避免失败的策略，故意去帮助别人，从而为自己的失败预设种种借口，即使失败了也不会被人笑话自己能力低。说穿了，这是一种典型的掩耳盗铃的伎俩，捂着耳朵哄自己呢！

大部分学生的症状可能没有王阳那么严重，但他们有时是不是也在做给别人看，以此证明自己有能力呢？心理学家们对这种学习意图洞若观火。经过调查研究，他们将学习意图分为两种：一种是掌握目标取向，持有这种目标的人倾向于认为能力是通过努力而不断增长的，学习就是为了掌握目前的内容、完成目前的任务，使自己得到切实的锻炼，从而提高自己的能力。另一种是表现目标，持有这种目标的人倾向丁认为能力是天生的、固定不变的，学习就是为了表现自己有能力，证明自己的能力，从而得到别人的承认。

这两种目标取向对学习的价值、关注的焦点、任务的选择以及对错误的态度都是存在一定差异的。

表2   两种成就目标定向的差异

维度	掌握目标	表现目标
成功的含义	进步，提高	得高分、有好的表现、他人赞赏
看重的方面	我努力了、我进步了	我比别人强，总是第一
关注的焦点	我收获了、即使没有考好也不重要	没有考好，学再多有什么用
满足的原因	我进步了，迎接了挑战	我考试排在他前面了、老师表扬我了
对错误的看法	错误不可避免、是学习的一部分	犯错意味着无能，因此焦虑、懊恼

维度	掌握目标	表现目标
努力的原因	我喜欢学习新东西、充实自己	考高分、得大奖、我要比他们都强
任务选择	有挑战性的	要么非常容易，要么非常难的
学习策略	理解、灵活应用	机械套用，应付考试
老师的作用	帮助自己学习，是资源和向导	是给予奖、惩的法官
控制感	我可以掌控我的学习和时间	好多事情我根本无法控制

请好好想一想，你班上的学生在这些方面是怎么想的呢？他们可能属于哪一种目标取向呢？

透视学生的学习意图

在学生的实际学习中，他们在两方面并不是非此即彼的，而可能是两方面都有，只是各自存在高低程度不同罢了。这样，两两组合形成四种典型的组合状态。

● 高掌握—低表现

这类学生拥有无穷的好奇心和高度的学习兴趣，对知识如痴如醉。他们学习时根本不计考试的成败、不虑后果的好坏，一心想着如何将事情搞懂搞通、将问题解决出来或者掌握某种技能。学习本身就足以让他们感到无限的快乐，不需要外来的奖励，也不会为外来奖赏而动心。学习成了他们生命存在的一种方式。在实际生活中，这种同学并不多见。

震惊中外的数学圣人、攻克了"哥德巴赫猜想"这一世界数学之谜的伟大的数学家陈景润，从小便对数学情有独钟，成为学校里的"小数学迷"。初中时，他有幸听得一位数学老师讲"哥德巴赫猜想"的由来，尤其令他着迷的是，这一"猜想"已经历时200多年，成为一道世界级的数学难题，至此，对"哥德巴赫猜想"之谜的破译，在陈景润小小的心灵中埋下了远大种子，并逐渐生根发芽。极大的难度并没有打垮陈景润探索奥秘的决心。相反，更加激发了他求知的欲望，他利用一切可以利用的时间系统地阅读了我国著名数学家华罗庚有关数学的专著。为了能直接阅读外国资料，掌握最新信息，在继续学习英语的同时，又攻读了俄语、德语、法语、日语、意大利语和西班牙语。学习这些国家的语言对一个数学家来说已是一个惊人突破了，但对陈景润来说这只是万里长征迈出的第一步。为了使自己梦想成真，陈景润不论严寒酷暑，废寝忘食，潜心钻研，足足演算了几麻袋的草纸。经过了十几年的推算，终于1965年5月，发表了论文《大偶数表示一个素数及一个不超过2个素数的乘积之和》。

● 高掌握—高表现

这类学生通常是教师非常喜欢的孩子，是老师眼中的好学生。他们学习努力、聪明能干，而且似乎比同龄人成熟一些。对于大部分没有挑战性的作业和功课，他们会自己提出更高的要求和目标，例如，老师让他解答一道题，他会琢磨一题多解，以赢得老师额外的奖励。但是，他们在内心中充满紧张、冲突等精神困扰。一方面他们为了成功掌握，他们要做出过度努力，但另一方面，他们为了表现自己，又要设法掩饰自己的努力。努力在他们心目中成了一把双刃剑。一方面刻苦努力会得到老师的嘉奖，但另一方面，作出刻苦努力的评价又是他们十分忌讳的，因为那隐藏的潜台词可能是"笨鸟先飞"。他们想尽可能证明自己的能力——可以不费吹灰之力依然遥遥领先。所以，他们往往采取一种减少羞愧感的策略：努力，至少看起来在努力，但是不那么积极主动、更不是刻苦和勤奋。他们甚至在同学面前尽量表现得贪玩、不在乎考试，但私下里却偷偷努力、拼命学习。这样，成功时，他们的成绩更有价值，更能说明他们的能力过人；即使失败，也可以为自己的失利找到很好的理由，不会被认为无能。

● 低掌握—高表现

这类学生特别注重他人的评价而非自评，展示是为了得到赞赏，而不是成功的主观感受。他们不喜欢学习，虽然他们不一定存在学习问题或学习困难，他们只是对课程提不起兴趣。他们看起来懒散、不爱学习的背后隐藏着他们对失败的强烈的恐惧，尤其是面对没有把握成功的任务时，这种恐惧甚至让他们必须采用逃避的手段，尽量回避被他人评价或者被他人忽视所带来的消极体验。这种自我防御更多体现在心理层面，比如幻想（我希望考试取消）、尽量缩小该任务的重要性（这门课根本不重要，学好学坏无所谓），为自己失败找借口（我昨天晚上失眠，所以考试发挥失利），对别人吹毛求疵以减低自己所要承担的责任（如果我有一个好老师，我会学得更好），从而减轻自己失败后的消极体验。他们怀疑自己的能力，害怕被指责为没有能力的人，感受着高度的焦虑和紧张。对能力的怀疑影响了考试时的临场发挥，干扰了对先前学习内容的回忆。

● 低掌握—低表现

这类学生低估自己，不奢望成功，自甘失败，因此对失败也不感到丝毫恐惧或者羞愧。他们不接受任何有关能力的挑战，也不喜欢展示自己，对成就表现得漠不关心。他们心如一潭死水，鲜有冲突。实际上，这种不关心意味着一种放弃，是害怕暴露自己的缺点，也就防止了别人说自己无能。

睁开你的慧眼吧，这些学生各自属于哪种类型呢？

小东每次考试前，都幻想着，如果考试能取消就好了。

小南平时表现得很贪玩、不在乎考试，可私下里却偷偷地努力、拼命地学习。

小天在班级总是非常沉默，从来不参加同学间的游戏和比赛，同学找他玩，他也会说，"我不会玩，我玩不好！"

小北是个完美主义倾向的人，在初学计算机时，因害怕犯错误而限制自己使用计算机。

小地酷爱历史，整天将自己埋在史料文献、书籍之中，乐在其中，有时甚至废寝忘食。

小西每次考试结果都很差，但每次考试前，却又不好好复习，而是去打游戏机、看电视、和朋友打球……

① 高掌握—低表现者：＿＿＿＿＿＿＿＿＿＿＿＿
② 高掌握—高表现者：＿＿＿＿＿＿＿＿＿＿＿＿
③ 低掌握—高表现者：＿＿＿＿＿＿＿＿＿＿＿＿
④ 低掌握—低表现者：＿＿＿＿＿＿＿＿＿＿＿＿

学生的目标定向与老师的目标取向有关系，在一个非常强调排名次的班级里，学生们更可能追求表现目标。我们要设法引导学生确立掌握目标，激发学生的内在学习动机。

答案：①小地；②小南、小北；③小东、小西；④小天。

教育无小事
——蝴蝶效应

> 西方流传着一首民谣，这首民谣说：
> 丢失一个钉子，坏了一只蹄铁；
> 坏了一只蹄铁，折了一匹战马；
> 折了一匹战马，伤了一位骑士；
> 伤了一位骑士，输了一场战斗；
> 输了一场战斗，亡了一个帝国。

蝴蝶效应

马蹄铁上一个钉子丢失与否，本是初始时十分微小的变化，但其长远的结果，却使一个帝国或存或亡。这似乎不可思议，但在有些条件下却是可能的。

1979 年 12 月，气象学家洛伦兹在美国科学促进会的一次讲演中提出：一只蝴蝶在巴西丛林的一朵花瓣上轻轻扇动一下翅膀，有可能会在美国的德克萨斯引起一场龙卷风。细小的因素与看似完全不相关的巨大复杂的变化之间存在紧密的因果联系，这就是蝴蝶效应。

蝴蝶效应为什么会产生并如此强烈呢？第一，蝴蝶成了蝴蝶效应的杠杆支点，引起了杠杆效应。发生杠杆效应很重要的一点便是需要找到合适的支点，支点不合适，就达不到省力的作用，做功也不会太大。蝴蝶效应之所以产生，就是因为蝴蝶成了杠杆的支点，起到了放大器的作用，从而产生蝴蝶效应。蝴蝶翅膀的运动，引起了微弱气流的产生，而微弱气流的产生又会引起它四周空气或其他系统产生相应的变化，由此引起连锁反应，最终导致其他系统的极大变化。发现杠杆原理的阿基米德曾对国王说："给我一个支点，我就能把地球撬动。"这不正是小物件改变大格局的经典名言吗？

第二，蝴蝶开始时是一个微不足道的东西，因此有机会暗暗"滋长"。如果蝴蝶一开始便是引人瞩目的，那么，它就不可能有机会得到发展，就会被扼杀在萌芽状态。毛泽东在井冈山八角楼上就写下这样的名句"星星之火，可以燎原"。中国红军之所以能以小米加步枪打败蒋介石的飞机加大炮，关键的一点就是中国红军采取了在敌人不会注意的农村建立小块革命根据地逐渐包围城市的策略，从而有效地保存了实力。

第三，蝴蝶效应是一点点累积的结果。正如名言、古谚所说："播下一个行动，你将收获一种习惯；播下一种习惯，你将收获一种性格；播下一种性格，你将收获一种命运。""千里之行，始于足下"、"千层之台，起于垒土"、"失之毫厘，谬以千里"等等。

蝴蝶效应告诉我们：要特别注意初始状态的微小变动，要对这方面的微小变动保持高度的敏感。

教育无小事

青少年学生，正处于他们人生的初期，一切尚待塑造。所以，作为学生身心成长的教育者，要谨记"教育无小事"，留心教育中的蝴蝶效应。在我们的教育过程中，老师的一个灿烂笑脸、一句赞扬话语、一种习惯性动作，都有可能在孩子心里产生巨大的"蝴蝶效应"，成为孩子生命中意想不到的支点。

一位从美国留学归来的北大学子回母校作报告时，将自己今天的成就归于生命的偶然，她坦言：上初二时的她很平常，学习下等，和一些已经在社会上打工的女孩子混在一起玩，根本不知道自己的明天在哪里。

一次期中考试前，她的好友给了她这次考试的试卷，她几乎把它背了下来。如果按她的真实水平，她只能考 30 多分吧，但她那次考了一个全班第一，她的朋友只背过其中一部分，考了 70 多分。所有人都怀疑她作弊了，但就是作弊也不可能考 98 分啊，只有老师相信她并鼓励了她，说她进步很快，以后肯定还会考出好成绩。那一刻，她差点流了泪，她没想到老师会相信她，况且同学们对她的羡慕让她体会到了一种从来没有过的喜悦和兴奋，原来，学习好了可以如此自豪！

从那以后，为了证明自己没有作弊，为了对得起老师那句话，她像发了疯一样开始学习，并从中体会到了学习的乐趣。不久，她的学习成绩跃居全班第一。一年后考上重点高中，三年后考上北大。

如果不是那次偶然偷来的试卷改变了她的命运，她本来也会和那些农村女孩一样，毕业以后去外地打工的。那个考了 70 多分的女生最终去了一个饭店打工，而几年之后，她去美国留学了。

报告结束后，已经白发苍苍的数学老师对她说出了真相：孩子，当时我就知道你是作弊了，因为以你的能力不可能考 98 分。但我想，也许你从此能发奋，所以，我给了你鼓励和信任。

那一刻，她的泪水流了下来，在人生最关键的时刻，那个最明白她的人，没有把她当贼一样揪出来，而是给了她鼓励，让她的人生从此与众不同。正是这份可贵的宽容和信任成了她生命的支点。

但是，老师的一个忽略、一次错误斥责、一种冷漠的态度，都可能成为学生生命中致命的"蚁穴"。有一位老师听同学们说，他有一个学生说将记恨他一辈子。在这个学生结婚时，老师特意参加他的婚礼，在婚宴上，学生喝得酩酊大醉，道出了多年以来对老师的仇恨。

原来不过是一件老师从未意识到的小事而已，令老师大感意外。有一次班上集体打排球，老师在犹豫之中传给这位学生一个球，学生也犹豫了一下，未能接住，老师大声说："我就知道，你接不住!"就这一句无意的话，让学生觉得自尊心大受损伤，因此记恨了老师许多年。这难道不值得我们每个老师警醒吗?

另有一位老师抓住了一个犯错的男孩，私下处理后让其写下检讨，并对他说："如果你下次再犯错误的话，我就把这检讨交给你的班主任。"等学生走后，老师便把检讨书丢进了垃圾筒(刚才的话他只是随口说的，其实他并没有真的打算那么做)。不想，第二天，男孩的母亲找到这位老师说：孩子一整天都无精打采的，究其原因是怕老师向班主任移交他的检讨书。也许孩子因为这天荒废了学业，耽误了学习某些重要知识点，以后又来不及补上，形成恶性循环，导致学业上的习得性无助，乃至整个人生的失败。

莫以善小而不为，莫以恶小而为之，这就是教育领域中的"蝴蝶效应"。因此教师一定要对学校中的每一次偶然事件保持敏感，找到教育事件中的支点善加利用，清除教育事件中可能存在的"蚁穴"。伟大正是存在于细节之中!

催眠师的魔具

——暗示效应

亲爱的读者，你经历过催眠或者见过催眠吗？是不是很熟悉下面的场景？

你闭目全身放松，倾听着单调的滴水声。几分钟后，听见催眠师用轻柔而缓慢的语调说："这里没有打扰你的东西……除了我说话的声音和滴水声，你什么也听不见……随着我的数数，你会加重瞌睡……一……一股舒服的暖流流遍你全身……二……你的头脑模糊不清了……三……周围安静极了……不能抵制的睡意已经完全笼罩你了……你什么也听不见了……"

暗示效应

催眠师的这些语言就是他的魔具，能够带我们进入另外一个世界。也许你会说：我是一个独立自主、意志坚定的人，是不会受催眠师影响的。但是，你还是会有身不由己、心不由己的时候。不信？试一试下面的做法：

请你两脚并拢站立，双手掌心朝上向前伸出，尽量使双手处于同一水平面上，然后闭上眼，在心里慢慢地默念：
"我右手上托着一本很重很重的书，左手上托着一团很轻很
轻的棉花……"反复默念四至六遍后睁开眼。

你双手的位置发生变化了吗？是否右手下沉而左手上升了？
如果嫌麻烦，就试一试下面的想法：

> 请你在心里默想："我不想蓝色，我不想像天空一样蓝
> 盈盈的蓝色。"
>
> 怎么样？你的大脑中是不是浮现了蓝色，浮现了蓝盈盈
> 的天空？

看到这里，你是不是对自己的独立性有一些怀疑？不必！大可不
必！其实这是一个普遍的心理现象，这叫暗示效应。它是指一个人在
无意识中接受了一定的诱导，并做出与之相一致的行为的现象。很多
年前，美国心理学家谢里夫就证明了暗示效应的存在，实验是这样
的：他让大学生评价两段作品，告诉他们说，第一段作品是英国大文
豪狄更斯写的，第二段作品是一个普通作家写的。其实这两段都是狄
更斯的作品。结果大学生对两段作品作了悬殊的评价：第一段作品获
得了慷慨的赞扬，第二段作品却受到了苛刻的挑剔。

类似地，还有一位心理学家在真实的环境中做了这样的实验：
在课堂里，他取出一个洗得干干净净的装满清水的香水瓶，对学生
们说："这是一瓶进口香水，看谁能最先辨别出这是什么香味。"然
后将瓶盖打开。过了不久，许多学生相继举起手说自己闻到了香
味，有的说是茉莉香味，有的说是玫瑰香味，有的说是玉兰香
味……当得知这只是一瓶清水时，大家不禁哄堂大笑。

如此的实验还有很多，这让我们感叹：人是多么奇妙啊！虽然我
们有自己的判断力和自主性，却也有背叛自己感官的时候，而且还浑

然不觉！是呀，既然是大文豪狄更斯的作品，它一定是经典的作品，一个普通作家的作品怎能与之相比？这种诱导下的思维定势使出自同一位作者的两段作品得到了截然不同的评价；既然老师说了瓶子里装的是香水，香水肯定有香味，这种诱导下的思维定势使学生好像真的闻到了香味。同样地，安慰剂效应、罗森塔尔效应等等，它们的作用原理都是心理暗示。这就是暗示的奇妙作用！

暗示万花筒

哪些因素能够导致暗示效应呢？暗示源来自哪里呢？暗示源是能够导致暗示心理的一切因素，包括言语、行为、外部的环境等等，它们只要诱导了人们的思维，就会出现与之相一致的结果：积极的暗示就得到了积极的结果，消极的暗示就得到了消极的结果。古今中外，不同类型的暗示效应的例子屡见不鲜。

> 二战期间，一位盟军士兵被德国纳粹逮捕，敌人在暗室里用刀划伤了他的手臂，然后他就听到"滴答滴答"的声音，听起来好像鲜血一滴一滴从伤口上流下来。不久，这个盟军士兵就死了。其实，那"滴答滴答"的声音只不过是敌人打开自来水管造成的滴水的声音，而他手臂上的伤口根本不足以造成死亡。

我国古代有草木皆兵、杯弓蛇影的故事，就像上一则故事中盟军士兵的死亡一样，都是环境暗示造成的消极结果。

环境暗示在日常生活中也发挥着重要的作用。走进四面洁净、环境优雅的场所，你会发现大声喧哗或乱扔纸屑的人吗？恐怕很少；相反，如果在脏乱不堪的环境，文明的你是否会为扔一片纸屑而走向离你几步之遥的垃圾桶？在公交车站，如果大家都井然有序地排队上车，有谁还会不顾众人的鄙夷眼光而贸然插队？相反，车辆尚未停稳，猴急的人们你推我拥，争先恐后，后来的你还会有耐心排队上车吗？这让你真正地感受到环境的暗示作用了吧。

行为也会给人造成暗示。有这样一个真实的故事。一个长相平平的姑娘，性格又很内向。在学校里一直得不到男孩子的青睐。久而久之，她更加自惭形秽，把自己深深地幽闭起来，学习成绩、身体状况都每况愈下。细心的父亲发现了女儿的抑郁。在情人节那天，他假借一个小伙子的名义托礼仪公司送给女儿一束鲜花，向女儿表示爱慕之情。奇迹发生了，那个"灰姑娘"从此像变了个人似的。她不再自惭形秽，她充满信心，精神焕发，魅力猛增；性格也变得活泼、开朗；学习成绩也突飞猛进。

就像魔术师的魔法语言一样，老师的言语暗示也能传递给学生魔力般的鼓励。一位老师为了鼓励在班级中处于"中间地带"的学生积极参与班级建设，参加比赛，他说："你们从楼上俯视过集贸市场吗？那阵势可真是人山人海，看上去没有落脚的地方，但是你只要走进去，就会有你的位置。到市场不一定非要买东西不可，但至少可以看看商品，了解了解行情。我们参加比赛也是如此，老师不强求你们都报名，都得第一名，而是希望你们利用这次机会锻炼自己。"说完，特意看了看低下头的中等生丹，丹也看了看老师。一会儿丹就走到学习委员旁，响亮地说："写上我的名字，我也要参加！"

现在连广告都打起了言语暗示的主意。农夫山泉的广告词是"农夫山泉有点甜"，真的甜吗？这只不过是言语的心理暗示罢了。

自我暗示

暗示不仅由外部因素引起，生活中自我暗示对我们的行为也有重要作用。自我暗示是通过自己用某种想法对自己的认识、行为和情绪产生影响的。有个人特别害怕下水井的盖子，觉得自己会掉下去。后来他在接近井盖时告诫自己："男子汉！区区井盖何足惧哉！"然后站在井盖上讲十遍，跳十次，结果就不害怕了。二战时前苏联一位天才的演员 N·H·毕甫佐夫平时老是口吃，但是当他演出时就暗示自己在舞台上讲话和做动作的不是他，而完全是另一个口齿伶俐的人——剧中的角色。他们利用的就是积极的自我暗示。

可能有些人会埋怨："不对呀，我的自我暗示怎么就不行呢？在考试或演讲时怕自己紧张影响成绩，我就自我暗示：不能紧张，千万不能紧张。结果越暗示越紧张！"不用着急，先想一想我们前面的小实验"我不想像天空一样蓝盈盈的蓝色"的结果，是不是事与愿违偏偏想到了蓝色？同样道理，对自己说"不紧张"，反而提醒了自己紧张，就像赵本山的一个小品中描述的那样，主人公面对自己的意中人异常紧张，在心里告诫自己"不紧张、不紧张"，结果在作自我介绍时，他声音颤抖地说："我叫不紧张……"

因此，用暗示作自我调节也有一定的艺术，要使用积极的话语调节自己，而避免用消极的词汇。比如前苏联演员 N·H·毕甫佐夫的暗示语是"我是一个口齿伶俐的人"，而不是告诉自己"我是一个不口吃的人"。

说你行，你就行

"说你行，你就行，不行也行；说不行，就不行，行也不行。"这不能不说明暗示的伟大力量，对此适当加以运用，就会成为教育者育人的魔棒。教育者们想一想，在教学和班级管理的过程中，我们是否从多方面为学生制造了积极暗示的条件？教室是否整洁、干净、舒适、温馨？墙上是否有促人上进的标语？是否制定了具体、合理的班训和班规？是否在集体场合对好的行为进行表扬？是否鼓励学生相信他们能够做得好？是否以身作则给学生树立榜样？是否让学生认识到自己的优点和缺点，教会学生进行积极的自我暗示？其实，有时候，一个眼神、一个抚摸、一句鼓励、一条规则、一个口号，不用多讲，就足以让一个学生甚至全班学生感受到老师对他们的期待和关心，就会成为他们进步的动力。

从各方面入手，用多种方式让班级里充满暗示的积极力量吧！

山里的水真甜

——安慰剂效应

"五一"长假到了，平时工作忙碌的一群朋友组织到野外郊游，乡间的美景和泥土的气息令大家心旷神怡，眼前清澈的泉水、碧绿的草地和迷人的风景深深吸引了他们。休息时，其中一人很高兴地接过同伴递过来的水壶喝了一口水，情不自禁地感叹道："山里的水真甜，城里的水跟这儿真是没法比。"水壶的主人听罢笑了起来，说道："壶里的水是城市里最普通的水，是出发前从家里的自来水管接的。"

安慰剂效应

上面所说的例子就是在日常生活中出现的安慰剂效应。所谓安慰剂效应，是指在治疗中向病人提供安慰剂或者由于对治疗的期望而造成的症状减轻或病情好转的现象。许多研究表明：至少有1/3以上的人对安慰剂有反应，出现了临床症状的好转；如果再结合言语、宣传和其他途径，安慰剂的效果还要更显著，这正应了中国一句俗语："信则灵。"其实，不但是安慰剂，所有真实的药物也都具有不同程度的安慰剂效应。

帕金森病是一种神经功能障碍疾病，主要影响中老年人。病人大脑中缺少多巴胺，导致丘脑底核等区域的神经细胞异常兴奋，患者出现肌肉僵直、震颤和行走困难等症状。意大利都灵大学医学院的科学家对这样的患者做了一个实验，在他们的实验中给帕金森病患者注射脱水吗啡，这种物质能使患者脑部过度兴奋的神经细胞平静下来。大约 24 小时后，研究人员在患者清醒的状态下给他们做手术，在手术过程中，研究人员给患者注射安慰剂。结果，生理盐水也能使神经细胞平静下来，效果与脱水吗啡几乎相同。但是这一现象不能用脱水吗啡在脑部的残留来解释，因为脱水吗啡的效果只能维持 1 个小时。

医学心理学博士菲利普·韦斯特曾运用克尔比奥桑安慰剂医治一例癌症，其效果也十分明显。当时，人们十分相信一种试验性的治癌药物——克尔比奥桑，认为只要服用少许，就有药到病除的效果。因此，他让这位病人服用了该药，结果发生了"灵丹妙药"的作用。服药前，病人有时候甚至还需要使用氧气面罩进行呼吸，服药后不仅精神振奋，甚至还能重新驾驶飞机。

研究人员认为安慰剂之所以会产生这样的生理反应，有两种解释：一种是认知假设，患者期待药物起作用的心理激发了生理反应。另一种是条件反射假设，患者所处的医疗环境引起了生理上的条件反射。

岂止安慰

生活中，安慰剂效应的例子真是不胜枚举，有的人突然看不见，有的人突然听不见，有的人突然说不出话，甚至突然半身不遂。这时，如果有权威的医生或病人信赖的人告诉他，只要注射一针高级的特效药，马上就能恢复功能。经过这种权威暗示后，再给病人注射一针蒸馏水，结果病人康复了。

当人类的意识生病时，往往就会造成身体生病。在这种时候，它需要一个更强壮的意识来治疗它，给它指示，特别是使它对自己产生信心与信仰。这种信心与信仰就是治病良药——安慰剂。其实，每个人都需要去培养自己的乐观积极的生活态度，因为许多安慰剂都只能在隐瞒真实的状态下才能起作用，一旦真相大白就会给当事人造成很大的打击，所以只有真正在心里筑起一座"安慰长城"，我们才能真正地强大起来。

安慰剂的作用是如此神奇、有效，因此，老师们都在冥思苦想去找什么样的机会和什么样的"安慰剂"来促进学生学习和鼓励学生。教师们可以利用"权威"带来的安慰剂效应，比如，用一些所谓权威的测评来给学生一些虚拟的，但又是带鼓励性质的结论来给学生一些自信。还有很多老师知道安慰剂效应，但是在学校和课堂上却总是苦于不知道该怎样去利用，殊不知爱和信任就是最容易找到的安慰剂。对学生的爱、信任和鼓励可以对学生产生很大的影响。对孩子进行"你能行，你能够学得更好"等鼓励，能让受教育者认识自我，挖掘潜能。

曾经有一个小学生，非常调皮捣蛋，学习成绩也不好，父母也是忧心忡忡。一天老师对这个孩子说，你长大了会成为一名总统的。简单的一句话在孩子的心里引起了不小的震动，并深深烙进了他的心里。从此以后，这个调皮的孩子时时处处以一个未来总统的标准来要求自己的言行举止和知识学习。后来这个孩子长大了，并成为了真正的总统。

可见"安慰剂"在现实生活中，尤其是教育领域中所起到的作用往往是远远超过了"安慰"的作用，更多的时候它是在鼓励人们克服自身所面对的各种困难，取得成功。所以如果能够好好利用"安慰剂"，家长和教师就能够真正帮助孩子克服成长中的各种难题，健康成长。

真实的谎言

——罗森塔尔效应

1968 年，美国著名的心理学家罗森塔尔和助手们来到一所小学，说是进行 7 项试验。他们从一至六年级各选了 3 个班级，对 18 个班的学生进行了"未来发展趋势测验"。之后，罗森塔尔以赞赏的口吻将一份"最有发展前途者"的名单交给校长和相关老师，并叮嘱务必保密，以免影响实验的正确性。8 个月后，罗森塔尔对这些学生进行复试，结果奇迹出现了：凡是上了名单的学生，个个成绩有了较大的进步，且性格活泼开朗，自信心强，求知欲旺盛，更乐于和别人打交道。罗森塔尔教授这才对他们的老师说，自己对这几个学生一点也不了解，这让老师们很是意外。实际上，名单上的学生是随意挑选的，罗森塔尔撒了一个"权威性谎言"。

罗森塔尔效应

为什么会出现这种现象——谎言何以成真？是"期望"这一魔棒在发挥作用。罗森塔尔教授是著名的心理学家，在人们心中享有很高的权威。老师们对他的话都深信不疑，名单对老师产生了暗示，左右了老师对名单上的学生的能力评价，对学生产生了积极的期望。这种期望通过老师的情感、语言和行为传递给学生，让这些学生也感受到了这种期望，认为自己是聪明的、优秀的，从而提高了自信心，提高了对自己的要求标准，最终成为优秀的学生。所以在心理学上，这种由他人的期望和热爱使人们的行为发生与期望趋于一致的变化，称为罗森塔尔效应。

这种效应在现实的生活中，特别是教育中屡见不鲜。发明大王爱迪生小时候仅仅在小学上了三个月就被开除了，理由是"智力低下"，但爱迪生的母亲坚信自己的孩子决不会是傻瓜，经常对他说："你肯定要比别人聪明，这一点我是坚信不疑的，所以你要坚持自己读书。"爱迪生得到了母亲的鼓励，经过不懈努力，成为伟大的发明家。我们今天所享受的电灯、电影、录音机等不仅受惠于爱迪生的发明，更受惠于爱迪生的母亲无意中运用罗森塔尔效应所产生的神奇力量。

如果大家了解中国国足，那对祁宏这个名字肯定不会陌生。作为"九五"申花夺冠的"三剑客"之一，19岁的祁宏就已展现了他"天才少年"的英姿。这位来自上海中远的球员一直以来都是以超级替补的形象出现在国家队，然而在十强赛中的祁宏充分展现了自己作为"杀手"的冷静气质。他不仅在门前具有超灵敏的反应，捕捉战机的能力也非常出色，在中场能够频频传出好球，无论在国家队打哪个位置他都会全身心地投入，成为队中名副其实的"影子杀手"。祁宏的横空出世，其中少不了原国家队主教练米卢的功劳。米卢总是一边拍着祁宏的肩，一边对同胞老彼得说："他是最好的球员！"他称赞祁宏是"最好的"，并不代表祁宏足以担当中场灵魂的角色，而是一种发现和期望，更是一种鼓励和培养，他用他的智慧不自觉地在祁宏的身上产生独特的罗森塔尔效应。如果不是米卢，祁宏不可能这么快就闪现出他天才的光辉。

皮格马利翁效应

罗森塔尔还把自己实验的结果称作皮格马利翁效应。这来源于一则希腊神话故事。皮格马利翁是一位雕刻师，他耗尽心血雕刻了一位美丽的姑娘，并倾注了全部的爱给她。上帝被雕刻师的真诚打动，使雕像获得了生命。是的，爱总能创造奇迹，尤其在孩子们身上。

一天，一个孩子放学回来，进门就兴高采烈地对母亲说："妈妈，什么是创造性呀？今天数学课发单元卷，最后一题是加分题，加10分，别人都不会，只有我一个人做对了。老师表扬了我，说我做的题具有创造性。"

"那你考了多少分？"做母亲的始终比较关心结果。

孩子满怀喜悦地回答："66分。"

"不算加分题，你才考56分呀，还创造什么呢，瞎猫碰到死耗子，蒙对啦。"母亲很不以为然。这让孩子非常不服，红着脸嚷起来："不是蒙对的，老师都说我做的题具有创造性。"从此以后，这个孩子每天让母亲给他找题做，越是难题，他越是非要做出来不可。

"创造性"究竟是什么？这个孩子也许都说不清楚。只是莫名其妙地感到创造性是很神秘、很伟大的。而任课老师为了一道偶然做对的题表扬他的这句话竟变成了一股巨大的力量鼓舞着他去努力学习。仅仅半个学期的努力，期末考试他从一个差等生变成了第四名，从此成了数学尖子。这个例子再次说明了教师期望对学生产生的巨大影响力。

早在半个世纪前，人民教育家陶行知就曾提醒教师："在你的教鞭下有瓦特，在你的冷眼里有牛顿，在你的讥笑中有爱迪生。"所以，不妨让我们换一种眼光、换一个角度来看待学生，更加积极地期望学生，相信我们一定会有许多新的发现。其实，每一位教师都能创造出"神奇"，真实的"谎言"每天都可以上演！

响雷之后必有雨

——预期效应

曾子的妻子要上街，她的小儿子哭闹着也要跟着去。曾妻便哄儿子说："你回去等着我回来杀猪让你吃肉。"她刚从街上回来，就看到曾子真的要杀猪，她急忙阻拦道："我只不过是跟孩子说着玩哄他的。"曾子说："小孩子是不能欺骗的。孩子年幼没有知识，处处会模仿父母，听从父母的教导。今天你欺骗他，就是教他学你的样子去骗人。做母亲的欺骗自己的孩子，那孩子更不会相信自己的母亲了。这不是教育孩子的好办法啊!"于是，曾子杀了那头猪，煮了肉给孩子吃。

猴子的沮丧

常常听人抱怨说：这鬼天，光响雷不下雨。响雷之后必有雨，似乎是天经地义的事情。

人类的聪明在于能通过现在的事情预期到未来可能发生的事情，这样才有可能未雨绸缪。而这种预期是基于长期以来总结的经验。它决定着个体的某种行为是否发生，如果预期结果积极，其行为发生的概率就增大，反之，结果消极，行为发生的概率就减小。

如果实际与预期相符，这将加强预期的作用力和可信度。反之，如果预期良好，但实际却不符，将给人带来认知的失调，从而改变原先的惯有的行为。关于这点，心理学上有很多实验可以证实。

　　心理学家廷克波 1928 年就做了一个相关的有趣的实验。他的实验以猴子为受试者，训练其完成一项辨别任务。实验者首先当着猴子的面把它们喜欢吃的香蕉放入两个带盖子的容器中的某个，然后用一块木板挡住猴子的视线。过后，让猴子在两者中进行选择，结果发现，猴子具有良好的辨别能力，能准确地从装有香蕉的容器中取得食物。然后，实验者再当着猴子的面把香蕉放入后，又在挡板后面把香蕉取出，换成猴子不喜欢吃的莴苣叶子，并要求猴子取食。结果发现，当猴子从容器中取出莴苣叶子而不是香蕉时，猴子显露惊讶的表情，似乎是"大吃一惊"的挫败感，它拒绝吃莴苣叶子，并在四周搜索，寻找期望中的香蕉，寻找失败后，甚至非常沮丧地向实验者高声尖叫，大发脾气。

　　这一实验启发我们，动物和人类的行为不是受他们行为的直接结果影响，而是受他们预期行为将会带来什么的结果所支配。这就像某次考试如果你期望拿 70 分，如果考了 80 分，必然欢呼雀跃，但是如果期望得 90 分，最后却只考了 80 分，自然垂头丧气。在预期没有实现的情况下，即奖励物不如预期的奖励物时，不仅不能保持原有的操作水平，而且还会降低操作水平。

预期效应

　　这些实验具有重要的教育意义。它说明，给学生一个良好的预期对于激发学生的学习行为具有相当的重要性。这也是为什么每次上新课之前，老师总是要不厌其烦地叙述学习这个内容的重要性和意义等，这其实就是在给学生一个良好的预期，告诉学生如果好好学习这部分东西，能得到什么样的收获。几乎在每本书的序言中，都会一直在强调整本书的结构、内容提要等等，这实际也是给读者创建某种预期。每部电影在首映之前总会大力宣传，这无非也是在促使观众对该电影产生一种预期，从而产生去观看的意愿。

好的预期其作用不言而喻，但如何有效地利用预期，却并不是一件简单的事情。如果你让他人产生了特定的预期，却并没有让其达成预期效果，那其心里的感受会非常糟糕，就如同那个气急败坏的猴子。大家可能都曾有过这样的经历，看了某部电影的海报，了解到关于该大片的煽情介绍，满心欢喜地去看了之后却发现该片要情节没情节，要美感没美感，看完后大呼上当。其实更确切地说，如果给予预期却不兑现，这涉及的乃是诚信问题。

曾子杀猪的故事很好地诠释了：做父母的应该如何注重自己的一言一行、一举一动，答应过孩子的事就应该努力做到，而不是整天开空头支票、信口承诺。让孩子有了不切实际的预期，结果却无法实现，孩子在一次又一次的失望之后，逐渐也学会了失信，更失去了天真可爱的童心。要知道，父母对孩子的诚信，就是将来孩子对社会的诚信。可是，曾子太少，曾妻太多。现在的父母为了让孩子好好学习，总是轻易承诺："只要你考到前几名，我就给你买……"然而事后，总是借口自己没空或认为自己的承诺对孩子根本无关紧要而违反承诺，从而失去孩子的信任。也难怪孩子们会感慨地说，父母给的承诺总像蝴蝶，美丽地飞舞、盘旋，然后不见了。

有一个孩子在日记中伤心地写道：

> 我以为，父母给我的承诺，是这个世界上惟一可以相信的承诺。可是我错了，这种承诺是最不可靠的，也是最让我伤心的。
>
> 到现在也没有理爸爸，我也不想。可是，他一次又一次地让我伤心。妈妈说，事不过三，所以我一次、两次、三次地原谅。我以为，原谅可以改变一切。但是，事实证明，我

又错了。原以为，亲情是世界上最温暖的，可是，为什么我感觉到的亲情，却是这样痛得刻骨铭心……

我们无从考证她的父母究竟对她承诺过什么，但我们所能感受到的就是这个小女孩对父母失信后极度的伤心。为人父母者看到这么一段话，你们的心里会掀起怎样的波澜？

我们不希望我们的孩子为我们的失信而伤心难过，更不希望他们因此也成为一个失信于人的人。所以，请用好你可以支配的预期，守住你的承诺，别给孩子或学生开出空头支票！

转念之间

——知觉中的图形—背景现象

请欣赏下面两幅画：

图 20　你看到的是六个花瓶，还是六种不同表情的面孔？

图 21　你看见一张女人的脸，还是一个吹萨克斯的人？

图形与背景的转换

　　我们得到的答案可能不尽相同。这就引出一个问题：为什么我们都以自己的方式知觉这个世界？在心理学上，这就是知觉中的图形—背景现象。我们在知觉的过程中倾向于把对象分为图形和背景，背景就像幕布一样，使最前部的显眼的图形突出来。同时图形和背景又可以相互转换，因此我们就看到了不同的图形。比如，图20中，你把白色当作背景，就可以看到六个不同的花瓶，把黑色当成背景，就可以看到六种不同表情的人脸；图21中，以白色为背景，你就看到一个人在吹萨克斯，如果把注意力转移到吹萨克斯的人的侧面轮廓，就可以看到女人的脸。

　　因为这种图形—背景现象，我们眼睛看到的虽然是同一对象，但感知到的却完全不同，这样就得到了不同的答案。这些答案没有对错之分，只是表达了不同的内容，侧重于不同的方面。

秀才的三个梦

　　在生活中，图形—背景现象给了我们莫大的启示，它告诉我们要学会多方位思考、换位思考。我们的感官和已有的思想往往使我们在观察现象、思考问题的过程中忽略了一些信息（背景），而加强了其他信息（图形），这样只会从一个角度思考问题，因此就只看到了现象的一部分，或者死板地抱着一种观点紧紧不放。当我们紧紧抱着悲观的观点不放时，情绪就变得低沉了，行为也消极了，结果也不尽如人意，但只要转念一想，一切都会变得不一样。下面的故事可能会让我们有感触。

　　有位秀才第三次进京赶考，住在一个经常住的店里。考试前两天他做了三个梦，第一个梦是梦到自己在墙上种白菜，第二个梦是下雨天，他戴了斗笠还打伞，第三个梦是梦到跟心爱的表妹躺在床上一起睡觉，但是背靠着背。

这三个梦似乎有些深意，秀才第二天赶紧去找算命先生解梦。算命先生一听，连拍大腿说："你还是回家吧。你想想，高墙上种菜不是白费劲吗？戴斗笠还打雨伞不是多此一举吗？跟表妹都躺在一张床上了，却背靠背，不是没戏吗？"

秀才一听，心灰意冷，回店收拾包袱准备回家。店老板非常奇怪，问："不是明天才考试吗，今天你怎么就回乡了？"秀才如此这般说了一番，店老板乐了："哟，我也会解梦的。我倒觉得，你这次一定要留下来。你想想，墙上种菜不是高种（中）吗？戴斗笠还打雨伞不是说明你这次是有备无患吗？跟你表妹背靠背躺在床上，不是说明你翻身的时候就要到了吗？"

秀才一听，觉得更有道理，于是精神振奋地参加考试，居然中了个探花。

小鸟探"春"

积极的人选择积极的想法作为自己心中的"图形"，让消极的想法掩藏在"背景"中，使它搁浅；消极的人选择消极的想法作为自己心中的"图形"，让积极的想法在黑暗的"背景"中窒息。他们的选择不同，生活不同，未来就不同。

一位老师就充分利用了积极的心理"图形"成功处理了课堂中的突发事件。看这样一个情景：

在学习朱自清的散文《春》时，教室里书声朗朗，突然一只小麻雀从窗户外闯了进来，读书声戛然而止，学生的注意力一下子就集中在它身上。

一种声音："快读书。一只小鸟有什么好看的！"

学生虽然不情愿地拿起了课本，但心却跟着小麻雀飞来飞去。

　　另一种声音："小鸟为什么要飞到我们的语文课上呀？""对，小鸟被同学们动情的读书声吸引住了，它也不甘寂寞，要和我们比一比谁的声音好听呢！"

　　学生们争先恐后地说："老师！我要和小鸟一比高低！""我也要比！"……

　　一种课堂，两种结果，看似简单，实则不然，这体现出两种截然不同的思想观。小鸟作为课堂的干扰因素，第二位老师却能从消极中找积极，把它变成学习资源，使积极的背景凸现出来成为图形，正是这种灵活的、多方位的思维导致了教育机智，之后的教学效果也使这位教师懂得了教育机智的分量。

转念之间

　　对事，我们要找积极的因素；对人，我们也要用阳光般的眼神看待。

　　给你一张中间有一个黑点的白纸，问："这是什么？"

　　你如何回答？

　　你是否不假思索地、自信地大声说道："黑点！"可能你还想：怎么用这么简单的问题来考我？

　　但是，你是否想到黑点的周围是什么？

　　白纸上的黑点好比人的缺点，周围的空白好比人的优点。你是否在很长一段时间内对曾经"得罪"你（对你来说就是黑点）的人耿耿于怀？

　　生活中难免和周围的人发生摩擦，你会不断地发现他们的缺点，但关键就在于你如何看待这些摩擦和令人不愉快的缺点，是选择把它们当成"图形"，还是当成"背景"。想一想，如果你认为周围的人都是相互利用、没有人情、不可救药的讨厌鬼，那你每天还会快乐吗？如果你认为周围的人各有各的特点和长处，是不是觉得每天的阳光都很明媚？

一位老师就总是"想着他的好"，保持着好心情，愉快地工作着、生活着。他说，想着学生的好，自己就不再为学生的捣蛋伤神费脑，相信他会变好，愿望果真就实现了；想着同事、领导的好，不会为一点得罪自己的事情斤斤计较，真心相待，互谦互让，工作也轻松，心情也舒畅！

当然，作为教育者，一直"想着他的好"确实很难，特别是面对捣乱的、说谎话的等等所谓的问题学生时。当你对学生的恶作剧恼羞成怒时，当对学生充满怨言时，是否应该转换一下自己的注意力，从学生的缺点上面转移到学生的优点上面，再重新思考一下问题？比如，一个撒谎的学生，他是否无药可救？不！这恰恰说明他们懂得了是非标准，能够分辨对与错、真与假，而且能够保护自己，这可是他们进步的基础呀！不懂得是非标准的学生岂不令我们更伤脑筋？懂得保护自己的孩子才能更好地在纷繁复杂的社会大环境中生存。如果想到了这些，我们还会对这些孩子失去信心吗？

同时，把注意力转移到自己的身上，反思一下他们的问题行为是不是我们教育方法上的不当而留下的"伤"。面对捣乱的学生，大多数的老师使用最多的就是责备、惩罚。例如，某班的一块玻璃碎了，老师查是谁打碎的，肇事者主动承认，却被老师臭训一顿，外加"碎一罚十"。这就是说实话的结果，是我们的教育"逼迫"他们走上了不正之路。想到了这些，我们还会对学生埋怨不止吗？

教育者需要全方位看待孩子，同时还要教孩子理解父母，理解老师和同学，培养孩子的合理情感。"我妈妈整天唠唠叨叨，让我学习、学习、再学习，简直烦死我了！"这是很多中学生的心声，有的学生甚至想，自己的父母根本不爱自己，他们爱的是自己的考试分数，爱的是他们自己的面子。针对这样的问题，老师要让学生学会换位思考。"妈妈为什么会这样唠叨自己？是不是自己的行为太不让妈妈放心了？

不认真写作业？贪玩？妈妈为什么对自己这么严格？是为了让自己实现他们的梦想……"换位思考是一个强大的武器，它能够打碎亲子之间的隔阂，打破代沟，建立良好的情感沟通渠道；也像神奇的人际关系润滑剂，有了它，人与人之间的摩擦少了，理解、包容多了。

"横看成岭侧成峰，远近高低各不同。"不管什么样的人、事或现象，表面上看来好也行，坏也罢，积极也好，消极也罢，换一个角度看，其实它们都是好与坏、积极与消极的整合体。教育者对此要有全面的认识，然后，让积极的力量主宰着你！

3 + 1 不等于 5 - 1

——心理加减法

在食堂打饭，食堂师傅往你碗里打一满勺菜，觉得给多了，马上又从碗中往外拨出一点，这时你心里肯定会不高兴地暗骂师傅小气；反过来，如果师傅先往你碗里打一小勺，再往碗里添加一点儿，这时你心中充满谢意。其实，两种情况下你得到的菜的总量一样，但心里感觉却不相同。

3 + 1 > 5 - 1

3 + 1 怎么会不等于 5 - 1，很奇怪的不等式吧。即使你是个刚上过一年级的小学生，你也会笑着说这是一个傻瓜公式，3 + 1 明明等于 5 - 1。请别急！有时候，也许、可能、或许、大概，这个不等式真的就成立哦！

想象一下，现在有一筐新鲜的、红红的大苹果放在我们面前，好客的主人要把这些让人看着就想咬一口的苹果分给大家，可是他不知道这筐里究竟有多少苹果，也不清楚到底来了多少客人。他只好试着先给每个人分了 3 个，可是后来发现苹果还有剩余，于是每人又多得到一个。你拿着后来分到的苹果，心里美滋滋的。如果主人一开始给大家每人发 5 个苹果，可是后来却发现不够了。只好又从大家手中要回一个苹果来补给剩余的人，这个时候你心里又会怎么想呢？有点失落，有点遗憾，有点不舍……总之感觉要比第一种情况差很多。可是你拿到手上的不都是 4 个苹果吗？为什么你的心理感受就那么不一样呢？这不是正好验证了 $3+1>5-1$ 这个不等式吗？

这很容易让人联想起朝三暮四的故事：

> 宋国有个很喜欢猴子的人，家中养了一大群猴子，人们叫他为狙公。狙公与猴子之间，能相互了解对方的心意。为了养猴子，他节省自己的口粮来满足猴子的食欲。不久，狙公发现家中的粮食快被吃完了，便准备减少供给猴子的口粮，但又害怕猴子不顺从自己，就先欺骗猴子说："给你们的栗子，早上三个晚上四个，够吃了吗？"猴子们听了，都站了起来，异常恼怒。过一会儿，狙公改口说："给你们的栗子，早上四个晚上三个，足够吃了吧！"猴子们听了，个个都趴在地上，十分高兴。早上三个、晚上四个变为早上四个、晚上三个，总数还是七个，猴子却高兴得眉开眼笑，以为吃的东西增多了。

真是一群傻猴子！别笑了，其实，在我们的日常生活中，没准你一不小心就扮演了一回猴子的角色呢。

如果你热衷于购物，那遇上商场打折、返券一定满心欢喜，心想又可以疯狂购物一把。运气够好的话，确实能买到价廉物美的超值物品。但是，大多数情况下，打折是有条件的，参与打折活动的商品一般款式都相对比较老，或者就是尺码不全，打折卖掉后，商家可以尽早收回成本，尽快腾空柜台把更多价值不菲的新货摆上去。用礼券买东西就更爽了，就像不要钱随便拿一样，丝毫没有心痛的感觉。但是，稍加留意你会发现，看中的东西礼券通常不够用，还是要贴现金才能抱回家，在不知不觉中，钱又被掏掉了不少。甚至还有的时候，为了不贴钱把礼券用掉，就只能挑一些自己用不着的东西，放在家里才觉得买回了一堆"鸡肋"，白白浪费了那些礼券。

先抑后扬

也许有人要开始板着面孔教育说，我们要通过现象看本质等等，但从心理学的角度来看，这种现象并没有什么需要特别指责的地方。其实，虽然结果可能都是一样，但如果变通一下，以不同的方式给予，给人的心理感受可能就截然不同。来之不易的东西，人们才会更加珍惜；失去之后才能知道一个东西的可贵。所以，你会很惦记那个从你手里拿走的苹果；所以，你会那么肆无忌惮地挥霍你手中的返券。好好利用人们的这种心理，会给你带来意想不到的收获。

小郭是某公司的优秀业务员，在公司的一次促销活动中，给他的辖区内一个店面 D 分配了 50 个电饭锅作赠品，但如果按 D 店的正常销量来摊算的话，它至少需要 70 个赠品电饭锅。这时，赠品从总部尚未发到，全线紧缺，怎么办？如果一次性将 50 个赠品电饭锅全部发到 D 店，门店经理绝对不会满意。并且让小郭更为担心的是，这种不满情绪很可能转移，使得门店经理干脆挪用赠品。于是小郭首先很平静地打了一个电话过去，告诉门店："这次活动公司不打算进行促销，只是针对个别型号备了部分残留的促销赠品，根据公司的原则及对你们店的调查结果——你们店面的促销赠品有较大的遗失情况，所以公司降低了配置赠品的比例。"果然不出所料，门店经理一听降低了赠品配置比例便极度不满，表示如果没有促销，销售便不会有出色表现。这一切都在意料之中，小郭并不为之所动，只是告诉他："如果你们能全力支持我的工作，我一定尽力争取更多数量的促销赠品。"稍后，小郭再次打电话给门店经理，这次是非常高兴地告诉他："经过争取，公司已经勉强提高了配额，我终于争取到了 30 个电饭锅作为促销赠品，但是，这些赠品来之不易，公司相应的促销赠品管理规定你们也很清楚，所以这次可不要搞乱了啊。"虽然门店经理对这个数量还是有所不满，但是在态度上已经产生了明显的变化，只是含混地嘟哝了几句，但比预期的已经好多了，并表示会按照公司的要求办理，绝不挪用。次日，小郭亲自送货上门，带着40个电饭锅，兴致勃勃地告诉门店经理，由于对他的重视，特意经过多次的申请，多加了10个配额。第三天，根据销售的情况，再次配送10个电饭锅到门店，说由于门店组织得力，公司为表示支持，决定加强该店的促销力度。这时候，门店经理早已是笑逐颜开了。

教育中，同样可以巧妙地利用该心理效应。有位聪明的妈妈给我们提供了一个生动的例子。肖明(化名)是个活泼可爱的孩子，可就是不爱学英语，尤其不喜欢背单词。肖明的妈妈知道了，就和肖明约定，每天和他划拳决定，如果肖明输了，就必须认认真真地背半个小时的英语单词。一个星期来，肖明每天都在想着怎么赢拳。一个星期后，妈妈突然改变规则，规定肖明划拳赢了才能去学英语，否则就不许再碰英语书。这样，学英语一下子变成了一种必须要努力争取才能拥有的权力。这对肖明造成了一种异样的心理冲击。虽然，划拳输赢的概率各占一半，但代表的心理含义却不同。肖明翻然醒悟，也就逐渐喜欢上学习英语了。

心理加减法

这就是奇妙的心理加减法，它不是数学中的加减法，严格的服从可逆原则。人的心理总有那么一种倾向，习惯得到，而不习惯失去，这并非是所谓的自私，这只是千百年来人们为适应生存而沉淀的一种文化。就像英语中曾有那么一个笑话，一个吝啬鬼掉入水中，大呼"救命"，来了一人过来援助，对他说："Please give me your hand!"

（把你的手给我！）此人一听要给（give）自己的手，死活不肯，后来援助的人只好改成"Please take my hand."（握紧我的手）吝啬鬼此时听到的是"take"才欣然接受。这个笑话固然有些极端，但是却告诫我们，如果我们过于关注我们的所得，最后的结果很可能是捡了芝麻丢了西瓜。反过来，利用别人的这种想法，你也能顺利地达成你的目的。

天下英才未必个个是状元

——第十名现象

2005 年 7 月，香港大学在对内地入学申请者的面试中，淘汰了 11 名各省市的高考"状元"。香港大学对申请人的成绩与面试表现予以同等重视，以免出现"高分低能"学生。校方主要考虑学生的英语能力、个人潜质、是否适应香港生活，不会录取对课外活动缺乏兴趣的"书呆子"。

第十名现象

正当内地高校竞相争夺各省市高考状元时，香港大学的举动算得上一个异数，这对片面追求分数的教育可谓当头棒喝，值得深思和借鉴。

杭州市一位教师发现了这样一个现象。小学期间前几名的尖子在升入初中、高中、大学(乃至工作之后)有相当一部分会淡出优秀者行列，甚至在其后的升学和就业方面屡屡受挫。而前三名之外，第十名前后的学生，却在后来的学业和工作中出乎意料地表现出色，并成为栋梁之才。这种现象就是第十名现象。

这一现象说明学习成绩的高低并不完全决定一个人能否成功，著名心理学家斯腾伯格用成功智力来解释了这一现象。他把学业上表现出来的智力称为"惰性智力"，而成功智力是一种用以达到人生中主要目标的智力，它能使个体以目标为导向并采取相应的行动，是在现实生活中真正能产生举足轻重影响的智力。斯腾伯格认为智力是可以发展的，特别是成功智力，在现实生活中真正起作用的不是凝固不变的智力，而是可以不断修正和发展的成功智力。

成功智力包括三个成分：创造性能力，帮助人们从一开始就形成好的问题和想法；分析性能力，用来发现解决问题的好方法；实践性能力，将想法及其分析结果以一种行之有效的方法来整合实施。以体育竞赛为例来说吧。面临一个对手时，首先我们要发展自己的特色，在技术上创新，这是创造性智力在发挥作用。其次，要看这个对手在以往比赛中的表现，分析他的优势在哪里，劣势在哪里，想想要学习他的什么，如何利用他的弱点等。不仅对对手的优势可以抵挡，最重要的是可以打击其弱势，这是分析性思维在出谋划策。再次，确立了练习内容的方案，下一步就要付诸实施了，我们的预想是否可行，要用实践来检验。同时，在比赛进行中可以灵活机动，运用各种战术赢得对手，这就是实践智力在唱压轴戏了。

学业成绩考查学生的主要是两个方面的能力：逻辑思维能力和语言能力。而事实上人的潜能是多方面的，如人际沟通能力、领导管理能力、艺术创作能力、动手能力等，虽然这些在考试中难以体现出来，但是这些能力对一个人的成功非常重要。在只重视学业成绩的情况下，一些学生尽管成绩优秀，但在其学业智力发展时，成功智力的发展却相对滞后了，反倒是那些第十名左右学生的学业智力和成功智力一直保持协调、平衡，其成功的概率也高。

人人都能成功

有这么一个例子说明了社会智力的重要性：西莉亚要申请攻读研究生，她的成绩不错但谈不上出众，测验分数尚好但不算鹤立鸡群，推荐信亦属令人满意但也不是相当具有分量的那种。她的申请材料从各方面看来都还可以，但也都不是特别拔尖。最后导师录取了西莉亚，因为任何专业招生都会招入这类不错但也称不上出众的人选。

但在西莉亚找工作时，却给了大家一个不小的意外：谁都想雇用她。这使我们不禁要问，为什么有些人不具备很高的智力和很强的创造力，却在劳动力市场上如此受欢迎？答案其实非常简单，因为她有丰富的社会智力，或者说有丰富的常识。西莉亚可以在任何一种环境中找到适合自身生存发展的办法，然后将之付诸实施。例如，西莉亚知道如何有效地应对面试，知道如何与同学和睦相处，知道如何完成她的工作，她还知道什么样的事该做、什么样的事不该做。可以这么讲，她在学习的环境中也具有一种日常生活的智慧。她深知那些很少得到承认但又是生活中必不可少的实实在在的东西。在学校，在生活中也一样，每个人都需要拥有一定的实用智慧，以适应周围的环境。

有时候即使是所谓的弱智人也能显示出非凡的实用技能，他们必须具有这些技能，不然就无法生活。例如，一项研究讲述了这么一个弱智人，他不会看时间，但他走到哪里总戴着一只坏表。当他想知道此刻是何时，就会拦住某个人，指指手腕上的表告诉人家表坏了，然后问时间。

具有成功智力的人还善于为自己的成功扫清障碍。有一个故事这样说道，一个人死后直奔天堂，天使领着他四处看看并告知有关注意事项。天使指着一个人说，此人是他所处的时代最伟大的诗人。此君惊讶万分地说："我认识这个人啊！他只是一个卑微的鞋匠而已。他甚至从未上过学，根本不知道如何写诗。""绝对错不了！"天使回答道。由于从未发展他的才能，他的惊世才华被浪费殆尽了。具有成功智力的人，不会出现这样的遗憾。环境可能促使，也可能妨碍我们发挥自己的才华，但具有成功智力的人会努力寻找一种不仅可以胜任工作，而且还能干得与众不同的工作环境。他们创造着自己的机会，而不是让机会受他们自身所处环境的制约。

所以在教育中我们要用发展的眼光看待学生的智力成长，以"人人都能成功"为教育理念，充分了解学生的智力特点，实施个性化教学和发展多元化评价。

寻求 70 分人才

现在很多著名企业，在选用人才时，采取了"四不惟"和"四惟"的择才标准，即不惟学历、不惟资历、不惟职称、不惟身份，惟品德、惟学识、惟能力、惟创新，真正实现不拘一格用人才。松下公司就有一种很特别的择才标准，即"寻求 70 分人才"。公司创始人松下幸之助认为，人才的雇佣以适用公司的程度为好。程度过高，不见得一定有用，所以招募过高水准的人是不适宜的。这种选才用才方法，与第十名现象是如出一辙的。

请相信这句话：世界上没有垃圾，只有放错了地方的财富。

抽刀断水水更流

——禁果效应

土豆在法国曾经被称为"鬼苹果"，没有人愿意种植它。尽管请了一位法国著名的农学家百般劝说，但是，无论怎么引导，农民们就是不愿意引种土豆。最后，他想了一个绝妙的主意。他受国王的特准，在一块贫瘠的土地上种植土豆，并由一支着军礼服、全副武装的国王卫队看守。一个夜晚，看守卫队故意撤走。结果，人们受到"禁果"的引诱，每到晚上就来挖土豆，引种到自己的田地里。

禁果分外甜

我们似乎都有这种奇怪的心理：越是得不到的东西，就越想得到；越是不让知道的东西，就越想知道。土豆在法国的推广正是巧用了这种心理。这种逆反的心理现象在心理学上叫作禁果效应，是说：理由不充分的禁止反而会激发人们更强烈的探究欲望。"禁果"的说法取自古希腊的传说：伊甸园中的夏娃被禁止摘食善恶树上的禁果，然而夏娃却终于在蛇的诱惑下偷食了禁果，受到了上帝的惩罚（图22）。

禁果效应在实验室中也能体现出来。有人做过这样一个实验：茶盘中放着5只往下扣着的不透明的茶杯，孩子对它们根本没有兴趣。实验者在其中的一个杯子下放一枚糖果，重新扣上，临走时告诉小孩

图22 伊甸园中的禁果效应

子："杯子下放了东西，你千万不要动！"然后佯装出去，在外面设法窥视。结果，越是向孩子强调得厉害，孩子越要打开看，有的孩子还要仔细观察一番，然后再放好。

为什么会出现这种现象呢？因为人人都有一种好奇心，这种好奇心是探究、求知的动力。如果对一件事情作不说明原因的简单禁止，会使这件事更具有吸引力。自然地，人们会将更多的注意转移到这件事上，会有更强烈的探究欲望，结果偷食"禁果"以使心理平衡。

在生活中，禁果效应比比皆是。比如，很多不健康的电影、书籍，学生本来并不知道，知道了也不一定去看，但是教师禁止，反而使他们想看个究竟，一睹为快。学校一味制止早恋问题，使男女之间很平常的交往涂上一层诱惑的色彩，反而容易造成一些学生早恋。奥斯卡奖越是晚公布，人们越是想知道结果。关公丹凤眼来历的故事会更让你心有同感。

相传，一个道士对一个老和尚说，在寺庙后山上电闪雷鸣之后会出现一个盒子，100天之后你打开盒子，就会有一个改造历史的人物转世，他就是关云长。记住，不到100天千万不能打开盒子。老和尚连连答应。果真，电闪雷鸣过后，在后山上出现了一个盒子。老和尚把盒子抱回寺庙，每天寸步不离，小心看管。等到第九十九天时，老和尚有一件非常重要的事情要亲自下山去办。他把盒子交给一个小和尚，告诉他："千万千万不能打开。"小和尚点头答应，老和尚就下山了。

老和尚走后，小和尚就守在盒子旁边，左看右看仔细观察，并没有发现这个盒子有什么特别之处。师傅为什么不让打开？盒子里面到底是什么呢？小和尚百思不得其解，等到傍晚时，他终于忍不住了，心想：我打开看一眼就合上，师傅不会知道的。打开一看，小和尚就傻了眼：原来，盒子里面是一个刚刚发育成的婴儿！因为盒子早打开了一会儿，婴儿的眼睛还没有完全发育好，本来是双眼皮的一双眼睛，现在只长成了细长的单眼皮，这就是关公的丹凤眼的来历。

巧用禁果

禁果效应告诉我们，不提倡的东西不要明令禁止使其变成禁果，而要通过适当的方式进行疏导和沟通。

上课了，一位老师走进叽叽喳喳热闹非凡的教室，这时，老师没有举出"不准说话"的警告牌。过了一会儿，学生的"自由呐喊"好不容易安静了下来，老师诡秘地问了一个问题："刚才一句话都没有说的同学请举手。"寥寥几个。老师问："别的同学都说话，你们不说，是不是感到很委屈？"一个声音传来："那是我们有教养！"全班大笑。"好！就冲你们有教养，我奖励你们——"老师顿了顿，"一分钟说话的时间！"这位老师让学生把自己想说的话，声情并茂地甚至用肢体语言表达出来，给孩子们创造了一个自由聊天的氛围，锻炼了学生的口头表达能力，同时上课期间学生都能安静听讲了。

有时，为了调动孩子的积极性，还可以专门利用禁果效应。

一个孩子学习了一年电子琴，不想弹了，聪明的妈妈就买回一台高级电子琴放在自己的卧室里，不许孩子碰。孩子急了："妈妈，电子琴不是给我买的吗？为什么不让我弹？"
妈妈故意激她："反正你也学不会，碰它干吗？""谁说的！"
孩子叫起来，"我一学准会。"以后，每当妈妈不在家时，她
就悄悄偷着弹。

一位老师使用了同样的方法收到了意想不到的教学效果。在一次
上新课前，他故弄玄虚地说："同学们，我这里有一道题，本想让你
们做一做，可是连我都没办法做出来，你们就更做不出了。"好几个学
生请求道："老师，让我们看看这道题吧。"老师装作无可奈何的样子
把题板书在黑板上。全班同学都忙碌起来。不一会儿，一半学生举起
了手。老师拖着长腔问："怎么样，不会做吧？"谁知，学生齐声说：
"老师，我们已经做出来了！"几名学生清晰地说出了算式和解题思路。
老师故意装作甘拜下风的样子说："同学们，你们真了不起，比老师
还聪明，看来这节新课你们肯定自学就会，有没有信心？"同学们齐声
回答："有！"学生们兴趣盎然，学习的积极性特别高。

利用禁果效应还可以改善师生关系。

一位后进生和班主任关系紧张，他认为班主任对他有成
见，认定班主任那本从不离手的工作手册上记录了他的一笔
笔"黑账"。一天，老师故意将工作手册"忘"在讲台上。他
很是好奇，就偷看了工作手册，却发现老师在手册里记下了
自己许多的闪光点。这个学生大为感动，不但消除了对班主
任的误解，还下定决心改头换面。

一次"禁果"起到了多次谈心都无法达到的教育效果。

有一句俄罗斯谚语说："禁果格外甜"，也有一句古诗曰"抽刀断
水水更流"。特别是青少年处在特殊的发育期，好奇心强，逆反心理
重，常会出现禁果效应。禁果效应启发我们，不要把不好的东西当成

禁果，人为地增加它对学生的吸引力；我们可以积极地利用禁果效应，把学生不喜欢而又有价值的事情人为地变成禁果以提高其吸引力。总之，防止孩子的逆反心理要运用科学教育的方法，让科学民主的沟通架起代际之间的心灵之桥。

戴着镣铐亦能舞

——强迫性行为

我就要高考了，但每次考试，我总怀疑自己把所有的试题答错了，经常将解答改了又改。尽管我知道大部分试题的解答是对的，却怎么也控制不了。这种行为和想法就像镣铐一样锁住了我做题时的自由发挥。真怕高考时出现这种情况，我该怎么办？

强迫性行为

高考之前常常有同学出现类似的问题，这种问题叫做强迫问题，是一种通过程式化行为来减轻内心焦虑的心理问题。这种问题主要表现为强迫思维和强迫行为，也就是产生挥之不去的想法、做出不得不做的行为。类似的表现还有：有的同学总会反复检查考卷，以致答不完题目；有的同学考完后总怀疑自己哪个题是不是答错了，反复思考自己是怎么答的，以致食不甘味；有的同学在考前喜欢擦笔，反复地擦，因为觉得这样擦笔就能考好；有的同学考试时如果前排坐的是女生，就会想这次考试肯定要砸，明知这种想法没有道理，但还是忍不住这样想，从而干扰在试卷上的发挥……

这种考生也能充分地认识到这种强迫思维和强迫动作是不必要的，很想摆脱，但又摆脱不了，就像戴上了脚镣手铐一样，无法便利地进行有价值的工作和学习，因而十分苦恼。一般来说，他们脑子里好像有两个小人，一个说："要这样!"另一个说："不，不要这样!"他们通常深感焦虑，主观上力图抗争这种强迫思维和行为，反而愈演愈烈。这好像戴上了镣铐的囚犯，为了寻求伸展的自由拼命挣扎，结果反而被镣铐弄伤了手脚，行动愈发不便。

一般来说，容易出现强迫问题的同学在性格上往往有固执、易焦虑、自信不足而又要求完美、注重细节的特点。他们往往是一些过分克制自己的孩子，对自己的行为总是求全责备，生活习惯较为刻板，墨守陈规；他们过于早熟，沉溺于自己的理想和"深刻思想"中，以寻求别人的赞扬、超过他人为惟一的快乐和目的，而不屑于课余爱好、运动、玩闹，甚至顽皮、任性等。他们往往对现实生活中的具体事物注意不够，但对可能发生的事情特别关注，甚至早就为之担忧。

正常的同学也会遇到学习中的挫折和问题，但是他们不会夸大问题的消极后果，而是采取一些有建设性的活动去调整身心，改变学习方法，增强应试技能，这样就有利于他们从焦虑状态中迅速走出来。他们有时也会产生与强迫症患者相似的重复想法，例如不自主地反复思考某一问题，或念某两句话，或唱一两句歌，反复如此。但是他们不会夸大这些想法和做法，不对这些想法本身产生过度害怕的反应，这样这些想法就不会延续下去而变成强迫问题。而出现强迫问题的考生在思维方式上，爱把问题往消极方面想，还爱夸大消极的后果。例如，正常的考生今天考试不佳，他就想：这次没考好，是因为某些知识点还没掌握，幸好这次考试发现了问题，高考就不会在这个问题上丢分了。可出现强迫问题的考生心有杂念干扰，一没考好立刻慌了："这怎么得了啊，我还怎么学习呀，我无法高考了，我前途全完了……"甚至进行过度的归因，扩大到怀疑自己的全部人格和能力，如此过度紧张、恐惧的反应，延续到下次考试，形成了强迫问题。

戴着镣铐的舞蹈

马克思说：自由是戴着镣铐的舞蹈。每个人在一生的生活、学习中都不可能不碰上限制自己自由发展的问题。现在如果有同学觉得自己患了强迫问题，那就暂且坦然面对这一问题，可以从另一个角度想想：别的同学没有强迫问题，可能有别的问题呢！既然镣铐无处不在、无时不有，那就接受这副镣铐吧！

首先，接受自己原先难以摆脱的强迫念头。强迫念头就像孙悟空头上的金箍，越是想抠下来，那个金箍就越往肉里长。不如放弃对强迫念头的无效的排斥和对抗，不回避。有问题就有问题吧，谁会没问题呢？只有不用蛮劲地去解心结，才能使紧缠在一起的结变松，便于解开。到那时候，你想让这种念头持续下去，也持续不了，无非是出现一下罢了。

其次，忍受因强迫问题带来的痛苦情绪，包括接受自己的内心冲突。有痛苦，想摆脱，这是正常的，正常人也会有类似的体验。有就有吧，痛苦就痛苦吧，接受自己的情绪和状态，就不再为痛苦而痛苦，不再承受双重痛苦。千万不要去关注痛苦！我们平时一上火，脸上就容易长疖子，这种病说小不小，严重了会损伤面部神经乃至整个脑部。有些人一得这种病就整天疼得难受，不时地照镜子，用手去挤这个疖子，在患处涂抹各种药膏。殊不知消除疖子最好的治疗办法就是不想它，越想它就越痛，转移注意力，它反而就不那么痛了，也就自然好了。

再次，悦纳自己的缺点和错误。要允许自己犯些错误，要学会变通，学会灵活。人非圣贤，孰能无过？就是圣人也不可能十全十美！要是所有试卷上的题目都能做，还用参加高考吗？直接当专家去吧！在生活中呢？原则是一定要有的，只要不违反大的原则，在特定情况下，违反一些小原则也是正常的。只要不对自己和他人造成伤害，犯些无伤大雅的错误，反而能让别人更喜欢真实的你，让别人觉得你更容易接近。

最后，切实做到为所当为。虽然痛苦，但还是要忍受痛苦，带着这种不舒服的体验去做应该做的事情。应该做的事情是现实生活中的、具体的、有建设意义的事情，而不是硬逼着自己去做不现实的事情。例如，带着症状去和老师以及其他同学交流、寻求有效的学习方法和应试策略、找人解答学习中的难点等，就是做现实的、建设性的事情，就是应该去为的，从而在学习过程中治疗强迫症。什么是不现实的事情呢？比如非要在众人面前维持自己"酷"的形象或全知全能的形象。不要逼自己做到这样，也就是要学会带着自己的缺陷和"不完美"去生活，带着问题生活。

如果强迫问题成为你的镣铐，如果痛苦成为你的镣铐，如果缺陷成为你的镣铐，那就接受这副镣铐吧，相信自己，戴着镣铐亦能舞！

给学生一件有价值的"睡袍"

——配套效应

18 世纪法国有个哲学家叫丹尼斯·狄德罗。一天，朋友送他一件质地精良、做工考究、图案高雅的酒红色睡袍。狄德罗非常喜欢，可他穿着华贵的睡袍在家里寻找感觉，总觉得家具颜色不对，地毯的针脚也粗得吓人。于是为了与睡袍配套，旧的东西先后更新，书房终于跟上了睡袍的档次，可他却觉得很不舒服，因为"自己居然被一件睡袍胁迫了"。后来，狄德罗把这种感觉写成一篇文章，题目是"与旧睡袍离别的痛苦"。

配套效应

200 年后，美国哈佛大学经济学家朱丽叶·施罗尔在《过度消费的美国人》一书中，把这种现象称作为"狄德罗效应"，亦称作"配套效应"。人们在拥有了一件新的物品后，会不断配置与其相适应的物品，以达到心理平衡。狄德罗已经形成了关于环境与服饰如何搭配的认识，在狄德罗的意识中，高雅的睡袍是富贵的象征，应该与高档的家具、华贵的地毯、豪华的住宅相配套，否则会感到"很不舒服"。这种"配套效应"为整个事物的变化提供了动因，当其中任何一部分发生变化时，其他部分随之变化以便与其配套，从而促进了周围事物的变化发展和更新。其实，中国古代贤者早就知晓这一道理。

年轻的商纣王吩咐从人为自己造了一双象牙筷子。叔父箕子见了，为之恐惧不已。别人问他怕什么，箕子回答道：用了象牙筷子，其他餐具当然不会再用陶器，而要使用美玉制作；象箸玉杯所配的，当然也不会再是素菜而会是象鼻、牛舌、豹胆一类的肉食；有了这样的美食，大王怎么会再穿着布衣在矮屋檐下用餐？他一定要穿着九重华服，建造富丽堂皇的宫殿，最终穷奢极欲……长此以往，商朝离亡国就不远了！

这则著名的"纣为象箸而箕子怖"典故告诉我们，人在拥有了一件新的物品后，不断配置与其相适应的物品，以达到心理上的平衡。人在潜意识中存在一种"搭配"倾向。一旦面临与潜意识中的"搭配"不一致的客观环境，就会产生心理上的不平衡，我们如果穿上华丽的服饰，行走在陋室里会觉得不舒服，这也难怪纣王使用着珍贵的筷子，会觉得土碗陶杯太寒碜。人为了达到心理平衡，不断地追求与初始阶段被更新的事物相"配套"的事物或行为，整个系统最终在这种对"配套"的追求下达到一个新水平下的新平衡。

一个乡下来的小伙子在城里"世界最大"的"应有尽有"百货公司当销售员。第一天上班，快下班时，老板问他说："你今天做了几单买卖？"

"一单。"年轻人回答说。"只有一单？"老板很吃惊地说，"我们这儿的售货员一天基本上可以完成20到30单生意呢。你卖了多少钱？""300000美元。"年轻人回答道。

"你怎么卖到那么多钱的？"目瞪口呆、半晌才回过神来的老板问道。

"是这样的，"乡下来的年轻人说，"一个男士进来买东西，我先卖给他一个小号的渔钩，然后中号的渔钩，最后大

号的渔钩。接着，我卖给他小号的渔线，中号的渔线，最后
是大号的渔线。我问他上哪儿钓鱼，他说海边。我建议他买
条船，所以我带他到卖船的专柜，卖给他一艘长 20 英尺有
两个发动机的纵帆船。然后他说他的大众牌汽车可能拖不动
这么大的船。我于是带他去汽车销售区，卖给他一辆丰田新
款豪华型'巡洋舰'。"

这个故事虽然有些夸张，但这种现象在现实生活中却时有发生。
例如，当你穿着一件新买的款式新颖、做工精细、精巧别致的上衣去
上班，满心欢喜地想得到同事们的夸奖，然而同事们在由衷赞叹你的
审美眼光、得体上衣之后，总不忘提醒你，配上款式同样新颖的裤子
以及皮鞋会更好看！然而当你把这一切都配置好之后，他们可能又会
盯着你的发型了！

好马配好鞍

在教育中，配套效应可以带来好的结果，也可以带来不好的结
果，这取决于所参照的"睡袍"的价值。有价值的"睡袍"可以促使我
们为了与之配套而产生一系列好的或者对我们成长有利的行为表现，
例如，让孩子做家长或弟弟妹妹的"老师"，孩子为了像个老师的样，
就可能认真学习知识，以便更好地传授知识，行为上也会尽量地起到
表率的作用。再如"你衣服穿得这么干净，书为什么这么脏呢？""你人
长得这么漂亮，怎么不讲卫生呢？""你的字写得这么好，要是学习能
像字一样好该多好呀！"等等诸如此类，都是很好地利用了配套效应。
一位班主任对自己带的每一个新组建的班级发表的例行讲话里，
都有这么一段：

你们都经历了入学考试的筛选，这次入学考试对你们的
学习能力和基础水平做了全面的评估。因此，能够进入我的

班级的，都是基础扎实、能力优秀或潜力巨大的成员。不仅如此，我对你们的档案做了考查，我相信被分到这个班里的，都是品行良好、为人正派的学生。你们过去的记录让我非常满意，我相信像我们这样一个由这样优秀的苗子组成的班级，一定会在将来的学习中创造出无数的惊喜！

遇到个别科目成绩优秀，但总体水平不均衡的"偏科生"，这位班主任往往鼓励道：

你看看你数学学得那么好，这表示你聪明，有悟性，那你想想，物理化学这样的副科能有什么问题呀！你现在只不过是缺少练习，投入的时间不够，或者是没有找到适当的方法。你要多和科任老师沟通，多和学得好的同学交流，老师相信你肯定能攻克这些小问题的！

而在处理学生们的小毛病上，他也能如法炮制：

老师读过你的作文，写得真的很好，很有水平！你想啊，这么好的一篇文章，再把字体写得漂亮一些，那可就完美啦！老师等着下一次你的进步哦！

这位班主任一次又一次地强调学生们之优秀，就是在给学生们贴上一个"优秀"的标签。由此，学生们形成的意识是，我是优秀的，是有潜力的；我是个好学生，应该能够做好。于是，为了与这种意识相"配套"，学生们努力地扮演自己心目中"优秀"的角色，并从一开始就相信：因为好的种子注定会收获好的果实，所以自己的努力也注定是有效的。当出于习惯而浮现以往的不良行为，或是自己在一次考试中，由于基础不牢而发挥不佳时，他们的心中便产生了强烈的不平衡感——我是一个好学生，而好学生是不应该出现这种情况的！这种不平衡感促使他们更加努力地学习，更加刻意地控制自己的行为，最终在名义上和行为结果上实现了"配套"，也就最终成就了班主任对整个班级的成功管理。

反之，劣质的"睡袍"却可以使我们走向倒退。例如，孩子考试得了个不理想的分数，家长一急就信口开河："我看你就是笨，连这样的题目都会做错。"又如，孩子帮着做家务，一不小心把碗打破了，家长们一心疼就喋喋不休："做点小事都做不好，你说你将来能做什么大事，我看你是没什么希望了。"其实，考不好与头脑笨不见得有必然联系，因摔破碗而被认定将来成不了大事压根儿就是小题大做。家长这样做，嘴上是痛快了，但有没有想过，您正在给孩子一件劣质的"睡袍"。这件"睡袍"就像标签一样，孩子在以后的行为中就会表现出与标签内容相一致的行为。

教师在日常教学和管理过程中对学生进行批评时也要慎用一些类似的"意气用事"。教师一旦在批评中使用了太多定义性的话语，如"你这孩子真是不可救药了"、"我这辈子就没见过你这么没脑子的学生"、"人蠢没药医，你等着留级吧"之类的语言，让学生们形成了一种"我肯定不成了"的信念，从而引发其将自己的行为与这样的不良信念相配套的不利倾向，甚至破坏了其本来具备的一些良好行为习惯，这对于学生的发展与教师工作本身，无疑都是非常不利的。

送给"问题"学生一件好"睡袍"

从学生的成长过程看，无论是好的行为还是不良的习惯，都可以找到引起这一行为的一件"睡袍"。如果我们给孩子的是劣质的"睡袍"，那么，你就别想孩子的行为有多高尚。如果我们给孩子们的是有价值的"睡袍"，那么，孩子们会努力配之好的习惯。教师应为学生准备几件有价值的"睡袍"。

一个调皮捣蛋、不遵守班级纪律的后进生与某个品行、学习均较好的优秀生发生冲突或争吵，被教师发现，按照前者的"常规"认识和看法，自己必先挨批，必先受老师呵斥，老师必袒护后者，但是教师却一反常规，采取"冷处理"，经过询问，搞清原委，分清是非，公正处理。结果这位后进生大为感动，一反常态，竟主动向老师道歉认错；教师则顺势利导，告诉该生："其实你有很多优点，比如见义勇为、热爱劳动、具有很强的组织能力，像上次由你发起的篮球比赛，得到了同学们的一致好评。这些老师都是看在眼里的，老师正在考虑让你来当咱们班的纪律班长呢！你回去想一想，看采用什么方法能把班级的纪律管理得更好，想出一个方案给我好吗？"这位同学回到班级，为了像个班长的样，一改原来的恶习，不仅遵守纪律、关心同学，把班级管理得很好，而且课堂上也变得很活跃，主动举手回答问题，不会的问题主动提问，结果成绩很快提高了。

在上面的例子中，教师首先为学生旧的配套的"常规"认识中注入与之冲突的不协调的因素，动摇其原有的认识体系，然后顺势抛给他一件优质的"睡袍"——当纪律班长，学生为了与这件优质的"睡袍"相配套，就会以新的行为体系替换原有的行为体系，从而达到了预期的教育目的。

作为教师，你在为学生提供有价值的优质"睡袍"时，也要注意把握时机，适时处理。当你提供的"睡袍"使学生内心产生不愉快或者不信任的紧张体验时，要及时体察并予以淡化、化解。比如，当学生觉得你让他当纪律班长只是想让他收敛不良行为，而不是出于真正的信任时，他可能会出现抵触情绪。此时，教师要及时鼓励并表达对学生的信任，"任何人都可能犯错误，但这只是代表过去。你很有组织能力，相信你会把班级管理得很好"。

在教育改革以及学校管理中，教育管理者同样应该注意配套效应。重要的是要辨认"睡袍"的价值，对于有价值的"睡袍"，我们要尽量在其他方面与之配套，比如，目前的教育改革不仅要变革教育理念、教育方式，更要在评价体制上进行配套改革，只有这样，高考才不会成为素质教育的桎梏。但对于劣质的"睡袍"，我们要尽量避免因配套心理产生的不良影响，比如学校的发展，我们不能只求硬件设施上的配套，更重要的是软件上的配套。一些学校为了评上实验中学或者教育试点，不惜牺牲教师和学生的利益，将大量的经费用于学校配套硬件的购置上，但一些硬件如多媒体教室、多功能厅等建成之后，由于教师对现代技术的掌握水平有限，他们并不会也不愿利用这些现代化的教学工具，从而导致硬件设备闲置，使投入的大量资金因得不到充分利用而造成浪费；另一方面，因为大量的资金用于硬件的建设，减少了教师培训的机会，结果是"捡了芝麻，丢了西瓜"。因此配套有时候是不可靠的，不要光顾着配套而忽略了自己的初衷。"好马配好鞍"的道理很好懂，但经不住推敲，因为好鞍容易配，再配上好骑手和好的跑马场恐怕很难。如果我们要一味配套下去的话，肯定成了现代版的狄德罗，简直是"为了一棵大树而放弃整个森林"。

奖励的艺术

——扇贝效应

　　山坡上住着一群兔子。一天，兔王突然发现，外出寻找食物的兔子带回来的食物越来越少。经调查发现，原来是一部分兔子在偷懒。于是，兔王规定，兔子们采集回来的食物经过验收后，可以按照完成的数量得到胡萝卜作为奖励。一时之间，兔子们的工作效率大增，食物的库存量大有提高。兔王开心至极。

　　过了一段时间，兔王想：库存这么多了，可以不奖励了吧！于是，就取消了这个奖励制度。马上，兔子们热情尽失，谁也不愿意再去找食物，库藏数量剧减。没办法，兔王只好恢复了奖励制度。

　　一天，小灰兔甜甜没能完成当天的任务，他的好朋友亚亚主动把自己采集的蘑菇送给他。兔王看见了，非常赞赏亚亚助人为乐的品德，一高兴就给了他双倍的奖励。此例一开，兔子们就和兔王吵闹起来，有的说："凭什么我干得多，得到的奖励却比亚亚少？"有的说："我这一次干得多，得到的却比上一次少，这也太不公平了吧？"

　　这样一来，如果没有高额的奖励，谁也不愿意去劳动。兔王无奈之下就宣布，凡是愿意为兔群作贡献的志愿者，可以立即领到一大筐胡萝卜。布告一出，报名应征者好不踊跃。兔王得意地想，重赏之下，果然有勇夫。

谁料，报名的兔子之中居然没有一个能如期完成任务。兔王气急败坏地责备他们，他们却异口同声地说："这不能怨我们呀，大王。既然胡萝卜已经到手，谁还有心思去干活呢？"

扇贝效应

小功不赏，则大功不立。然而，胡萝卜也有不起作用的时候，甚至还能引起风波。兔王的胡萝卜让小兔子们热情激昂过，也让他们牢骚满腹埋怨过。在心理学上，胡萝卜就是强化物，是对兔子们做出某一期望行为的奖励。奖励某一行为，这一行为就频繁出现，这就叫作强化。强化分为多种方式。其中一种方式就是固定时间的强化，即每隔一定的时间，就提供强化物，强化做出的行为。美国心理学家斯金纳在他的白鼠实验中发现，如果每隔 20 秒就对白鼠强化一次，在强化后，白鼠的反应就会停顿，然后反应速度增加，在下次强化到来之前反应率达到高峰，说明它学会了根据强化的时间进行反应。白鼠的行为效率趋势就如扇贝一样（如图 23 中的扇贝型线），因此，我们称

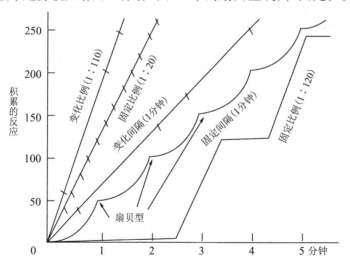

图 23 强化安排对反应速度的影响图（给强化物时以短的对角线表明）

之为扇贝效应。扇贝效应告诉我们，固定时间的奖励不能维持新的行为，没有"萝卜"奖励时，个体就会"热情尽失"，继而罢工；得到"萝卜"后，个体就"没有心思去干活"了，直到下一个"萝卜"的到来。

变化的间隔强化

扇贝效应虽然是在用动物做的实验中得出的结论，但在人的身上也被体现得淋漓尽致。赋予人性的兔王的管理足以表达出了管理者的尴尬境地。下面就是生活中一个很典型的例子：

> 小凌每周都会做一些简单的家务，但是这两天他突然"罢工"了。爸爸妈妈仔细询问，才恍然大悟：由于太忙，上星期天忘记了每周固定不变的对小凌做家务的奖励——吃麦当劳。这很让爸爸妈妈困惑：用适当的奖赏来鼓励孩子做家务，是为了培养孩子从小爱劳动的好习惯，但现在变成了没有奖励就不劳动。到底怎样才能用好奖励，最终形成孩子良好的习惯呢？

小凌的问题应该是很多家长或者老师的困惑吧！其实，这就是扇贝效应的表现。那么在教育孩子的过程中，我们是不是应该彻底避免这种连续的、固定时间的强化呢？不！虽然在长时间的过程中，持续地应用连续的、固定的强化会产生扇贝效应，但是，在新知识、新行为、新习惯的初始学习阶段，连续的、固定的强化是必要的，这能够让学生很容易地完成要求的任务，尽快地得到奖励；紧接着，当学生的学习或者行为达到了一定的程度，就要不断延长强化的间隔时间，直到最后撤销强化。在延迟强化的过程中，可以变化间隔的时间，使学生不能找到变化的规律，从而避免他专心地等待强化。

> 读小学三年级的夏夏总是不经过老师的允许就回答问

题，这扰乱了老师的教学。老师告诉她，如果她能在经过老师的允许后再回答问题就可以得到一朵小红花作为奖励。夏夏很高兴，果然进步了不少，经过老师允许后再回答问题的次数迅速增加。过了一段时间，老师鼓励她说，你做得非常好，为了帮助你养成这样一个良好的习惯，我会在一段时间内对你的行为进行观察，并给你奖励，这次不是每次都奖励了，如果这一段时间内你总能够经过允许后再回答问题，我就奖励你更喜欢的奖品，如果这一段时间内你违反了我们的约定，我就不给你奖励。这位老师给予夏夏奖励的间隔时间越来越长，慢慢地，夏夏养成了好习惯，即使没有奖励，她也能在经过老师允许后回答问题了。

合理的奖励

然而，孩子是聪明的，面对家长提供的奖励，他会讨价还价。有的孩子叫嚷道："我不要再吃麦当劳了！你奖励我一个电动自行车！"自行车这个要求父母还可以接受，于是答应了。过了一段时间，他又会叫嚷道："下次我做得好，你要奖励给我一台电脑，不然我不干！"父母无奈之下，满足了他的要求。直到有一天，他对父母说："奖励给我一辆宝马汽车，不然我不干！"此时，扇贝效应因为孩子要求的不断提高而重新闪现了。

面对孩子不断增长的要求，父母也感到无奈，这也许是他们退缩、让步的结果，最后只能使孩子的胃口越来越大，直到父母不能承担，而只能埋怨："这孩子真不听话，不好管！"表面上看，好像全都是孩子的无礼，仔细想想，父母也是有责任的。哪个孩子不想要最好的东西？这时父母应该分辨清楚哪些要求是可行的，哪些要求是不可行的，不可行的要求坚决不能答应，要让孩子知道，虽然是奖励，但决不能满足你的不合理要求。如果孩子知道家长的态度坚决，也就知难而退了。看这样一个情景：

小明和妈妈逛商场，路过玩具店，小明要玩具电动车，妈妈不给买，说："你的玩具太多了，不能再买了。"小明一听，就抱着妈妈哼唧起来："妈妈买一个吧，妈妈买一个吧！"妈妈坚决地说："不买！"这时，小明就大哭起来，坐在地上不肯走。妈妈生气了，说："你不走我走了！"说完，转身就走了，小明的哭声更大了。

如果你是小明的妈妈或者家人，此时你会怎么做？

一位妈妈听到孩子哭得更厉害了，就忍不住转身回来，抱起小明，心疼地哄他说："不哭了，不哭了，妈妈给你买一个！"同时还无奈地埋怨说："这孩子啊，真拿你没办法！"孩子果真马上不哭了。从此，他也学会了利用哭闹来"要挟"父母答应自己提出的各种无理要求。

另一位妈妈听到孩子哭得更厉害了，但头也不回地走开了，躲到不远处孩子看不到的地方观察着他，虽然她的眼睛里也噙着心疼的泪花。孩子偷眼看，妈妈果然不管自己了，也害怕起来，马上停止了哭声，站起来跑着去找自己的妈妈。这时，他知道，妈妈是不会满足自己的要求的。从此，他明白了什么是合理的要求、什么是不合理的要求，也学会了向妈妈提出合理的要求。

现在，无奈的父母们是否知道了孩子"猖獗"的原因？在奖励孩子时，要注意孩子提出的要求的合理性，满足不合理的要求只会助长孩子的坏行为，而不会养成好习惯。

在学校里同样如此，教师某一次不经意的让步就会让学生认识到，如果他们一直恳求老师，老师最终会答应他们的要求。这实际上就是以间隔强化的方式来强化学生向教师恳求的行为。

奖励的多样性

另外，我们在实施间隔强化的过程中，要注意强化物的多样性，要有不同的强化物。因为长时间地使用同一种强化物会使孩子失去新鲜感，感到厌烦，这也就失去了强化的作用。也许孩子会向你埋怨道："哎呀，妈妈！总是奖励我麦当劳，我都吃得烦死了！"如果下次你还是奖励孩子麦当劳，孩子真有可能会为了避免吃麦当劳而故意做出令你失望的行为。

强化物可以是物质的，也可以是精神的。就像前面的兔王奖励助人为乐的小兔亚亚时，完全可以用精神表扬的方法，既能鼓励亚亚，也能避免其他兔子产生"不公平"感，一举两得，何乐而不为？

我们要记住，"胡萝卜"有许多种类，并不仅仅是麦当劳。

间隔强化的应用

用间隔强化原理可以处理孩子看电视过多的行为。家长先和孩子约好允许看电视的时间，如每天半小时，孩子做到了，就可以得到他喜欢的奖品。对孩子作业拖拉的行为也可采用此法。让孩子自己给自己规定一个作业时间，再给他一个小闹钟，拨好时间，在闹钟铃响以前完成作业，可以得到他所喜欢的奖品。

在学校里，一些固定的流程会使学生产生扇贝效应，比如，单元、期中、期末考试，每到此时，学生就会临时抱佛脚，开夜车加倍"努力"学习，充分利用"临阵磨枪，不快也光"的原理。这种填塞式的学习非常不利于知识的掌握。这时，老师就要想办法打破这种扇贝效应，比如，不妨采用临时测验的方法，来一个突然袭击，这时，学生可能就会有所领悟，然后采取以不变应万变的策略——我且坐定苦学习，任尔东南西北风。

总之，合理利用变化的间隔强化方法，给孩子们喜欢的不同种类的"胡萝卜"，就会产生改造其行为的巨大力量。

解读算命先生的天书

——巴纳姆效应

亲爱的读者，尽管我们素未谋面，但我却非常地了解你，真的，请相信我所说的。怎么，不信？那好吧，请听我慢慢道来。

"你很需要别人喜欢并尊重你。你有自我批判的倾向。你有许多可以成为你优势的能力没有发挥出来，同时你也有一些缺点，不过你一般可以克服它们。你与异性交往有些困难，尽管外表上显得很从容，其实你内心焦急不安。你有时怀疑自己所作的决定或所做的事是否正确。你喜欢生活有些变化，厌恶被人限制。你以自己能独立思考而自豪，别人的建议如果没有充分的证据你不会接受。你认为在别人面前过于坦率地表露自己是不明智的。你有时外向、亲切、好交际，而有时则内向、谨慎、沉默。你的有些抱负往往很不现实。"

是不是很准啊？

巴纳姆效应

不用目瞪口呆，更不要拍案叫奇，这不是什么偶然巧合，也并非什么鬼使神差。这就是一个简单的心理学效应——巴纳姆效应，即人很容易相信一个笼统的、一般性的人格描述。即使这种描述十分空洞，人们仍然认为反映了自己的人格面貌。该效应的名称来源于一个名叫肖曼·巴纳姆的著名杂技师。他在评价自己的表演时说，他之所以很受欢迎是因为节目中包含了每个人都喜欢的成分，所以他使得"每一分钟都有人上当受骗"。针对这一点，心理学家曾做过相关研究，他们用一段笼统的、几乎适用于任何人的话让大学生判断是否适合自己，结果，绝大多数大学生认为这段话将自己刻画得细致入微、准确至极。而上文就是心理学家所使用的一段材料。

> 还有一位心理学家也进行了类似的实验，他给一群人做完明尼苏达多项人格检查表（MMPI）后，拿出两份结果让参加者判断哪一份是自己的结果。事实上，一份是参加者自己的结果，另一份是多数人的回答平均起来的结果。令人惊奇的是：参加者竟然认为后者更准确地表达了自己的人格特征。

巴纳姆效应的出现反映了个体在进行自我知觉，即了解自己的过程中，更容易受到外界信息的暗示，从而出现自我知觉的偏差。的确，在日常生活中，我们既不可能每时每刻去反省自己，也不可能总把自己放在局外人的位置来观察自己。正因为如此，个人只能借助外界信息来认识自己。这就导致个人在认识自我时很容易受到外界信息的暗示，从而常常不能正确地知觉自己。而那些所谓的算命、相面、占卦者之类的人，正是利用了人们的这种心理现象，准备了一些套在谁头上都合适的帽子，使得普通百姓上当受骗。

算命先生的天书

下面就让我与你一同解读一下那些算命大师们的天书。回想一下，你上次算命、占卦，大师们对你所说的话吧——"你很善良，但有时不被人理解，你最近事业不太顺利，消化系统有点问题，因为有小人作怪，近日要多提防交通事故。行事多小心谨慎，定可免祸消灾，活到古稀。"毫无疑问，你就是一个善良的人，谁会认为自己恶贯满盈、阴狠毒辣？张三听了很认可，李四听后也觉得很同意。几乎每个人都有冤家对头，活在世上不可能时时刻刻都一帆风顺，总会与人有过摩擦，难免有过几次磕磕碰碰，于是就有了"小人作怪"，来算命、求卦的人大多都是心有不顺，希望得到神明保佑、大师点化，所以"事业不太顺利"自然也就对上号了。焦虑往往导致紧张，身体不适，心理问题导致的生理反应，最明显的就是消化系统的不正常，更何况，"十人九胃"，说的就是，十个人里有九人多少都有些肠胃不适，瞧，消化系统有点问题不也对上了？上班上学的人天天都要过马路，哪天不是都要小心躲避车辆？更何况现在车多人多，交通事故的发生率是居高不下，提防交通事故本就应该是每天都必须做到的，这不过是不疼不痒的万能建议。俗语说得好，退一步海阔天空，小心驶得万年船。任何人，只要做事情更加小心谨慎，都会避免更多不必要的麻烦，这"行事多小心谨慎，定可免祸消灾"也就很有道理。再看看最后一句，就更是废话，全国人均寿命都达到 70 岁以上了，你能活到古稀那就很正常啊。退一步说，就算你确实没活到古稀，你哪能、上哪儿找他对质去！

再看看，那些卦书，也大多用了巴纳姆效应。比如，他们对不同的人的卦词分别为"春逢助力，夏展宏图，秋增权位，冬日收成"和"春有财禄，夏更丰收，秋令平平，冬可事成"。多么相似的论调，看了这样的卦词，谁不乐意给算卦人一点小费呢？

所以，亲爱的读者，了解了巴纳姆效应，你是否还想继续戴上算命大师送给你的那顶适合任何人的帽子呢？说不定，你也可以以其人之道还治其人之身，给所谓的大师们来上一段忠告！

开启心门的药引子

但是，工具本身并无善恶，关键看工具的使用者，巴纳姆效应被"算命大师"们所用自然是骗人钱财，害人不浅，但是它在教育中亦可得到正用。进入青春期的孩子渐渐将自己的内心封闭起来，他们的心理生活丰富了，但表露于外的东西却少了，他们感到非常地孤独和寂寞，特别想找人倾诉，但又总觉得别人都无法理解他，尤其认为师长和自己之间存在着无法跨越的鸿沟。怎样才能开启学生的心门，走进孩子们的内心？老师们不妨借借巴纳姆效应的东风，综合一下学生中出现的普遍问题，然后和学生来一段推心置腹的谈话，也让学生惊叹一下老师的"料事如神"，这样两者之间的心理距离也立刻拉近了，再深入做工作也就容易很多。

　　成亦心理效应，败亦心理效应，而成败的关键还在于人本身！

绝望的体验

——习得性无助

李天成（化名）怎么了？

他不爱学习，讨厌学习，甚至对学习恨之入骨。

为什么呢？

因为他考试总是不及格。英语不及格有他，物理不及格也有他，而且物理老师还甩着鲜红的粗笔在他的试卷上批道："卷面潦草，思维混乱，简直不是人写的！"

他想争第一，却又认为自己怎么也无法争到第一。说起从前，他也有过辉煌的历史：小学连续六年三好学生，在市"希望杯"竞赛中获过二等奖，小学毕业被保送到初中。然而，升入初中后的第一次摸底测验，他只排在第 22 名，从此，李天成便丧失了自信心，连他最擅长的物理也爱听不听，作业更是马马虎虎……

习得性无助

说得不雅一点，李天成多像下面实验中的那条可怜的小狗啊！一位心理学家曾经做过这样一个实验。

他将一条狗放在一个笼子里，笼子底面是金属的，笼子中间竖着一块隔板（图 24）。当狗在隔板左边时，笼子底面接通电流，给狗相当痛楚的电击。这时，狗会本能地跃过隔板，跳到隔板右边，如果右边笼子底面也给以电击，狗会跳回左边……如此反复多次以后，狗不再主动跳跃，而宁愿放弃所有努力，绝望地呆在某一边，默默地忍受痛苦。

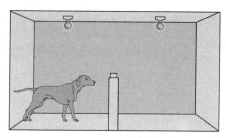

图24　狗的习得性无助的实验

狗遭受多次挫折之后产生的无能为力感，在心理学上被称为"习得性无助"（learned helplessness）。它描述的是动物（包括人在内）在多次受到挫折以后，表现出来的绝望和放弃的态度，它有几个明显的形成过程：频繁体验挫折——产生消极认识——产生无助感——动机、认知和情绪上的损害。狗就是在这样连锁的过程中，逐渐丢失了与命运抗争的心理能量。

心理学研究表明，"习得性无助感"不但会发生在动物身上，在人身上同样也会发生。心理学家塞里格曼在实验中也发现大学生在经历了某次无法控制的噪音情形后，第二次经历有可能逃避的噪音时比没有经历过噪音的人更难学会逃离噪音。

在现实生活中，"习得性无助"现象相当普遍。从生到死，人们在漫长的岁月中会遭遇到各种不同的失败与挫折，甚至不幸。如先天性疾病、学习成绩差、升学考试失败、失恋、夫妻感情破裂、工作失误或下岗失业、不良人际关系，甚至身患不治之症等等。我们常常听到有人说"我就破罐子破摔了"、"我没有希望了"、"我听天由命吧"……这些常常就是当人处在无能为力的情形下表现出来的"习得性无助"状态。

跳出无助的怪圈

在学生身上，特别是在所谓的"后进生"身上，"习得性无助"表现得尤为明显，就如文章开头的李天成。他们可能并非真的差，他们曾经有过自己的辉煌，或者他们有某方面的特长，但此时，一切值得骄傲的地方都被"习得性无助"吞噬了，他们否定了自己的能力，看不到自己的未来。如何帮助这些孩子们呢？如何避免孩子们产生这种消极的情绪呢？

首先，善待所有的学生，而不仅仅是优秀生。

> 一个学校里，一位老教师对新来的年轻教师说：要善待每一位学生。因为，如果这个学生的成绩是 A，将来他可能是杰出的科学家；如果他的成绩是 B，他有可能会成为你的同事；如果他的成绩是 C，也许他会成为一名成功的商人；而如果他的成绩是 D，你更要对他好，因为他将来很有可能去竞选州长或总统。

这对我们教师普遍存在的"人分三六九等"的思想是一个多么严肃的冲击！学生因为一次考试不成功，就失去了老师的关怀，这是多么残酷的事情。学校中的"李天成"还少吗？老师会对一个优秀生说"思维混乱，简直不是人写的"话吗？正是这些对"后进生"的冷漠和苛刻浇灭了他们上进的动力！

老师对非优秀生的忽视会造成他们各方面行为的退缩。一位老师可能会有深刻的体会。一天，他走进教室时听到几个学生在说："还是不要捡了，反正老师又不会表扬我们。"原来他们发现地上有几张废纸，有的同学想捡起来，但又想到平时老师总是表扬那些成绩优秀的学生，很少给他们鼓励，因而心里有些不平，正犹豫着呢。如果你是这位老师，你会怎么想？会怎么做？是不是会为自己的"学生等级"观念而内疚？会不会向学生道歉并告诉他们："对不起，其实你们有很多优点，我却没有看到……"

其次，给失败的孩子多一些鼓励。挫折本身并不能让人灰心、无助，对挫折的消极看法才是其根源。在孩子遇到挫折的时候，严厉的批评和讥讽可能会把孩子推向失败的深渊，给一些鼓励，可能会成为孩子上进的新起点。一个学生一次考试不理想，老师忍不住批评说："像你这样下去，一辈子也不会有出息！"第二天，这位老师就看到这个学生上课捣乱，不好好听讲，连续几日，老师忍无可忍，就把他叫到办公室里，问："你为什么这样？"学生撇着嘴似有委屈地说："老师，你不是说我一辈子都没有出息了吗？都没出息了，还学习干吗？"老师心头一震，想不到自己的一句话竟然伤学生这么深！一次，老师紧紧抓住这位学生的一个闪光点，高兴地告诉他："这个做得不错，这样下去，你一定会很棒的！"果然，学生就像老师话语的反应器一样，马上学习就积极了许多。

另外，多给学生创造一些成功的机会。给孩子创造一些成功的机会有很多方法，比如说给他们布置难度相宜的作业，多让他们思考问题并回答等等。一位老师用自己的爱心为学生创造了特殊的体验成功的方法。

一天上课，他向学生提问，突然发现，班上那个学习成绩最差的学生也跟着大家举起了手。老师心中一喜，就让这个孩子起来回答问题，谁知他却一个字也答不上来。下课后，他把这个孩子叫到办公室，问他为什么不会也举手，孩子哭着说："老师，别人都会，我老不举手，同学会笑话我的。"孩子的回答使这位老师陷入了深深的歉疚之中——其实每个孩子都有着强烈的自尊，这种自尊容不得老师的忽视。于是他与这位学生悄悄地约定：今后，老师提问时，你如果会，就举左手；不会，就举右手。以后，每当这位学生举起左手时，老师就争取机会让他答题；当他举右手时，就不让他起来答题。一段时间后，这个成绩最差的学生变得开朗了，成绩也一天天地提高。家长和别的老师很是惊讶，问这位老师是怎么做的，他说，孩子不会时，请他举右手。

再者，不要给孩子创造"习得性无助"的诱因——挫折感。有些家长或者老师很是奇怪，怎么能这样说呢？我们怎么会专门打击自己的孩子呢？是啊，有时真是"说者无心，听者有意"啊！想一想，你是不是说过这样的话："你看隔壁家小红！这次期中考试年级组第一名呢。你什么时候拿个好成绩给老爸看看？""你怎么总比不过人家呢？什么时候你能给老妈争口气呢？"……家长的语调可能不重，但是一出口，这种盲目的攀比就足以挫败了孩子的信心！可能有时和孩子聊天时，孩子会说："爸爸，我努力了怎么还比不上小红呢？"这就是你的攀比教育的结果，它告诉孩子：你即使再努力也比不上邻居家的小红！这时，孩子的"习得性无助"已经形成了！

有调查发现，很多家长都喜欢拿别的孩子身上的优点和长处来与自己孩子身上的缺点和短处对比，希望能够刺激自己孩子进步。但往往事与愿违，这些话反而使孩子情绪低落，思想消沉，甚至一蹶不振。一位孩子写给当教师的妈妈的一封信最能道出孩子们的心声："妈妈，你真的伤了我的心。"原来，在一次数学竞赛辅导中，这位孩子没有班上其他孩子反应快，当教师的妈妈就生气了："你怎么就不给我争气呢，你让我的脸往哪里搁？这么简单的题你竟然不会做，这道题我们已经做过了，你还要丢分，你看看××的卷子……"在老师妈妈的攀比唠叨中，孩子早已泪流满面，不顾一切地冲出办公室，头也不回地跑走了……

最后，最根本的还是要提高学生的心理素质，正确地面对挫折，积极地看待挫折。大家知道"屡战屡败"和"屡败屡战"的故事吧，只因字序的不同，"屡败屡战"就将原本狼狈的败军之将变为百折不挠的英雄。我们不关心这个故事表达什么样的寓意，而是探讨为什么"屡战屡败"会传达给人失败和痛苦的感觉，而"屡败屡战"则会带给人希望呢？怎样才能让学生"屡败屡战"呢？这就涉及归因的问题，当学生遇到挫折时，要让他们知道，不是因为自己的能力不行，而是自己努力不够或者方法不当，这些都是自己能够控制的，如果归因于此，就不会产生无助感。

一言以蔽之，采用各种方法，让学生避免"习得性无助"，不要让孩子失去起跳的力量！

不妨来点阿Q精神
——酸葡萄与甜柠檬心理

> 一个炎热的夏日，狐狸走过一个果园，他停在一大串熟透而多汁的葡萄前。狐狸想："我正口渴呢。"于是他后退了几步，向前一冲，跳起来，却无法够到葡萄。狐狸后退又试，一次、两次、三次，但是都没有得到葡萄。狐狸试了一次又一次，都没有成功。最后，他决定放弃，他昂起头，不屑地说："这葡萄肯定是酸的，还不如吃我家里的柠檬呢，那还有点甜味。"然后，转身去寻找其他好吃的食物去了。
>
> ——《伊索寓言》

现代版的阿Q

这则寓言中的狐狸遇到"挫折"或"心理压力"时，采取了一种"歪曲事实"的消极方法以求得自己的"心理平衡"。平心而论，人又何尝不是如此呢？

鲁迅先生笔下的阿Q，被人打时口中或心中念一句"反正是儿子打老子"，于是也就悠悠然忘却了皮肉之苦痛。这种用虚幻的胜利感来安慰或欺骗自己的方式固然可笑，但在苦难的年代里，许多中国人也只能无奈地以这种手段来维持活下去的信心与勇气。

现代社会中的人们也常常用阿Q精神来缓解自己的压力而获取

"心理平衡"。电视剧《贫嘴张大民的幸福生活》让人看到了阿 Q 精神的现代版。张大民一家子居住在低矮、拥挤的破平房中，生活却是乐滋滋的。他遇见再不顺心的事情，也能将之化为幽默的一笑，不仅使自己快乐了，而且将快乐带给了别人。这种平民制造并享受到的快乐，比某些高官、富翁要多得多。因为富翁的某些快乐，常常建立在别人痛苦的基础上。而张大民宁愿苦了自个儿，也要逗乐左邻右舍、亲朋好友，并且也能从中多多少少获得点儿"成就感"。由此可见，他人穷志不穷。

自己的柠檬分外甜

狐狸吃不到甜葡萄，只好吃酸柠檬，却硬说自己所拥有的柠檬是甜的，即美化得到的东西。这种现象不仅在社会生活中比比皆是，在学校中也很常见。

某教师从师范大学毕业时四处求职，原以为自己本科专业热门，四年学习成绩优秀，屡屡获得奖学金和社会实践表彰，加上自己仪表、谈吐的优势，应该在大城市重点中学能找到满意的工作。但是临近毕业，他在多次招聘面试中与机遇失之交臂。最后，有个家乡的重点中学给他抛来橄榄枝。这个中学地处西部小城市，是他的家乡，总体环境和条件与大城市相去甚远。但是这位毕业生最后还是无奈地回到家乡担任中学教师。每每与朋友调侃，他总是说，在大城市做教师压力太大了，自己难以竞争过别人，但是在现在这个学校，自己有名牌大学毕业的教育背景，加上领导重视和自己努力，各种荣誉、进修深造等机会随之而来，这不是很好吗？

小芳是某中学高三毕业生。在最近的高考中，一向成绩优秀的她没有取得满意的成绩，未能实现她长期以来的北大、清华梦，而只能进入一所省内大学。她为此大为烦恼，但最后还是勉强接受了。她想，毕竟北大、清华只能招一定数量的学生，而且高考也是带有机遇性的，自己没有考上未必是能力不够，或许是自己命中注定吧。在省内读书也有优势，离家比较近，而且专业也比较热门，以后还可以通过考研等途径实现自己的理想。

积极的精神胜利法

随着青少年学生的独立性、自尊心、好胜心逐渐增强，他们的情绪波动极大，常常因为学习或生活上的一些事情而大喜大悲，而且他们常常将这些情绪变化隐藏在内心。因此，教师要着重引导学生学会自我补偿，不要拿别人的长处和自己的短处比，也别总拿自己的长处和别人的短处比，"尺有所短，寸有所长"就是这个道理。要学会鼓励学生："当你发现自己在某个方面不如别人时，可以在另外一个方面努力，争取超过别人，得到补偿。"

教师也需要培养稳定的心理素质，提高自身修养，形成正确的自我概念。在面临难以获得的葡萄时，适当地进行自我安慰，从挫折和忧伤中解脱出来，灵活地松动可望而不可即的追求目标，暂时保持一种良好的心态，防止行为上出现偏差。

精神胜利法有两种：一种是消极意义上的阿Q精神，暂时的精神胜利容易招致他人的鄙视，同时如果是不恰当的自我调适也会消磨意志；还有一种则是积极意义上的，就像张大民那样能知足常乐，这是在教你怎样善待自己，善待自己的人也会善待生活。当人们面临的压力一时难以解决时，不妨适当采用这种方式，暂缓压力作用，求得心理平衡，即"合理化"的酸葡萄效应，这种期望值的暂时转换或许可以给人自尊与自信。当然，我们不能总是停留在此，事后采取积极措施以解决问题才是上策。

晴雨在我心

——情绪 ABC 理论

在我国民间曾流传这样一个故事。有位老太太有两个女儿，女儿都出嫁了，大女儿家开伞店，小女儿家开洗衣店。老太太天天为女儿忧愁，为什么呢？在雨天，担心小女儿洗的衣服晒不干；在晴天，担心大女儿的雨伞卖不出去。总之，每天都有让她忧愁的事。后来，一个人跟她说："老人家，您好福气啊！下雨天，您大女儿家生意兴隆；大晴天，您小女儿家生意好做。对您来说，哪一天都是好日子。"老太太转念一想，不禁眉开眼笑了。

晴雨 ABC

同样的一件事，从不一样的角度去想，心情就会很不一样，人生的境界也会很不一样。对于这个故事，我们可以从情绪 ABC 理论说起。

美国临床心理学家艾尔伯特·艾里斯已经把中国俗语"想得开"上升到科学理论的高度，他在 20 世纪 50 年代提出情绪 ABC 理论。他以一句很有名的话作为 ABC 理论理念上的起点："人不是为事情困扰着，而是被对这件事的看法困扰着。"

所谓 ABC，A 指事件（Accident）；B 指信念（Beliefs），是指个体在遇到诱发事件之后，对该事件的想法、解释和评价；C 是指这事件发生后，人的情绪和行为结果（Consequence）。通常人们会认为，人的情绪是直接由诱发性事件 A 引起的，即 A→C。ABC 理论则指出，诱发性事件 A 只是引起情绪的间接原因，而人们对诱发性事件所持的信念、看法和解释 B 才是引起情绪更直接的原因，即 A→B→C。现在我们用 ABC 理论剖析一下老太太心情变化的原因。事件同样是大女儿家开伞店，小女儿家开洗衣店。老太太对这一事件的信念不同导致了不同的情绪反应：当想法是"在雨天，担心小女儿洗的衣服晒不干；在晴天，担心大女儿的雨伞卖不出去"时，天天忧愁；当想法是"下雨天，大女儿家生意兴隆；大晴天，小女儿家生意好做"时，眉开眼笑。

摒弃心中的非理性

翻手是云覆手是雨的秘诀在于从不合理想法转到合理想法。不合理想法有三个特征：绝对化要求、过分概括化和糟糕至极。

第一个特征是绝对化要求。这一特征在各种不合理信念中是最常见的。这种信念通常与"必须如何"、"应该如何"这类字眼联系在一起。比如"我必须获得成功"、"别人必须很好地对待我"、"生活应该是很容易的"等等。

有位年轻人失恋了，长时期内食欲很差，几乎天天失眠，白天无论做什么都提不起精神，为此已受到上司的多次批评。他的心情很烦闷，总想发脾气，总想报复女朋友，让她没有好下场，有时找不到发泄对象就狠打自己一顿。后来去咨询了一位心理专家，发现他的不合理信念就是："我爱她，所以她也必须爱我。"但是这个年轻人以前也拒绝过不少喜欢他的女孩子，所以合理的想法应该是每个人都有选择的权利，感情是不能勉强的。

在学校中，许多上进心很强的孩子往往会钻一种牛角尖："我在重要考试中，必须不惜一切代价保证成功。"合理的信念是：你可以希望成功且祈求成功，但不能保证一定会成功。任何事情都是处于不确定状态，我们只能尽力去追求重要考试的成功，而不能保证必须成功。

一位母亲，常因儿子不愿学习、调皮等行为而生气。表面上看，"儿子不听话"是导致生气、愤怒的信念，实际上，真正的不合理信念是"儿子就应该好好学习，必须听我的话"这种绝对化的要求。

第二个特征是过分概括化。一些人常常以自己做的某一件或几件事的结果来评价自己，一旦事情不如自己的意就会认为自己"一无是处"、"一钱不值"，是"废物"等。

凡·高是世界级的画家，是公认的出类拔萃的绘画天才，他的一幅画现在可以卖到几千万美元。然而，他在生前对自己、对生活都缺少正确的认知。他因为失恋，因为他的画不能得到恰当的评价，就陷入悲观绝望之中，并发展成精神错乱。他吞食颜料、松节油、煤油、割自己的耳朵，直至对自己开了一枪，当时他才 37 岁。

在学校中有些学生因为几次数学考试没考好就认为自己永远都学不好数学了。其实他的数学只是到目前为止学不好，并不代表以后都学不好。如果掌握学习方法，持续不断地努力，知识的积累由量变到质变，就会取得意想不到的进步。

第三个特征是糟糕至极。当一个人觉得某件事很糟糕的时候，往往意味着这是最坏的事情，是百分之百甚至百分之一百二十地糟透了，是一种灭顶之灾。其实，对任何一件事情来说，都可能有比它更坏的情形发生，没有任何一件事情可以定义为百分百地糟透了。如契诃夫说：要是火柴在你的衣袋里燃起来了，那你应当高兴，而且感谢上苍——多亏你的衣袋不是火药库。如果你的妻子或者小姨练钢琴，那你不要发脾气，而要感激这份福气：你是在听音乐，而不是在听狼嗥或者猫的音乐会。

东边日出西边雨，道是无晴却有晴

有一个大学一年级学生，因期末考试作弊受到了记过处分。处分后，这位学生思想负担很重，想了很多，越想越悲观。他想：自己刚上大学就背了处分，家里的父母、亲戚、中学同学和现在大学的同学都会因此而瞧不起自己，在他们面前想再直起腰来恐怕非常难了；大学一开始给老师的第一印象就不好，以后表现再好恐怕也是白费劲；在读书期间有如此重大的污点，等到毕业时找工作会很麻烦，用人单位一看档案一般就不会要了，就算是要了，也不会得到重用，一生的前途就这样葬送了。结果，他整日悔恨自责，上课心不在焉，晚上常闹失眠。问题出在哪里呢？就在于他把事情的后果想得太糟糕了。

中学生常犯傻的地方在于：如果我在重要考试中失败，别人可能会看不起我，我就什么都没有了。合理的想法应该是：肯定有比考试失败更糟糕的事，比如失去亲人。何况，未来的前途不是一次考试就注定的，成功的机会很多，重要的是有一个进取的精神和不怕失败的积极心态。

做一个有积极心态和行动的人其实并不难。在你烦恼不得其解时，请把你的烦恼列在一张白纸上，再对照以上三个不合理信念的特征，看看是不是符合这些特征，抛弃它们，你的心情不就阴转晴了吗？

壮志未酬身先死，长使英雄泪满襟

——齐氏效应

　　法国心理学家齐加尼克曾经进行过一项有趣的心理实验——"困惑情境"实验。在实验中，他让实验对象连续进行22个小时的工作任务，其中有些任务让他们完成，而另一些任务则让他们中途停止，接着去做别的工作。在每个人完成一次实验后，就立刻回忆所做过的任务名称。结果发现，绝大多数人首先回忆到的是那些被中止而未完成的任务名称，不仅回忆得快，而且回忆得又多又准确。

齐氏效应

　　人们把这个实验所揭示的现象称为齐加尼克效应（简称齐氏效应）。完成工作任务后，人们往往认为此事已了结，可以告一段落，因此不再具有强烈的记忆动机。而当人们处在感到困惑的情境中时，被引发的动机更强烈。假如我们完全解答了面临的问题，那么紧张感就会随之消失，我们也就不再感兴趣了。茶馆酒楼的说书人最拿手的一招就是在故事情节引人入胜的时候来一句："欲知后事如何，请听下回分解！"看你明天还来不来！

　　一个美国教育考察团到上海访问，希望听一节有中国特色的公开课。负责接待的上海教育科学院安排一所著名重点高中为他们开了一堂高一物理课。任课教师是一名特级教师。课堂上，教学双方很活跃，教师问问题，学生答问题，气氛热烈，教师布置的作业和思考题学生都完成得很好。教师教学方法灵活，重点突出，训练也有针对性，时间安排很恰当。当老师说"这节课就上到这里"的时候，下课铃声正好响起来，听课的中国教师不禁鼓起了掌。但奇怪的是，几位美国教育学家却一点表情也没有。这是为什么呢？他们的回答出乎我们的意料，他们反问：教师提出的问题学生都能回答，这节课还上它干什么？原来，这些教育家认为，学生应该带着问题走进教室，带着更多的问题走出教室。

美国同行的观点引起了我们的深思：按照我们的传统教育观念，每一节课或每个单元，不管是学习什么，问题都要完全解决了才算结束。不少教师甚至认为，对于一个教师来说，把"标准答案"告诉学生，比让他们带着问题离开课堂要好。其实，一个优秀的教师应该让学生每天都带着一些有思考价值的问题离开课堂。即使学完一个章节或一门学科的知识后，也应该让学生带着一些与该学科有关的仍需要进一步钻研的问题走出课堂，使他们的学习兴趣得以长期保持。

有些教师喜欢滔滔不绝地讲解教学内容，在备课和教学中投注了大量精力，但其效果却令人伤心：他讲到哪里，学生就忘到哪里。中国传统国画艺术中有一种重要的艺术手段：布白。即在画面空间上有所空余，留给观众想象的空间和余地，才能形成幽远无穷的意味。教师在讲解过程中有所中止，留有空余，比起满堂灌，学生更易于记忆。因为后者所引起的张力系统已松弛，而前者所引起的张力系统则仍在继续。苏霍姆林斯基在《给教师的建议》一书中说道：有经验的教师"在讲课的时候，好像只是微微打开一个通往一望无际的科学世界的窗口，而把某些东西有意识地留下不讲"。这句话真是齐氏效应在教育中的经典诠释！

适度的张力

齐氏效应也是一把双刃剑，要善用之。在齐氏实验中，所有受试者接受任务时都显现一种紧张状态，但顺利完成任务者，紧张状态随之消失；而未能完成任务者，紧张状态持续存在，即使经过休息，他们的紧张状态仍然无法消除。他们总是被那些未能完成的工作所困扰，心理上的紧张压力难以消失，且呈加剧趋势，对其他工作造成了较大的心理压力。

学生不但白天要紧张地听课、记笔记，回答教师的提问，紧跟教师的思维，晚上要看书、完成家庭作业，还要预习、复习各门功课，第二天早晨又得早早地起床投入到新的紧张学习之中。由于他们的学习不受时间和空间的限制，很多学生，无时无刻不对学习的事情念念不忘，放心不下，甚至夜晚睡觉还缠绕在脑中，辗转反侧，难以入眠。这种长期用脑过度，精神负担过重，引起能量减低而产生的疲劳不能从休息中得到完全补偿，久而久之，就会造成神经衰弱、情绪压抑、易焦虑等不良心理状态。

教师必须重视齐氏效应对学生学习和身心健康的影响，一是不要一下子对学生提出过多、过高的要求；二是设法帮助学生按时完成任务，以适当缓解学生的紧张情绪，让学生学得愉快，休息充分，以便更好地投入到下面的学习中去。三是教学生学会对每件事情都做到随时"拿得起，放得下"，做好自我保健。

对于这一点，我国古代一则寓言或许更能给我们一些启示。徒弟去见师傅。"你的臂力强吗？"师傅问。"当然！七石的弓（古代以石论弓的强度），我常拉满它几个时辰不放。""好极了！把箭射出去，愈远愈好！"徒弟将箭射出去。师傅跟着拿起自己六石的弓，并射出一箭，居然比徒弟远得多。"强弓要虚的时候多，满的时候少，才能维持弹性，成为强弓。"师傅说，"总是拉紧的弦，不可能射出有力的箭。"原来，弓并不是拉得越满越好啊！

为了明天更美好

——延迟满足

　　某幼儿园小班老师做了一个小小的测试，在一个游戏活动中给每个小朋友发了一粒巧克力豆，让他们先放在桌面的右上方，等一会儿再吃。然后，老师借故离开了教室。通过教室角落安放的摄像机，老师发现了下面一些有趣的现象：小明把巧克力豆放在手心摆弄摆弄，一会儿就把巧克力豆塞进了嘴里；小红几次将巧克力豆抓起又放在原处，转头看看其他小朋友，看见老师还没有回来，把巧克力豆慢慢地放进了嘴里；小军在座位上翻看图画书，偶尔看看桌面上的巧克力豆，但一直没有动；小霞则在座位上唱着老师新教给的儿歌……为什么小朋友之间会有这样的差别呢？

延迟满足

　　这的确是一个足以考验孩子内心灵魂的两难情境，象征冲动与自控、欲望与自制、即时满足与延缓满足之间的永恒难题。这个试验可以看出孩子的克制情绪、抑制冲动的基本能力，甚至可以略窥孩子的人生走向。

　　事实上，上面这种现象可以用心理学上的延迟满足来解释。按照心理学者米歇尔的定义，"延迟满足"（delay of gratification）是一种心理成熟的表现。具体来说，这是专指一种甘愿为更有价值的长远结果而放弃即时满足的抉择取向，以及在等待期中展示出来的自制能力。

　　早在20世纪60年代，美国的心理学家米卡尔就曾经做过一个著名的"糖果实验"，对象是斯坦福大学附属幼儿园的孩子，该实验一直追踪到这些孩子中学毕业。实验者将一群4岁的孩子留在一个房间里，发给他们每人一颗糖，然后告诉他们："我有事情要出去一会儿，你们可以马上吃掉糖，但如果谁能坚持到我回来的时候再吃，就能够得到两块糖。"有的孩子迫不及待地吃掉糖；有的孩子一再犹豫，但还是忍不住塞进了嘴里；另外一部分孩子用尽各种方法让自己坚持下来：有的闭上眼睛，避免看见十分诱人的糖果；有的将脑袋埋入手臂之中，自言自语、唱歌、玩弄自己的手脚，甚至让自己努力睡着。20分钟以后，实验者回到房间，坚持到最后的孩子又得到了一块糖。

　　实验之后，研究者进行了长达14年的追踪。他们发现，到中学时，这些孩子表现出了明显的差异：克制型的孩子显得社会适应力较强，较为自信，人际关系较好，也较能面对挫折。在压力面前，不易崩溃、退却、紧张或乱了方寸，能够积极迎接挑战，不轻言放弃。在追求目标时，也能和小时候一样压抑立即得到满足的冲动。而冲动型的孩子约有三分之一缺乏这种特质，反倒表现出一些负面的特征，例如，怯于与人接触，固执而优柔寡断，容易因挫折而丧失斗志，认为自己是坏孩子，遇到压力容易退缩或者惊惶失措，容易怀疑别人以及对别人感到不满，容易嫉妒或羡慕别人，因易怒而常与人争斗，而且和小时候一样，不易压制即时得到满足的冲动。

　　这些孩子中学毕业时又接受了一次评估，结果表明4岁时能够耐心等待的人在校表现更为优异。根据孩子父母的评估，这些孩子学习能力较好，无论是语言表达、逻辑推理、专注、制定并实践计划、学习动机都比较好。更让人意外的是，这些孩子的入学考试成绩普遍较高，等待最久的三成孩子，平均成绩语文 610 分、数学 652 分；而最迫不及待取走糖果的三成孩子，平均成绩语文 524 分、数学 528 分。两组孩子总分差距多达 210 分。

这个实验表明了这样一个事实：那些更善于调控自己情绪和行为的孩子，拥有更好的心理健康水平和更大的未来成功的希望。自制力等良好的意志品质是成功者的重要心理素质。因此，培养孩子"延迟满足"的能力显得尤为重要。

抵制各色"糖果"的诱惑

当然，这不过是一个小小的糖果试验而已，我们千万不要过于迷信它对孩子未来能力与成就的预测力，人的能力与成就毕竟还受众多其他因素的影响。这个糖果试验只是反映了人在童年时期的一个小小行为，但随着人的成长，这种小小的行为却慢慢演变为人在方方面面的情感和社会能力的一部分。人在一生中，许多大大小小的成就，甚至包括减肥、坚持跑步等等，都取决于抑制冲动的能力。有些孩子早在 4 岁时就深谙这一道理，能够根据情况作出判断：抑制冲动才是最有利的。并且努力设法将注意力从眼前的诱惑转移开，以达到最终的目标。

纵观古往今来乃至我们身边的成功人士，他们往往就具有这样的特质：抑制冲动，以达到某种目标。这些目标可能是解决一道数学难题、学好英语、建立事业、成为著名的运动选手。逢年过节正当他人访亲拜友、远足旅游的时候，多少奥运冠军们正在刻苦练功、汗流浃背，心中想念的是那奥运金牌的耀眼、领奖台上的无限荣光。那些著书立说或者考托福者，每当周末黄昏时分，别人在看电视、打扑克、上网、花前月下卿卿我我，他们却在无人的角落里，独自默默地爬着格子、做着无聊的考题。他们的回报是丰厚的。他们经过努力奋斗而实现了最终的目标，获得了最后的成功，体验到了人生最大的快乐。

他们也是肉身凡胎，我们完全可以想见，在这声色世界里，面对着各种"糖果"的甜蜜诱惑，他们也曾有过心动，但他们抑制住了。这些牺牲是值得的，因为他们最终得到了更多、更好的"糖果"，虽然这种收获是延迟了的。

古人云："发乎情，而止于礼。"这正是圣人与凡人的最大区别。人人都会有情欲、冲动，圣人是靠道德在约束自己的情欲冲动，而更多的成功者是靠更多、更好的"糖果"在抑制冲动。不成功者是不去克制，甚至从来没有想过要去克制自己的冲动。

现在的孩子往往在被溺爱的环境中长大，他们的各种需求都能得到即时满足。许多父母可能因为自己小时候受过苦，而不愿欠缺孩子什么，对孩子有求必应、有求速应，以为给了孩子莫大的幸福。但有时候，事与愿违，说不定给了孩子温柔的一刀。当孩子长大后目无学业，整天沉溺于电子游戏、网吧，或者陷于早恋而不能自拔时，悔之晚矣！

重视孩子的延迟满足，让孩子从小学会延迟满足。在延迟满足中，孩子学会期待、学会感激、学会珍惜、学会克制、学会奋斗，体验成功的快乐和人生的幸福。

第三辑

管理中的心理效应

凡有的，还要加给他，让他有余

——马太效应

《新约·马太福音》中讲了这么一则故事。

有一个主人要出一趟远门，临走之前，他叫来三个仆人，按照他们不同的能力水平，分给了不同量的银子：第一个仆人分得了五千两；第二个两千两；第三个一千两。一段时间以后，主人回来了，第一个仆人汇报："您不在的这段时间，我去做生意了，赚了五千两银子。"主人非常高兴地说："好，我要让你管理许多的事情，体会做主人的快乐。"第二个仆人汇报赚了两千两，主人说："不错，我要把一些事情派给你管理，让你感受一下做主人的快乐。"最后，第三个仆人汇报说："我把银子藏到了地底下，一点都没少。"主人听了非常不高兴，于是就拿回了那一千两银子给了第一个仆人。

在故事的结尾有这样几行诗："凡有的，还要加给他，让他有余；没有的，连他现有的也要夺过来。"

马太效应

罗伯特·默顿据此首次提出了马太效应，主要是指人们对已有相当声誉的科学家作出的贡献给予的荣誉越来越多，而对于那些还没有出名的科学家则不肯承认他们的成绩。

马太效应在我们的生活中是普遍的。有一幅题为"成名以后"的漫画。编辑指着某著名青年作家身旁的满满一纸篓废稿说:"这些我们全都发表。"看看吧,一个人若出了名,他的研究成果,包括并不成熟的"退稿"、粗制滥造的"废稿",顿时也将会变为"名篇杰作",甚至他的一言一行也都成了科学论断、人世规范和名人名言,自然身价十倍!犹如爱因斯坦所形容的:"我每每小声咕唧一下,也变成了喇叭的独奏。"某老教授的小孙女因为不懂事在他的某篇文章后乱涂了一些东西,其他人看到后却皱着眉头思考了老半天,然后若有感悟地说:"这里面肯定蕴含着丰富的哲理!"有位劳动模范在获得荣誉后,一年竟有300天不在劳动岗位上而外出"传经送宝"。

"好生好对待,差生差对待"现象

马太效应在学校中也是处处可见。据报道,某实验小学的40个"好孩子"日前在一场公开课上尽兴表演,赢得前来参观的各小学老师的一致好评。但令人痛心的是,该班另外29名学生却与这场公开课无缘,因为他们被视为"差生",被老师留在班上做作业。据称,这是因该校老师担心"差生"坏事,为了保全学校和班级的荣誉不得已而为之。

学校中的马太效应更多地存在于平时的学习生活中。豆豆是班里的班长,学习好,聪明伶俐,班主任老师很喜欢她,上课总让她发言,课后还经常给她"开小灶",有了缺点毛病老师也不予以批评指出,或只轻描淡写地说几句,班里的荣誉她占了不少。而对调皮捣蛋学习又差的果果,老师则另眼看待,上课很少让他发言,对他的缺点毛病,老师严厉批评,好事他也沾不着边。更为严重的是,有的学校为了提高升学率,竟然不让一些"差生"参加考试;也有的学校别出心裁地搞什么"差生"评选,并以"光荣榜"的形式在校园里广而告之;还有的学校分什么快班、慢班、重点班、普通班等等。这正是:好生好对待、差生差对待,十足的马太效应。

一个也不能丢下

马太效应在教育工作中的消极作用是非常明显的，它不仅会伤害所谓"差生"的进步积极性，在一些成绩不太好的学生幼小的心灵里埋下自卑的种子，甚至会导致一个孩子一生命运的改变，而且也会极大程度地助长所谓"好生"的自大心理，在学生之间人为地制造等级、差距，不利于学生健全人格的养成。

鲁迅先生曾有一篇文章叫作《论费厄泼赖应当缓行》，费厄泼赖即"fair play"，是公平比赛的意思。教育急需费厄泼赖，每一位老师在教学过程中要将心态放平，公平地对待每一名学生，无论他们成绩好或差，都应该尊重他们，尽量避免马太效应的消极影响，不要亲手制造出"差生"来。正如教育学家苏霍姆林斯基所说："让每一个学生在学校里都能抬起头来走路。"

曾经有一本颇为流行的书，叫作《没有孩子是差生》，作者是山东一位普通的小学女教师。在她眼里，没有"差生"，只有差异，就像世界上没有两片相同的树叶一样。所以，她要让"每一片树叶都苍绿"。

如果我们成了马太效应的当事人，应当怎么做呢？作为成功人士，最为重要的是要认清"真的我"，经常用"自知之明"这面镜子照一下自己。印度诗人泰戈尔，是亚洲第一个荣获诺贝尔文学奖的作家。他的成功使他誉满全球。在马太效应带给他的显赫名声和甚嚣尘上的吹捧面前，他说了一段很发人深思的话："他们理想中的我，决不是真的我"、"我要从我自己的名誉中突围而出"。同样，作为未成功人士，也应当认清"真的我"，客观地去分析自己的优劣得失，不可人云亦云，别人可以不相信我们的能力，但我们自己却不能丧失信心。

你喜欢他，他就喜欢你

——互悦机制

世界上最了不起的卖车人乔·杰拉德成功的秘诀就是让顾客喜欢他。为了让顾客喜欢他，他会去做一些看上去完全是费力不讨好的事情。比如说，每一个节日他都会给他的1.3万名顾客每人送一张问候的卡片。卡片的内容随季节而变化(新年快乐，情人节快乐，感恩节快乐等等)，但卡片的封面上写的永远是同一句话："我喜欢你。"用乔的话来说："卡片上除此之外就没有什么别的东西了，我只是想告诉他们我喜欢他们。"乔正是借助于这种方式使他每年的收入都超过20万美元，创下连续12年都赢得"销售第一名"的纪录，他平均每一个工作日都会卖掉五辆车，被吉尼斯世界纪录称之为世界上"最了不起的卖车人"。

喜爱引起喜爱

这位成功的推销员深知人际之间的一种自然心理规律：喜爱引起喜爱。人们常说，两情相悦。一般来讲，决定一个人是否喜欢另一个人的最强有力的一个因素，是另一个人是否喜欢他。大家都希望"被人喜欢"，因此，"喜欢他"和"被他喜欢"互为因果。在社会生活中，我们经常体验到，当自己很想得到别人的喜欢，而那个人也真的喜欢自己的时候，我们就会对那个人喜欢得更深。这也是"人际吸引律"之中的"对等性吸引律"，就是指喜欢那些喜欢自己的人。这除了表现在评价态度上外，还表现在自我暴露的对等和尊重相容的对等上。与此同时，由于双方心理上的接近与相互帮助，成了各自心目中的"自己人"，因而也就减少了人际间的摩擦事件与心理冲突，易于建立良好的人际关系。

然而，如何让别人感受到你喜欢他？除了直接对他说"我喜欢你"之外，称赞你羡慕他的地方也不失为一个好方法。这里有一个有趣的小故事。

一个花匠正在为一位著名的法官美化庄园，那位法官跑出屋子来提了不少好建议。花匠说："法官先生，您的业余爱好可真不少哇！我特别羡慕您那条漂亮的狗，我知道您在家犬大奖赛中赢了不少蓝彩带。"这小小的赞美之词竟然带来了惊人的效果。法官马上兴奋地说道："是啊，是啊，养狗的乐趣真是无穷！你愿意参观一下我家的狗窝吗？"

法官花了将近一个小时领花匠看他养的狗，并介绍那些狗赢得的各种奖品。

然后，法官问花匠："你有孩子吗？"当花匠回答："有。"法官又问："他想要小狗吗？"花匠急切地说："怎么不想，如果有了，他会非常开心的！""好吧，我送你一只。"法官说道。

接着，法官又对花匠讲了如何给小狗喂食，讲完后又热切地说："光给你讲你就会忘了，我把它写出来吧。"于是，法官写下了喂狗的方法。

最后，法官在花匠身上花去了85分钟的时间，送给他一条价值100美元的狗。这一切都是因为花匠真诚地羡慕他的嗜好以及他取得的成就。

其实，任何人都会有一些值得你羡慕的地方，只需要把它挖掘出来，并真心地加以称赞，你收获的就不仅仅是一条"狗"，还有良好的人际关系，这些都会成为你每天开心快乐的重要源泉。当然，赞美要真诚，人们不喜欢夸夸其谈的、势利的人，更会提防损人利己之徒。

自我暴露也会传递给对方一个信息："我喜欢你。"

一个初中男生非常自卑，觉得自己长得不好看，特别是自己的眉毛，经常受到别的同学的"嘲笑"。新到的年轻女老师发现了，把他叫到办公室聊天，谈起自己初中时"虎牙"的经历，对他说："我们班的同学是不是对我的虎牙印象特深刻？"学生笑着说："我们都觉得您的虎牙特可爱，很有特色！"老师接着说："其实，在初中时，我为我的虎牙伤心自卑了好长时间，觉得自己的牙特别丑，当同学说我的虎牙的时候，我感到特别难堪，甚至无地自容。有一段时间，生性活泼的我都不敢说话不敢笑，生怕露出我难看的虎牙。你想，我是一个女孩，可能比你们男孩子更爱美。后来我竟然听到有人说我的牙很有特色，我心里就一震，是呀，我的牙只是有特色而已，自己都不接受自己的牙，别人怎么能接受？说不定几十年以后老同学能够记得我，就是因为我的虎牙呢！从此，我恢复了我的本性，又开始大笑大声说话大声唱歌了，心里甭提有多轻松了！"老师顿了顿，接着说："其实，你的眉毛也很有特色。"学生笑了，很自然，很轻松，如释重负一般。第二天，老师就看到这个学生和同学打闹着，说笑着，自信、开朗了许多。

真诚的态度也会告诉别人：我是被接纳的，是受欢迎的。

课堂上，一位英语实习老师拿着一件毛衣，问："这是什么?"学生齐声回答说:"sweater!"在教室的角落里,有一位瘦小的女生没有回答问题,她低着头,课堂上的任何活动都不参加,好像置身于课堂之外。这位老师拿着毛衣走向她,拍拍她的肩,温和地问:"这是什么?"女孩把头低得更狠了,脸红了,没有说话。老师真诚地、慢慢地说:"抬起头来,看着我的眼睛。这是什么?"女孩还是没有回答。老师又说:"看着我,跟着我读,sweater!"女孩抬起头,用蚊子似的细小的声音说:"sweater。"老师大声鼓励说:"非常正确!声音能再大些吗?sweater!""sweater!"女孩的声音大了很多。"好!非常好!清脆响亮!同学们为她鼓掌!"班上响起了热烈的掌声,女孩的脸更红了,像秋天的苹果,眼睛里却放射着兴奋的光芒。从此,每到英语课,坐在角落里的女孩不再"神游",经常举手回答问题,用最大的精力学习英语,她在英语课上的表现与其他课上的表现截然不同。

有人说:"假如你想说服别人你是对的,说服别人应当按照你的意见去做,那么,只是向他们提出良好的建议还是远远不够的,首先必须让他们喜欢你,否则,你的意图就会遭遇失败。"这句话的确是至理名言。古人云:亲其师,信其道。这对教师的道德教育、态度转变工作不止是一剂良方。

你喜欢他,他就喜欢你

对于学生来说,如果你喜欢一位老师,老师也喜欢你,你越发觉得老师可亲可敬,从而喜欢老师所教的学科和知识。

燕燕是初中二年级的学生,她天资聪明,品学兼优,在初中一年级时各科成绩均名列前茅,没有偏科现象,但是到二年级时却出现了令人惊讶的情况,她的英语成绩大幅度下滑,而且数学成绩差一点不及格。她的妈妈很是着急,问清情况后才得知,燕燕的英语老师打扮很是时髦，连上课也不例外，而且开口总是言称国外好，燕燕对她非常反感，连听她的课都感到难受。而她的数学老师上课总是提问那几个他喜欢的学生，而且还常常给他们"开小灶"，燕燕说这个老师太偏心，她不喜欢学数学了，可是不久以前，她还对数学充满了热情。妈妈无奈之下，只得将小燕燕转学。转学后的燕燕重新恢复了学习的热情，成绩提高很快，很快又名列前茅。她告诉妈妈，这个学校的老师好多了，老师很喜欢她，而且她也喜欢这里的老师。

从燕燕的经历中我们会发现这样一个现象，那就是她对学习的态度以及学习成绩的好坏，不是取决于老师的讲课水平，而是很大程度上取决于她对老师的看法或者老师对她的态度，具体来讲就是老师喜不喜欢她，或者她喜不喜欢老师。生活中的经历告诉我们，燕燕的情况决非个别，相反，这样的现象普遍存在。

从另外一个角度看，对于老师来说，如果你真的讨厌一个学生，这个学生也会讨厌你。你需要克制自己，要首先跳出这个恶性循环，转入另外一个良性互动之中：你喜欢一个学生，学生就会喜欢你。卡耐基的继母可以成为我们学习的榜样。

小时候的卡耐基是一个公认的远近闻名的坏男孩。在他九岁的时候，父亲将继母娶进家门，当时他们是居住在弗吉尼亚乡下的贫苦人家，而继母则来自较好的家庭。父亲向继母介绍卡耐基道："你提防这个全县最坏的小男孩，他快让我头疼死了，说不定他会在明天早晨之前就拿石头砸你……"出乎卡耐基意料的是，继母走到他面前，微笑着托起他的头看着他，对丈夫说："你错了，他不是全县最坏的男孩，而是最聪明，但还没找到发泄热忱地方的男孩。"继母说得卡耐基心里热乎乎的，眼泪几乎滚落下来。就是这句话，使卡耐基和继母建立起了友谊，也成为激励他发奋上进的一种动力，使他日后创造了成功的 28 项黄金法则，帮助成千上万的普通人走上成功和致富的光明大道。

看到了这些感人的故事，我们是否心有所感？走进教室，回到家里，告诉我们的孩子吧，他们是被接纳的，是被喜欢的，也许这会成为孩子新生活的开始。

自己人，什么都好说

——自己人效应

"很高兴见到你，请问你老家哪儿的？"

"××的。"

"我也是！你哪所学校毕业？"

"××××大学。"

"我也是！哪一届呀？"

"××届。"

"我也是！太好了，咱们既是老乡，又是校友，还是同届呢！"

"好啊！"

"请你帮个忙，好吗？"

"行啊，自己人，什么都好说。"

自己人效应

两人初次见面，少不了询问籍贯、学业之类的问题。你或许能够认个老乡、校友什么的，与对方套套近乎，拉近心理距离，尽量让对方把你当作他的自己人。这样，让对方做点事、说点话就容易多了。实际上，你在不知不觉中应用了人们普遍存在的一种心理现象——自己人效应。这种效应表明，在人际交往中，如果双方关系良好，那么一方就更容易接受另一方的某些观点、立场，甚至对于对方提出的难为情的要求，拒绝起来也是那么困难。例如，同样一个观点，如果是自己喜欢的人说的，接受起来既快又容易；但如果是自己讨厌的人说的，则会本能地加以抵制。有道是，是自己人，什么都好说；不是自己人，一切按规则来。

有些传销公司或者直销公司正是利用了这一效应。美国的一家玻璃器皿公司宁愿放弃零售商店，而采用家庭聚会的方式使其每天的销售量超过了250万元！这真是一个奇迹！看看他们巧妙的促销手段：他们通过家庭聚会直销。聚会主人召集一些朋友，满面春风地与大家聊天，为大家端茶送水，然后不失时机地要求大家购买产品。尽管大家都知道，从卖掉的每一件东西里，主人可以分得一定的利润。但在聚会的环境下，大家因为与主人的友谊而滋生温情、安全感以及责任心，并产生对产品的好感，从而会心甘情愿地购买。有时，这种友谊造成的压力比人们对产品本身的喜爱效力要高一倍，并且使人们觉得自己非买不行。

有时候，一个朋友甚至不用在场，只要有人提到他的名字就足够了。一些专门上门推销各种日用家具用品的公司，就是根据这种效应，利用一种被称之为"无穷链"的方式来发现新的顾客，一旦一个顾客承认喜欢一种产品，他们就会督促他或她提供几个可能想要了解这种产品的朋友的名字。然后推销员就会去拜访这些朋友。这种方法成功的关键在于，当推销员去拜访一个新顾客时，是用一个"建议我来拜访你"的朋友的名字武装起来的。在这种情形下要把推销员赶走是比较困难的，因为这有点像要赶走一个朋友似的。

林肯的一次演说也充分利用了自己人效应。

林肯出生于一个平民家庭，在参加总统竞选时，一个竞争对手曾对其贫寒的出身进行攻击。然而，林肯巧妙地进行了回击，争取了主动，赢得了人心。他在一次演讲中说："有人问我有多少财产。我告诉大家，我有一位妻子和一个儿子，都是无价之宝。此外，也租了一个办公室，室内有一张桌子，三把椅子，墙角还有一个大书架，架上的书值得每个人一读。我本人既高又瘦，脸蛋很长，不会发福。我实在没有什么可依靠的，惟一可依靠的就是你们。"

最后一句话"惟一可依靠的就是你们"是暗示人们："你们是我惟一的财富，我离不开你们。"选民们听了之后，自然会体会到林肯热爱民众的深厚情感。

一致吸引律

社会是由不同的人群组成的，不同的人群基于年龄、学识、性别、性格、种族、地域、职业以及利益等因素的差别，其语言和行为的规范也会有所不同，这为不同人群之间的交往造成了一定的障碍。在这种情况下，是否被看作"自己人"，将直接影响人与人之间的沟通与交流的效果。

如果你想使对方接受你的观点、评价、态度甚至要求，你就必须与对方或者对方喜欢的人（朋友）保持"同体观"的关系。20 世纪 70 年代的一个研究是这样的，实验者穿着两种不同风格的衣服（像/不像嬉皮士的衣物，当时年轻人的穿着主要有这两类）到校园里向大学生们要一毛钱打电话，当实验者的穿着与被问到的学生是同一种风格时，在多于三分之二的情况下都得到了这一毛钱。但是，当实验者的穿着风格与被问到的学生不一样时，只在不到一半的情况下得到了这一毛钱。另外，研究者们在检查保险公司的销售记录以后发现，顾客们更可能从与他们有相同的年龄、宗教信仰、政治观点或抽烟习惯的推销员那里购买保险。

人们喜欢那些和他们相似的人，包括观点、价值观、态度、信念、性格甚至衣着上的相似。社会心理学家纽卡姆在 1961 年曾通过一项实验表明，彼此的态度和价值观越是相似的人，相互之间的吸引力就越大。可见，"自己人效应"中的"自己人"首先要表现出在态度和价值观上的类似性。人与人如果具有共同的态度与价值观，则不但容易获得对方的支持与共鸣，同时亦容易预测对方的感情与反应倾向，因此在交互作用的过程中，彼此容易适应而建立起人际关系。这也是"人际吸引律"之中的"一致吸引律"的反映。用一句俗话说，这就是，惺惺惜惺惺，好汉爱好汉。

做个学生的"自己人"

作为教师，可以充分应用自己人效应，平等地对待每一位学生，设身处地地为学生考虑，使学生接受自己、喜欢自己，这是教育的第一步，也是教育中最重要的一环。

一批师范大学的学生在一所中学实习，他们经常和学生在一起说说笑笑，学生们都说："这些新老师一点儿也没有老师的架子。"这时，一位老教师语重心长地教诲这些实习生："你们这些年轻人哪，真是不知道如何处理师生关系。老师就是老师，学生就是学生，这和一般的人际关系是完全不一样的，如果你们这样随便，弄得学生以后都不怕你们，恐怕他们就会骑到你们的头上来了。"真的如老教师说的一般吗？那为什么实习老师离校时，学生们是那么恋恋不舍，而见到自己的老教师却像耗子见了猫一般连忙躲闪？就是因为新老师没有老师的架子，他们是学生的"自己人"。

一位老师在就职演讲中说：

> 同学们，你们都很年轻，但我也比你们大不了几岁。看到你们，使我马上想起了自己的中学时代。我做学生时，也毫无节制地看武侠小说，经常和老师顶嘴，对于老师和家长的教诲，我总是觉得他们太啰唆，但现在想想有点后悔，因为知道他们真正是为了我好。我和你们一样，有很多共同爱好。我喜欢唱歌、上网。上大学时，我是学校合唱团的队

员。我最喜欢林志颖，更喜欢看 NBA。只要你们把功课学好，我们会在课余时间搞各种活动。今后，在我们相处的日子里，我不但会在学习上帮助大家，还会和大家同忧共患。如果大家心里有什么解不开的疙瘩，尽管来和我谈。因为我相信，我不仅会成为一个合格的班主任，还一定会成为大家最好的朋友！

听完这番话，同学们的脸上都露出了欣喜和兴奋的神色。这位老师说出了和学生的共同点，同时还暴露了自己的缺点，表达了和学生成为朋友的愿望，成功营造了"自己人"气氛。这种气氛来源于教师对学生发自内心的热爱，而决不是无原则的矫揉造作，这给这位新老师以后的管理工作打下了良好的基础。

一些老师觉得很委屈，抱怨好心没好报，因为学生对自己善意的批评根本不领情！也许，这是因为学生没有把你看作"自己人"，觉得你的批评不是为他好，而是为了宣泄你自己的情绪。看下面的简单情景：

一个学生上课不听讲，在下面叠千纸鹤。

如果你是这个学生的老师，对学生的这一行为非常生气，你会如何处理？

一位老师随之发怒大叫："你在干什么？站起来！"

学生去郊外远足，不小心迷路了。

如果你是这个学生的老师，对学生的这一行为非常生气，你又会如何处理？

一位教师找到学生后咆哮如雷："以后绝对不准离开队伍！你不懂得遵守规定吗？"

以上两种情景，教师都表达了自己的"愤怒"情绪，但是学生却很难理解教师在这种情绪后面的关心学生的真正意图，而认为老师只是在责怪自己。这就是许多老师抱怨"好心往往没好报"的主要原因。

其实，教师批评学生，无不出于爱的目的，但是常常不善于把自己的真实想法准确地表达出来，而是居高临下地高声训斥，有时严厉的批评还会导致学生的逆反心理。如果和学生成为朋友呢？结果会截然不同。如果我们以朋友的身份设身处地从他们的切身利益出发，和他们一起分析不良行为的危害，他们感到老师是自己人，便丝毫没有了对抗的情绪，会眼里含着泪水感到后悔万分。即使我们有时做了错事，他们也会大度地宽容我们。自己人嘛！有什么解不开的疙瘩？

如何才能设身处地地为孩子着想、成为孩子的朋友呢？陶行知先生说得好："……忘了你们的年纪，变个十足的小孩子，加入到小孩子的队伍里去吧！你如果变成小孩子，便有惊人的奇迹出现：师生立刻成为朋友，学校立刻成为乐园；你立刻觉得是和小孩子一般儿大，一块儿玩，一处儿做工，谁也不觉得你是先生，你便成了真正的先生。你立刻会发现小孩子的能力大得很：他能做许多你不能做的事。——我们得会变成小孩子，才配做小孩子的先生……"如果我们真的能够做到像陶先生说的那样，我们就不会再骂学生"笨"、骂学生"蠢"了。

教师们，下定决心，真正地把学生当成自己人——做学生的知心朋友吧！

人际之间的跷跷板

——互惠原则

一位大学教授做过一个小小的实验。他从一群素不相识的人名中，随机挑选出一些人来，给他们寄去圣诞卡片。他估计可能会有一些回音。但随后发生的一切还是大大出乎他的意料。这些人回赠的节日卡片如雪花似的寄了回来。大部分给他回赠卡片的人根本就没想过打听一下这个陌生的教授到底是谁。他们收到卡片，自动就回赠了一张。

人际互惠原则

这个实验规模虽小，却很巧妙地证明了人际互惠原则在人们的行为中所起的作用。在现实生活中，我们总是采用尽量相同的方式回报别人为我们所做的一切。如果一位同事送给我们一件生日礼物，我们也应该记住他的生日，届时也给他买一件礼物；如果一对夫妇邀请我们参加了一个聚会，我们也一定要记得邀请他们参加我们的一个聚会。由于互惠原则的影响力，当我们收到恩惠、礼物和邀请后，我们感到自己有义务将来予以回报。因为对恩惠的接收往往与偿还的义务紧紧联系在一起。有道是，滴水之恩，涌泉相报。

丹尼斯·雷根教授曾经做过这样一个实验。在这个实验中，有两个人被邀参加一次所谓的"艺术欣赏"，也就是两人一起给一些画评分，其中一人乔是雷根教授的助手。实验在两种情况下进行。在第一种情况下，乔主动送了那个真正的实验对象一个小小的人情：在评分中间短暂的休息时间里，他出去几分钟，回来时带回了两瓶可口可乐，一瓶给实验对象，一瓶给自己，并告诉实验对象："我问他（主持实验的人）是否可以买一瓶可乐，他说可以，所以我给你也带了一瓶。"在另一种情况下，乔没有给实验对象任何小恩小惠，中间休息后只是两手空空地从外面进来。但在所有其他方面，乔的表现都一模一样。

稍后，当评分完毕，主持实验的人暂时离开了房间时，乔要实验对象帮他一个忙。乔说自己在为一种新车卖彩票。如果他卖掉的彩票数目最多，他就会得到 50 块钱的奖金。乔想要实验对象以 25 分一张的价钱买一些彩票："买一张算一张，但当然是越多越好了。"结果那些得过他的好处的实验对象所购买的彩票数目是另一种情况下的两倍。平均下来，在这种实验条件下，乔做了一笔很合算的生意：他的投资回报率达到了 500%。

可见，人们在互惠原则的影响下，很容易答应一个在没有负债心理时一定会拒绝的请求。即使是一些平时颇具影响力的因素，与它相比也相形见绌。在上述实验结束后，雷根让实验者填写关于是否喜欢乔的问卷，结果发现，在未接受乔的可乐的条件下，实验对象购买彩票的数量与对乔的喜欢程度成正比。但在接受了乔的可乐的情况下，这种正相关关系完全消失了。也就是说，不管他们喜不喜欢乔，他们都觉得有责任来报答他，因此都买了较多的彩票。

这个实验结果意味着，即使是我们不喜欢的人，像不请自来的推销员，或是令人讨厌的点头之交，只要他们在提出要求之前送给我们一个小小的人情，我们对他们的要求就失去了抵抗力。

人际关系的跷跷板

互惠原则似乎成为一个普遍的社会准则。如果遵守它，我们将获得更大的利益；如果违背它，则会遭到无情的唾弃和嘲弄，甚至会被戴上诸如乞讨赖账、忘恩负义的大帽子。因此，人们对那些只知索取不知偿还的人心怀一种普遍的厌恶感，人们往往极力避免与他们为伍。

科学家发现，即使在动物界，也存在这种有趣的"游戏规则"。

有一种生活在非洲的蝙蝠，以吸食其他动物的血液为生，如果连续两昼夜吃不到血就会饿死。一只刚刚饱餐一顿的蝙蝠往往会把自己吸食的血液吐出一些来反哺那些濒临死亡的同伴，尽管它们之间没有任何亲属关系。有趣的是，蝙蝠们优先回报那些曾经向它馈赠过血液的个体，而不会继续向那些知恩不报的个体馈赠血液。

在政界，一些人提供政治捐款，与其说是支持一下最看好的候选人，还不如说是想尽可能更多地积累人情债。即使是在科研中，研究人员也发现，如果在寄给人们调查问卷时也附带寄去一些钱作为礼物（诸如5元钱），而不是承诺在回答问卷以后再寄去同样数目的钱，可以明显地提高问卷的回收率。有研究表明，在问卷调查之后寄去50块钱作为答谢，不如在寄问卷时附上5块钱作为礼物，因为后者的效率是前者的两倍。

有一位五年级英语教师，有一次想测验一下学生们对过去时、现在时和将来时的掌握程度。他问学生："我给予"的将来时是什么？有一个学生信心十足地答道："我索取。"这位学生虽然犯了一个语法错误，但对一条更为博大的社会原理却掌握得完全正确。

人和人之间关系就像两人踩跷跷板一样，你给我力量，我就给你力量；你给我好处，我就给你好处。

欲取先予

教师在学生生日的时候表示一下祝贺，在儿童节给每一个孩子一件特殊的礼品，如此种种行为，都可以得到意想不到的效果。

王小（化名）同学一直以来调皮捣蛋，上课自己不学习，还故意起哄，惹得全班同学哄堂大笑。教师经过调查了解到，王小同学从小丧母，因父亲忙于工作，没有时间管他，所以养成了他现在调皮捣蛋的恶习。无论教师采用什么方法都无济于事，于是教师决定从感化开始。教师从王小的档案袋中了解到他的生日日期，在这一天，老师邀请班上和王小关系较好的十几个同学一起为王小办生日聚会，在会上让每个同学说句祝福的话，结束时王小同学感动得几乎掉下泪来，他说这是他过得最难忘，也最开心的生日。从这以后，王小同学彻底改变了，他不仅对老师对他提出的各种改正的要求言听计从，而且学习成绩也有了很大的提高。

在班级中，教师也可以利用互惠原则，让那些不受大家欢迎的学生多多主动帮助同学，进而改变他们的处境。陈泽（化名）这学期因为又考第一名而再次被评为"三好学生"，但是他同往常一样，除了得到父母的夸奖之外，没有感受到更多的快乐。没有一位同学向他表示祝贺，他感受不到同学们的友好，有的只是强烈的孤独和丝丝的酸楚，而且认为同学们对他心存嫉妒。

终于有一天，陈泽向学校的心理老师倾诉了自己的遭遇和感觉。这位老师在听完他的诉说后了解到，他是独生子，从来没有替他人考虑的经历，更不用说帮助别人。在学校，曾经有同学向他问问题，他拒绝了，他甚至说："我花费宝贵的时间告诉你，我有理由吗？"最后，这位老师给他的忠告是：试着去关心同学，多多帮助他们，也许你的感受会有所不同。

陈泽回去后按照老师说的去做了，他改变了原来的做法，常常去帮助别人，特别是帮助其他同学学习。起初同学们感到很诧异，但慢慢地同学们改变了以往的看法，他们反过来也常帮助陈泽，并常常叫他一块儿玩，有什么好吃的东西也叫他来分享，这在以前从来没有过。他不再感到孤独。当他再一次考到第一名时，有同学拍着他的肩膀说："陈泽，好样的！"

我们要教育学生，当他人遇到困难时我们要主动提供帮助，这样当自己遇到困难时才会有人来帮助我们；当我们接受了别人的帮助后，更要具有"滴水之恩应以涌泉相报"的精神。

当然，别忘了教育学生：助人为乐，非为取也。

哪里有压迫，哪里就有反抗
——罗密欧与朱丽叶效应

在莎士比亚的名剧《罗密欧与朱丽叶》中，罗密欧与朱丽叶相爱很深，但由于两家是世仇，感情得不到家里其他成员的认可。双方的家长百般阻挠。然而，他们的感情并没有因为家长的干涉而有丝毫减弱，反而相爱更深，最终双双殉情而死。为什么会出现这种现象呢？

罗密欧与朱丽叶效应

在现实生活中，也常常见到这种现象，父母的干涉非但不能减弱恋人们之间的爱情，反而使感情得到加强。父母的干涉越多，反对越强烈，恋人们相爱就越深，这种现象被心理学家称为"罗密欧与朱丽叶效应"。

心理学相关实验一定程度上证实了"罗密欧与朱丽叶"效应的存在。心理学家德瑞斯科（R. Driscoll）等人为了了解父母的干涉是否改变了夫妻恋人之间的关系和相爱水平，在1972年调查了91对夫妇和相恋已达8个月的41对恋人，发现在一定范围内，父母干涉程度越高，恋人之间相爱越深。

罗密欧与朱丽叶效应的深层原因是什么呢？第一，人人都有一种自主的需要，都希望自己能够独立自主，而不愿意做被人控制的傀偏，一旦别人越俎代庖，代替自己作出选择，并将这种选择强加于自己时，就会感到自己的主权受到了威胁，从而产生一种心理抗拒，排斥自己被迫选择的事物，同时更加喜欢自己被迫失去的事物。第二，越是难以得到的东西，在人们心目中的地位越高，价值越大，对人们越有吸引力，轻易得到的东西或者已经得到的东西，其价值往往会被人所忽视。第三，一旦有外力干预时，两人具有共同语言、命运、遭遇和体验，这将会使两人更加团结、一致对外。第四，外力的干预促使两人面对共同的挑战，两人更加紧密地共同研究、解决问题，这自然使双方面对面相互促进的机会增多了，感情随之也加深了。正是这些心理机制导致了罗密欧与朱丽叶的爱情故事一代代不断地上演。

罗密欧与朱丽叶效应容易使恋爱中的人们失去理智，被爱情冲昏头脑，即使长辈的反对意见有一定的道理也充耳不闻。可能恋爱双方自身在很多方面都不太合适，但是在外界的阻挠下这些潜在的内部问题统统被忽略了，双方爱得"轰轰烈烈"，然而结婚后很多内部问题开始暴露出来，彼此间的感情产生裂痕，不久后矛盾愈演愈烈，最终一发不可收拾，以离婚黯淡收场。所以当事人对罗密欧与朱丽叶效应必须持理性态度，避免因一时"冲动"而吃到爱情的苦果。

成年人的婚外恋也往往由于这种效应的催化而导致家庭的破裂。如果受到家庭和外界不适当的干涉，婚外恋双方反而相爱越深，恨不得天天厮守在一起。然而，一旦真正与自己婚外恋的情人如愿以偿地生活在一起，又会觉得情人也不过如此，妻子或许还好一些。正是因为罗密欧和朱丽叶效应的普遍存在，促成了一些本来不成熟的爱情，而这样的爱情在没有了外界的压力后才会面对来自自身最大的挑战。

有言在先，静观其变

学生的早恋问题一直是困扰着家长和老师们的一大心病。虽然学校和家长方面一直想方设法杜绝早恋问题产生，然而随着学生知识水平的不断提高和信息沟通的日益便捷，少年儿童"早熟"的趋势日渐明显，学生对恋爱的态度更加开放，早恋问题也更趋向于普遍化与低龄化。

针对早恋问题，老师和家长的通常做法就是明令反对、强行禁止，一旦发现情况就采取各种办法把两人"拆开"。然而由于罗密欧与朱丽叶效应的作用，老师、家长的强行阻挠非但不能制止学生的恋情，反而会使他们的感情更加稳固，严重时可能会导致学生奋然反抗，做出过激的行为。

面对学校里越来越普遍的早恋现象，一些老师和家长恰好利用了爱情自身的挑战，采取了"静观其变"的策略，相信在没有外界压力的情况下，孩子们思想的不成熟和感情的不成熟会自然暴露出来，从而使他们自己知难而退。

> 某中学初一年级的两位学生由于相互吸引而走到了一起，一开始，老师和家长都竭尽全力干涉，然而，这种干涉反而为两个孩子增加了共同语言，他们更加接近，俨然一对棒打不散的鸳鸯。后来，校长改变了策略，他将孩子和老师都叫去，没有批评孩子们，反而说老师误会了他们，把纯洁的感情玷污了。过后，这两个孩子还是照样来往，但是没过多久，他们就因为缺乏共同点而渐渐疏远，最终由于发现对方与自己理想中的王子和公主相差太远而分道扬镳。

除了用静观其变来应对罗密欧和朱丽叶效应外，一些家长和老师独辟蹊径，不但不横加阻挠，反而是循循善诱，把"早恋"变成"早练"，让孩子从对爱情的探讨中变得更加成熟，并且在广泛交往中习得与人沟通的能力，使孩子的世界更加开阔。

> 某年贵州省高考状元引起了许多人的赞叹，但是鲜有人知道，在高考状元成长的后面，有着其父母对她恋前教育的成功干预。了解到女儿朦胧的恋情，父母没有横加阻拦，而

是在女儿18岁生日那天郑重其事地送她一句话："爱情是美丽的浪花，然而，你生命的航船却须绕开它，小心翼翼地行驶，因为你稚嫩的双桨，还承载不起如此神圣的职责。"

女儿没有受到来自家庭的阻挠，不但可以冷静面对自己的情感，甚至还更愿意跟父母一起探讨，从父母那里她明白了相爱、相处到白头偕老不是一件简单的事情，用她自己的话说："我最怕两个人不能白头到老。看来要对得起爱情这两个字，要使美好的初衷有完满的结局，必须不断地完善自己，把自己磨炼得既能立足于社会，又能担当起对家庭的责任。"

父母的理解和疏导，不但避免了罗密欧与朱丽叶效应，还帮助女儿更好地处理与异性同学的关系，从而没有使学习受到很大的影响，女儿当年便考入北京大学。

如果人们的选择是自愿的，人们会倾向于增加对所选择对象的喜欢程度。而当选择是被迫的时候，人们会降低对所选择对象的好感。因此，当强迫人们作出某种选择时，人们对这种选择会产生高度的心理抗拒，而这种心态会促使人们作出相反的选择，并实际上增加对自己所选择的对象的喜欢。中学生的爱情是纯洁美好但又稚嫩青涩的，只要家长和老师注重方法，还是可以把这种感情好好地加以利用。

每位家长和老师所担心的其实并不是孩子恋爱本身，而是害怕恋爱给尚未成熟的少男少女们造成身心、学业上的负面影响甚至是伤害，因此只要能够好好利用孩子们在恋爱中积极主动的热情和动力，并且从细微之处防微杜渐，青涩的爱情也能开出美丽的花。

爱如潮水，疏导为上

爱就像奔腾的潮水，需要疏导而不是阻塞。老师对学生的教育最好在爱未萌发之前使它化做涓涓溪流，而在爱情迸发之后来进行"大禹治水"。

李老师班里一位学习非常好的女孩子喜欢上了同班的一名男生，两人经常一起散步、谈心。学生管理部门发现后对他们进行了批评教育，他们非但不听，反而振振有词地说这是他们的权利，别人无权干涉。李老师了解情况后，及时采取了"冷处理"的方法，没有明确反对他们继续交往，而是找了一个机会叫他们到办公室谈心。

李老师看到这对学生惶恐的眼神，便安慰他们别紧张，然后给他们讲了一个故事：从前有个生长在山村里的女孩，她从小的梦想就是走出大山，为了这个梦想她每天4点起床赶到另一个村子去上学，而且学习比其他同学都要刻苦努力，终于以优异的成绩考上了重点中学。在中学读书时因为一次借书的巧合，她认识了隔壁班的一个男孩，后来便经常相互借书看，渐渐地双方对彼此有了好感。但是他们没有因为感情而耽误学习，而是经常在一起相互帮助发奋努力，以求实现考上大学的共同目标。男孩数学好，便常为女孩补习数学，而女孩则给男孩补习语文，这样的状态一直持续到高考。当男孩和女孩均接到了重点大学的录取通知书后，他们喜极而泣，紧紧拥抱在一起……听着李老师娓娓道来，学生眼中满是感动与羡慕，忙问李老师是哪儿听来的故事。李老师笑着说，这就是她自己年轻时的事儿，并接着告诉他们，虽然她和那个男孩后来因为各自的选择不同没能在一块儿，但那段青春时光却是她心中一直珍藏着的回忆，每当想起都非常怀念。李老师的回答令学生惊讶不已，他们似乎也渐渐明白了老师的心意……之后，这两位同学虽然还常在一起，但是在交往中非常有节制，学业上也是相互促进，最后在高考中都取得了不错的成绩。

老师与家长对早恋的强行制止只会适得其反，而一定的支持与理解却能使学生卸下防备的铠甲，化解敌对的情绪，冷静过热的头脑，开始理性地反思自己的行为。

《意林》有一篇文章，讲的是一位高二的女生因和男友偷吃"禁果"而意外怀孕，这对青春期的小情侣已经做好和父母长期抗战的准备，一定要把孩子生下来。他们原以为父母会极力反对，没想到双方父母坐下来，非但没有责怪他们，也没有强行制止他们，而是积极地为即将诞生的孙子做准备。虽然父母们并不希望孩子出生，但是他们知道强行反对反而会对子女造成更大的伤害。结果这对情侣被父母的一片苦心感动，同时也意识到养育孩子的艰辛与责任的沉重，最后还是决定不生了。

对于早恋，老师不妨在班级里开展一些讨论交流，让学生思考恋爱是怎么回事情，恋爱会对双方带来什么影响，如何正确对待男女同学之间的友谊。

学生中的早恋事件一直让刘老师觉得很棘手，有时一着急还会大发雷霆，直到有一天，一篇题为《德国孩子的"爱情"》的文章使他改变了做法。文章讲了这样一个故事：一个德国男孩爱上了同班一个 9 岁的中国女孩，因为她生病未到校，男孩就放声大哭，告诉母亲要和女孩结婚。小男孩的母亲并未斥责他，而是和颜悦色地说：那好啊，但结婚要有礼服、婚纱、戒指，要有自己的房子、花园，还要花许多钱。可是你现在什么也没有，连玩具都是妈妈买的。你要和这位可爱的中国女孩结婚，从现在起就得努力学习，将来拿上博士文凭，才有希望得到这一切。那位男孩听后，立刻擦干眼泪，非常认真地读起书来。这个故事令刘老师感慨万分，男孩母亲的这番话正是他想对学生们说的话。下午的班会课上，刘老师把故事读给学生们听。听完后，教室里沉默了一会儿，一个男生大胆地问："老师，喜欢别人很可笑吗？"刘老师摇了摇头："不，一点也不，喜欢是一种美好的感情，美好的东西大家都喜欢。""老师，你小时候喜欢过别人吗？"一个调皮的学生问。"喜欢过。"刘老师慎重地点了点头。"是谁呀？"大家顿时来了兴致。"名字我现在记不住了，只记得她当时成绩很不错，长得也挺可爱的，为了引起她的注意，我力争每次考试都考第一。后来，年级增高了，我发现她也不如我想象的那么优秀。"……交流在不间断地进行，不知不觉中，刘老师觉得自己走进了孩子们的心田，他的话也从未这么认真地被他们聆听过。他可以感觉到同学们对恋爱问题正进行着认真的思考……

刘老师耐心倾听学生的心声，同时给予学生中肯的忠告，还向学生分享自己的人生经验，从而在师生间建立起良好的沟通渠道，以帮助学生树立正确的恋爱观，早日走出早恋的困惑。

美丽的玫瑰花

——霍桑效应

苏联教育家苏霍姆林斯基曾经讲述过这样一个故事：在他担任一所乡村中学校长时，校园的花房里开出了一朵非常大的玫瑰花，全校的同学都非常惊讶，每天都有许多同学来看。这天早晨，苏霍姆林斯基在校园里散步，看到幼儿园的一个4岁女孩在花房里摘下了那朵玫瑰，抓在手中，从容地往外走。苏霍姆林斯基很想知道这个小女孩为什么要摘花，他弯下腰，亲切地问："孩子，你摘这朵花是送给谁的，能告诉我吗？"小女孩害羞地说："奶奶病得很重，我告诉她学校里有这样一朵大玫瑰花，奶奶有点不信。我现在摘下来送给她看，看过了我就把花送回来。"听了孩子天真的回答，苏霍姆林斯基的心颤动了。他牵着小女孩的手，从花房里又摘下两朵大玫瑰花，对孩子说："这一朵是奖给你的，你是个懂得爱的孩子，这一朵是送给奶奶的，感谢她养育了你这样的好孩子。"

霍桑效应

在这个故事中，苏霍姆林斯基并没有不容辩解地呵斥小女孩，反而耐心地倾听她的解释，让她的心灵体验到了校长的尊重和学校教育的人性化，这种美好的爱的体验可能将永远伴随着她今后的学习和生活，乃至事业的成功。

所谓"近朱者赤，近墨者黑"，教育者的直接或间接的教育方式都可能通过教育对象的内心变化而产生影响。实验研究证实了这种由于引起对象身份的认知及态度产生的实验偏差的存在，就是我们所熟知的霍桑效应（Hawthorne effect）。

霍桑是20世纪20年代美国芝加哥城郊外的一家制造电话交换机的工厂。这个工厂的设备先进，具备良好的娱乐设施、医疗制度和养老制度等，但是工人们仍然愤愤不平，生产效率长期低下，达不到理想状态。美国国家研究委员会于1924年11月组织了一个由心理学家参加的多方面专家研究小组，以研究工作条件与工作效率的关系，以及社会因素与生产效率的关系为目的，在该厂开展了一系列实验研究。研究初期并没有取得进展，未能发现个中原因。后来，工厂增加了车间照明，调整了工间休息等，工人的生产效率稳步提高。

分析发现，致使生产效率提高的真正原因是参加实验的工人在精神方面发生了巨大的变化，产生了一种参与感，觉得受到了重视，因而加倍努力地工作，促使生产效率上升。同时，在进行的一系列试验中，有个谈话试验，即用两年多的时间，专家们找工人个别谈话两万余人次。规定在谈话过程中，要耐心倾听工人对工厂的各种意见和不满，并做详细记录；对工人的不满意见不准反驳和驳斥。工人在谈话实验中将长期以来对工厂的各种管理制度和方法的不满发泄出来，从而感到心情舒畅，干劲倍增，工厂的生产效率也得到了提高。

关注就是力量

在学校中，学生面临着繁重的学习任务，如作业、测验或升学考试等。他们承担的心理压力越来越大，慢慢地积聚成学生的不满与懈怠，影响到学生对学校、对老师、对同学的认知。因此，教师需要适时地运用霍桑效应，努力营造师生之间良好的沟通、协作关系。

小吴是某重点中学高二学生，他所在班整体成绩优秀，第一学年位于全年级前茅，但进入第二学年成绩开始下滑，在不久前的模拟考试中位列年级倒数第二。学校领导注意到这个情况后，组织领导班子，会同班主任、科任老师一起进行会诊；同时，通过发放问卷、与学生代表座谈等形式了解情况。结果发现，班主任李老师管理能力不善，家里学校两头忙，对班上突发事情没有及时处理。而科任老师则各顾自家田，上完课就走了。学生们长期得不到足够的关注，对教师滋生了不满情绪。通过座谈等形式，学生们发泄出了心中积聚的情绪。班主任及教师也及时调整了状态，班级学习风气逐渐变好，在期末考试中获得了年级第二的好成绩。

学校和教师在为学生创造良好环境的时候，除了要考虑物理环境，也要考虑精神环境。全国著名教育家、小学教师霍懋征老师就一直主张"没有爱就没有教育"。她说，一个老师必须热爱学生才能教好他们。在她的眼中，没有不可教育或教育不好的学生。她爱每一个孩子，相信人人都可以成才。在她所教的班中曾经有两名女同学课上从来不发言，平时也不和同学交往。霍老师知道这中间肯定有原因，于是她开始思索如何调动她们学习的积极性。她发现刚好教室的墙上有一些挂钩脱落了，就在课余请这两名女生到办公室，听取她们的建议，随后带领她们修好了挂钩。第二天霍老师在课上表扬了她们，同学们也情不自禁地鼓掌表示感谢。霍老师通过这些貌似平常的方式拉近了与学生的距离，调动了学生学习的积极性，取得了良好的教育效果。

美国著名作家爱默森说过："教育成功的秘诀在于尊重学生。"教师首先要学会尊重学生，恰当处理师生之间的心理矛盾，减少师生之间的心理距离。通过合理的渠道，释放学生在学习、生活中积聚的不良情绪。其次，教师要学会做一个平等、耐心的倾听者，听取学生对问题的见解，分析学生的认识源头，通过换位思考等方法理解学生，帮助学生减轻心理包袱，轻松面对学习压力。

霍桑效应告诉我们：当一个人感受到正在受到关注，从而真正投入到工作或学习之中后，他会表现出较高的效率。因此，作为教师，特别是班主任，所从事的大量繁杂教学、教育工作难免引起学生的不满，甚至是愤恨，这时迫切需要教师克制情绪，变换教育方式，千方百计让学生发泄出来，缓解学生的心理压力，同时了解学生的真实心理，进行正确的引导与教育。这样，当学生感受到关注和重视时，同学之间气氛活跃，形成友好相处与合作学习的氛围，从而促进集体效率的提高。

美味的肉汤

——登门槛效应

　　一个风雨交加的日子，有个饥寒交迫的穷人到富人家门口，对看门的仆人说："你让我进去吧，我在你们的火炉旁烤干衣服就行了！"仆人认为这点要求不算什么，就让他进去了。然后这个可怜人请求厨娘借给他一口锅，以便让他"煮点石头汤喝"。"石头汤？"厨娘很惊讶，"我倒是想看你怎样把石头做成汤。"于是她答应了。穷人在路上捡了块石头，洗净后放进锅里煮，这时他又对厨娘说："可是，我总得放点盐吧？"厨娘又给他一些盐，后来又给些碎菜叶，甚至是一些拾到的碎肉末。后来，这个可怜的穷人把石头捞出来，扔到路上，然后美美地喝了一锅肉汤。

——《伊索寓言》

登门槛技术

　　为什么仆人和厨娘都没有能拒绝穷人的一再要求呢？这就要用"登门槛效应"（the foot-in-the-door effect）来解释了。当个体先接受了一个小的要求后，为保持形象的一致，他更可能接受一项重大、更不合意的要求，这就像让别人登上门槛就可能进入室内一样。

美国社会心理学家弗里德曼和他的助手弗雷泽
（J. L. Freedman & S. C. Fraser，1966）让两位大学生访问郊区
的一些家庭主妇。其中一位首先请求家庭主妇将一个小标签
贴在窗户上或在一个关于美化加州或安全驾驶的请愿书上签
名，这是一个小的、无害的要求。两周后，另一个大学生再
次访问家庭主妇，要求她们在今后的两周时间里在院内竖立
一个呼吁安全驾驶的大招牌，该招牌很不美观，这是一个大
要求。结果答应了第一项请求的人中有55%的人接受了这项
要求，而那些第一次没被访问的家庭主妇中只有17%的人接
受了该要求。这个实验说明人们都有保持自己形象一致的愿
望，一旦表现出助人、合作的言行，即便别人后来的要求有
些苛刻，人们也可能愿意接受。

　　后来的许多研究也证明了"登门槛效应"的存在。心理学家普利纳
（P. Pliner et al.，1974）和她的助手研究发现，如果直接一步提出要
求，多伦多城郊居民愿意为癌症学会捐款的比例为46%，而如果分两
步，前一天先请人们佩戴一个宣传纪念章（每个参与者都同意），第二
步再请他们捐款，愿意捐款的人数百分比几乎增加了一倍。日本社会
心理学家原岗的研究也揭示，若直接到居民区请求家庭主妇给予饮料
解渴，要求被接受的比例为45.5%。如果分两步，先提一个较小的要
求，然后再提出要喝饮料，则78.5%的家庭主妇愿意提供帮助。

　　为什么会出现上述现象呢？心理学家给出了这样的解释，人们都
希望与自己交往的人的行为比较稳定一致。反复无常的人会让人捉摸
不定，无法控制与他的交往，因此，保持一致的形象是给人以良好印
象的前提。如果一下子向别人提出一个较为苛刻的要求，人们一般很
难接受，而如果能逐步提出要求，将一个大的要求或目标分解为若干
较小的要求或目标，人们就比较容易接受。与之相对应的，提出较小
要求，然后再提出目的指向比较大的要求，诱发人们依从的方法称为
"登门槛技术"，实践证明这是一种有效的态度或行为改变方法。

得寸进尺

生活中的推销员常常利用了这种得寸进尺的效应。比如从事保险行业的推销员首先会让顾客倾听他讲解，然后才逐渐转到险种的价格，最后诱导顾客购买其推荐的保险而成为公司保户。商场中的服装售货员也与此类似，她们会极力地为来到卖场的潜在顾客推荐，并"慷慨"地让顾客试一试。当你将衣服穿在身上时，她会及时称赞该衣服非常合适，并进一步周到地为你做其他服务（比如给你捋下衣领或卷下过长的裤脚等）。通常这种情况下，顾客很难拒绝售货员提出的购买要求。

有时候，不法分子也常常利用这种方法进行欺诈活动。比如一些医药商诱导对药品缺乏了解的大爷、大妈购买他们的不合格保健品，实质上是违法欺骗行为。在中央电视台的春节联欢晚会上曾经连续三年上演的系列小品《卖拐》中，赵本山根据范伟的打扮准确判断出他的职业，随后得寸进尺，用带有耸人听闻的言语和夸张的手势暗示其腿脚一定有病。起初，范伟还存在合理的心理防御，但在赵本山不断的误导下，加上高秀敏在一旁恰当的一唱一和，居然把本来没有腿病的范伟给忽悠了，宁愿丢弃崭新的自行车，掏钱买了拐杖，到后来又心甘情愿抛弃拐杖买了轮椅，并一再称谢："谢谢你啊，大哥！好人啊!"这让你捧腹大笑的同时，也讽刺了生活中的投机奸商。即使人们始终努力保持精明的双眼，但是也难免有马失前蹄的时候。

教师在进行学生管理时常常将教育目标进行分解，通过一系列细小目标的实现，最后达到较大的教育目标。小王是一名初二学生，他性格特别怪异，逆反心理特别严重，经常把别人说的话看成是对他的歧视。仗着身高马大，嗓门粗，他在班上俨然像个老大，常常欺负同学，连科任老师都怕他三分。班主任决定运用心理学知识，采取逐级设置目标的方法来矫正他的行为。首先是请小王到办公室，采取心理攻势，问他是否愿意和老师配合，小王碍于面子同意了。接下来，老师对他提出了进一步要求，比如：不对同学瞪眼睛、上课不准随便说话、不准破坏学校物品等等。刚开始小王很难做到，但是班主任通过旁敲侧击、强化奖励等形式及时引导，逐渐实现了目的。最后，老师恰当地利用一些机会表扬他为集体做好事，培养他集体主义意识，最终取得了良好的教育效果。

有经验的德育教师在做学生工作时，总是先让学生承诺完成一件比较容易的任务，待到任务完成后，他再接着提出更大的要求。这正是利用了心理学中的"认知协调"理论，先提出很容易接受的较小的道德要求，然后再提出目的指向较大的要求，进而循循善诱，逐步提高学生思想道德水平。

当前，人们的思想道德观念处于多元化的状态，直接向教育对象提出社会主义思想道德要求乃至共产主义信念要求，效果往往不理想。在批评学生时，我们需要运用"登门槛效应"，对于那些所谓的"问题孩子"、"后进生"，不能一下子期望他们有多大的进步，也不能给他们定太高的目标，而是采用目标分解法，遵循循序渐进原则，为他们设计"跳一跳，够得到"的可接受目标，这样，我们的教育目标才能最终实现。否则，他们会因目标的不可企及而失去兴趣，甚至和教师、家长形成心理抵触，使已获得的教育成果付之东流。

拆掉屋顶还是打开天窗

——留面子效应

　　中国人的性情是总喜欢调和，折中的。譬如你说，这屋子太暗，须在这里开一个窗，大家一定不允许的。但如果你主张拆掉屋顶，他们就会来调和，愿意开窗了。没有更激烈的主张，他们总连平和的改革也不肯行。那时白话文之得以通行，就因为有废掉中国字而用罗马字母的议论的缘故。

　　　　　　　　　　　　　　　　——鲁迅《无声的中国》

留面子效应

　　1975 年，查尔迪尼等研究过"导致顺从的互让过程：门面技术"。他们要求大学生花两年时间担任一个少年管教所的义务辅导员，这是一件费神的工作，几乎所有的大学生都谢绝了。他们接着又提出了一个小的要求，让大学生带领少年们去动物园玩一次，结果 50% 的人接受了此要求，而当试验者直接向大学生提出这一要求时，只有 16.7% 的人同意。那些拒绝了第一个大要求的学生认为这样做损害了自己富有同情心、乐于助人的形象，为恢复自己的利他形象，便欣然接受第二个小要求。事实上，带领少年们去动物园也是一件很费神的工作，但为什么在此之前设置一个更为困难的要求时，会有 50% 的人接受呢？

原来，人们都有给对方保留面子的心理倾向。如果对某人提出一个很大的、会被拒绝的要求，接着向他提出一个小一点的要求，那么他接受这个小要求的可能性比直接向他提出这个小要求而被接受的可能性大得多，这种现象称作"留面子效应"。

"留面子效应"与"登门槛效应"相对应，当人们想让别人为他办某事情之前，他往往提出一个大的别人根本不可能做到的事情，待别人拒绝且怀有一定的歉意后，他才亮出自己真正要让对方办的事。由于前面拒绝了太多，人们往往为留些面子而尽力接受最后这项要求。

很显然，由于人际相互作用，当人们拒绝了别人的一个要求后，会愿意做出一点让步，给别人一个面子，使别人获得满足。在人际交往中，人们会自然地倾向于选择给交往双方都带来最大满足的行为。出于补偿，拒绝别人后对人的接受性却出现了增加。比如：你打算在朋友那里借 200 元钱，有两种方式，一种是直接告诉朋友："能借我200 元钱吗？"朋友可能马上回答："我也手头紧呢。"借钱没能实现。另外一种是先告诉朋友："能借我 500 元钱吗？救急用。"朋友会说："500 元没有，先借你 200 元行吗？"这样，你的目的就实现了。

商场中的售货员会把价格订得远远超过实际应有的价格，然后在讨价还价中通过让顾客在拒绝高价时接受一个比高价低得多而实际又高于应有价格的价目。他们把一件衣服标价为 1000 元，等顾客相中并犹豫时马上过来解释："价格可以商量嘛。"你心里合计，砍半价自己应该不会亏，还价500 元。售货员装出亏本的样子："你再添点，500 元卖给你我就亏了。"你再坚持一会并做出走的样子，他马上说："成交，这亏本卖给你了"。实际上这衣服可能只能卖 400 元。

下门槛技术

在教育实践中，对于成绩优秀而骄傲情绪日盛的学生，教师可以采取留面子的办法、下门槛的技术，即先提出一个较高的目标要求，抑制他们的骄傲情绪，使之认识到自己的不足，而后再以较低的标准来要求他们，对他们的点滴进步都给以鼓励，以克服优等生中的"高原现象"，使优生更优。

周老师是高中二年级物理教师，物理学科的独特性需要每堂课布置许多练习题。但是高中各科都在为进入高三作准备，学生们每天需要完成大量的作业，对教师经常布置作业产生了厌倦感。在为布置作业而长期烦恼后，周老师想出了一个主意。他在布置作业的时候先给学生比平时多的题目，等学生有所反应的时候，装出让步的姿态说："那这样吧，你们可以选做里面的一些题目。"这样，学生不仅不会埋怨物理课作业比较多，反而感觉是老师理解他们的学习压力，作业的效率也没有降低。

我们在教育中常常感受到这样一个客观规律：所有难教育的学生都是失去了自尊心的学生；所有好教育的学生，多是具有强烈自尊心的学生。而我们教师在关爱学生，保护学生自尊心的时候，还应采取一些批评的方式，坚持以理服人、以情动人的谈话方式，促进学生努力改掉缺点和错误，取得教育的最佳效果。

某中学的翟老师对管理"问题学生"有深入的体会和独到的方法。她的班上有一个叫小波的学生，父母都在外地做生意，他和爷爷奶奶一起生活。刚上初中时，小波的成绩还能保持在中等偏上水平，是学校电脑制作的"高手"。但是近来小波迷上了网络游戏，常常深夜待在网吧不回家，成绩也下滑到班上倒数几名。翟老师经过精心调查后制定出了教育策略。首先，她对小波提出了终止一切接触电脑机会的要求，这等于拆掉了屋顶。正如她所料那样，小波反应非常强烈，因为学校计算机房对小波也非常具有吸引力，他还在计算机老师协助下设计出程序参加过比赛呢。当然，在小波的一再要求下，翟老师装作勉强让步，慢慢为小波开了一扇天窗，同意其在课表规定时间里可以到计算机房，其余时间一律不能进入机房，并且不能再进校外网吧，否则取消其上计算机课的机会。小波经过权衡，终于和翟老师达成了协议。其后，小波在老师的耐心教育下，逐渐意识到了网络成瘾的危害，摆脱了网络游戏的诱惑，将精力转移到学校中来，学习成绩也开始回升，在年度的计算机比赛中，他设计的电脑动画一举获得市中学生组一等奖。

"留面子效应"对批评的启示是，对学生进行教育需要考虑沟通的方式和方法。对学生实施批评时要掌握分寸，使批评能被学生所接受。要在批评中给予学生改正错误的希望，使他们相信自己能够按照教师的指导一步一步地完善自己。如果批评学生过频或过重，超过了他们的承受能力，让他们丧失了自信，他们就破罐子破摔。那么学生犯了错误时想到的不是如何去改正错误，而是如何逃避惩罚，如有的学生采取了离家出走等极端的应对方式。因此，我们在批评时要做到恰到好处，让受教育者看到希望，找到路标。

"留面子效应"是一面双刃剑，善加利用可以使沟通、交流事半功倍。但应切记"己所不欲，勿施于人"，不要为了一己之私，轻易利用他人的心理。此外，"留面子效应"不是放之四海而皆准的，它是否会发生作用，关键在于双方关系的亲密程度以及你的需求合理程度。如果既无责任，又无义务，双方素昧平生，却想别人答应一些有损对方利益的事情，这时候"先大后小"也是没有用的。

课堂管理中的潜规则

——80 – 15 – 5 法则

　　"我们学校有四大金刚，上课时只要有一个金刚，这堂课就实在难以上下去了。"一位老师说。

　　"我们班的××，上课不听讲，一心一意看漫画书，你让他出去，他拔腿就往外走，这对他来说，真是求之不得呢！"另一位老师说。

　　"这位学生还只是自己玩自己的，我们班的××那才可恨呢，居然将课本放在自己的头顶上转圈，引得全班哄堂大笑，整堂课没法上了。"第三位老师说。

奇妙的比例

　　课堂管理，是教师教学生涯中不可缺少的一个环节。我们深入教学一线，常常听到老师们抱怨："气死我了，××又在课上捣乱了。"然后就是一大通学生的错误行为的演绎故事。其实它涉及两个问题，课堂管理是针对班级内所有的学生，还是捣乱的学生？该进行怎样的管理呢？

　　许多教育家、心理学家都尝试回答这两个问题，其中克文和门德勒（Curwin & Mendler, 1988）在大量的课堂观察中，发现了一个有趣的现象，那就是典型课堂中的80-15-5比例（"80-15-5"view of the "typical classroom"）。在典型的课堂中一般有三类学生：80%的学生已经发展起了适合的课堂行为，很少违反规则，教师的课堂结构和程序只需要保护和支持这些学生的求知欲。少数学生（15%）会周期性地违反规则，他们并不无条件地接受课堂规则，有时会与这些规矩作对。教师需要建立一个课堂结构和程序来限制他们的捣乱行为，使他们重新关注正确的学校行为。最后，5%的学生是长期的规则违反者，这些学生需要额外的支持和帮助。优秀课堂管理者的诀窍就是，要控制不让那15%的学生对课堂学习环境产生副作用，维持那80%准备学习的学生的兴趣，同时又不把那5%的学生逼上绝境，否则就会像第三位老师描述的那样，同学的注意力都被吸引过去，引起课堂的混乱，使得教学难以继续。

预防为主

了解了这个道理，我们就该清醒过来，对课堂管理不能只使用"惩罚"这一种方法。马克·吐温曾经说过："拿着锤子的壮汉，什么东西在他眼里都是钉子。"可见，课堂管理是对所有学生的管理，你要具备多种行为管理的工具，而不仅仅是锤子。有效的方法就是按照课堂80-15-5的需要来分别准备：第一，集中精力重点发展组织策略和技术，满足80%学生的需要，预防可能发生的问题，防患于未然。第二，当学生偏离期望的行为时，教师就应该用一些精力来干预。最后，还有极少数的学生需要特殊的行为矫正，需要使用矫正技巧。

成功的管理者能够较好地预防课堂问题行为。而预防之最重要者则是让自己的课变得有魅力和吸引力，引起学生的注意，激发学生的学习动机。有些课堂行为问题不是学生的问题，而是教师的问题。

一位语文老师在《赠汪伦》的课堂中为学生讲解古诗的意

思，贺贺把书翻得哗哗响。老师看了他一眼，他有所收敛，没过多长时间，他又开始翻书，声音比原来还大。他是在捣乱，可是为什么？教师先用提问的方法，给予警告，他对答如流，然后不紧不慢地说："老师，我知道你的用意，是想考考我，其实你讲的内容我早就会了。我不想再听了。"教室出奇的静，同学们都在看教师怎么收场。这位教师算很有智慧的，让同学们来出主意，本意想通过大家的力量，把这个同学"拉"回来。可是这一提问却引发了更深层次的问题，全班竟有将近 20 个同学都会了。

这个现象值得教师反思，为什么我们的课堂总要讲大家都会的知识呢？为什么不能根据学生的需要组织教学，让学生广泛参与，保持教学的流畅性呢？而做到这点才是有效预防课堂行为问题的方法。

同时也不能忽视提前制定课堂规则。有效教学研究结果表明，教师在整个学年能顺利地实行课堂管理，主要是因为能在开学头几周对教学进行了有效的计划和组织。与学生讨论课堂规则细节的方法就非常有效，这样能确保每个人都知道课堂中哪些行为会受到鼓励，要为哪些行为付出代价。接下来就要求教师仔细观察学生的表现，做到言必信，行必果，执法如山。

干预有方

教师预防得好，就能避免大量问题行为的爆发。但是，预防再好，也难以避免出现一些课堂行为问题，这时，教师就要恰当地采取干预的手段了，采取干预手段需要遵循以下两个原则：

1. 最小干预。教师在有效阻止和抑制不良课堂行为时尽量不要中断正常的教学进程。

一位老师在讲《游园不值》中"小扣柴扉久不开"的诗句

时，一个迟到的同学猛地把门推开，坐到座位上。这时学生们的注意力都被这个莽撞的同学给吸走了。如果老师把这个同学批评一番，正常的课堂一定会搞乱。可不说，怎么才能把学生们的注意力给拉回来呢？这个老师就把握了最小干预的原则，智慧地解决了这一难题。他问同学们说："为什么作者用小扣，而不是猛扣呢？"学生们七嘴八舌地说："因为诗人有文化，懂礼貌。""猛扣会打扰主人正常的活动。"……于是老师一边说一边走到这位迟到的同学前问道："你是赞成猛扣呢还是小扣呢？"全班同学善意地笑了，这位同学不好意思地低下头来。教师巧妙地度过了意外的窘况。

2. 不良变优良。合理处理不良课堂行为正是促进学生发展正确课堂行为的机会。

> 一位教师在《半截蜡烛》课堂中，全班正在探讨"伯诺德夫人一家在危急关头是怎样与德军周旋的"。谈到杰奎琳，李立(化名)突然大声喊道："杰奎琳在使美人计！"这不能不说是一种"杂音"。教师给这个学生机会说明原因，结果把讨论的结果推向深入："这只能说明杰奎琳的聪明。她知道怎样与德军周旋，她能看出少校一定会有孩子，并能利用少校的亲情，唤醒他对自己孩子的爱，让那份爱移植到自己身上，直至成功！""况且杰奎琳如果想使美人计，她就会说'亲爱的司令官先生'，但她没有。而且她也不用说去睡觉了，要说洗澡了！"就这样在一片哄笑声中，"美人计"事件顺利落幕，学生对课文有了更深的理解。

他律不如自律

对于那5%的学生，学校化过程对他们没有起到积极的作用，但是如果教师也放弃他们，后果更不堪设想，其实他们只是需要额外的注意、支持和专业的行为矫正。需要说明的一点，不是所有的捣乱学生都是需要特殊行为矫正的，判断的标准之一就是看学生是否长期出现不可控制的行为问题。教师对待这5%的学生最有效的办法就是爱，教师的期待，就像阵阵的南风吹暖了这些孩子的心灵，从而改变了他们一生的命运。

80-15-5效应为我们的课堂管理工作提供了方向，但是要铭记，没有孩子天生爱捣乱，我们对待的是年轻的生命，过早给他们贴上标签决不是好事！教育的最终目的是引导学生养成积极主动地自我管理的习惯，这样"捣乱"学生也能变得自律，只要我们有爱！

想吃活鱼怎么办？

——鲶鱼效应

挪威人爱吃沙丁鱼，但是当渔民将捕捞的沙丁鱼运回渔港时，发现大多数的沙丁鱼已经死了，死鱼卖不上价，怎么办呢？聪明的渔民想出了一个办法，就是将沙丁鱼的天敌——鲶鱼与沙丁鱼放在一起。每当渔民出海捕鱼时，总先准备几条活跃的鲶鱼，一旦把捕获的沙丁鱼放入水槽后，便把鲶鱼也放入水槽，鲶鱼因其活力而四处游动，偶尔追杀沙丁鱼。沙丁鱼呢？则因发现异己分子而自然紧张，四处逃窜，把整槽鱼扰得上下浮动，也使水面不断波动，从而造成氧气充分。如此这般，就能保证沙丁鱼活蹦乱跳地被运进渔港。

鲶鱼效应

鲶鱼效应之所以存在，主要来源于新鲜感、陌生感、安全感及危机感，这是生物共有的心理活动。就像鲶鱼与沙丁鱼那样。当鲶鱼来到沙丁鱼当中，抬眼看看，并没有发现自己的同类伙伴，内心油然升起一股陌生感，担心自身安全。换了沙丁鱼发现异己时，它们则认为对方不怀好意，一定是来惹是生非的，心里产生了危机感。鱼儿们有些紧张，加速游动。结果呢？水自然活起来了，鱼自然也就活蹦乱跳了。

作为一种自然规律，鲶鱼效应在自然界普遍存在。对鱼槽中的沙丁鱼是如此，对现实生活里的人更是这样。无论是一个领域，还是一个企业，如果人才长期固定不变，养尊处优，就会缺少新鲜感，日积月累，就容易产生麻木不仁的惰性。因此，为了增加活力，就有必要找些外来的、具有"搅动性"的人才加入公司以制造一种紧张的气氛，这样企业就自然会生机勃勃起来。事实上，相对于人才来说，企业就是一个个在海上颠簸、摇来晃去的大小鱼槽。这种"搅动性"的人才，就是"鲇鱼人才"。这种"鲇鱼人才"，不仅能减少、淘汰劣等人才，而且能留住和增加优秀人才。

日本三泽之家公司是利用鲇鱼效应的高手。经过长期观察，三泽之家公司发现，大多数企业由三种类型人员组成。一类是不可能缺少的精英，约占两成；一类是埋头苦干的人物，约占六成；一类是终日无所事事、拖企业后腿的败家子，约占两成。如何减少第三类人，增加第一第二类人呢？公司总裁三泽千代治的办法就是在公司放入"鲇鱼人才"。该公司常常在中途从外部聘用一些精干利索、思维敏捷的25至35岁的"鲇鱼人才"放到公司各个部门去工作，使这些"鲇鱼"对原有人员起到冲击力极大的搅动和促进作用。为在最大限度内发挥这种搅动和促进作用，公司甚至着意聘请常务董事一级的"大鲇鱼"，让全公司上上下下的"沙丁鱼"，不仅有"触电"的感觉，而且有被吞噬的警觉。

适度竞争

目前，在中国也有相当数量的企业和单位开始利用鲇鱼效应。对于教育管理而言，它也是改善师资、提高教学的有力法宝。例如，某学校各学科组专业水平和教学水平差别较大，为提高全校的教学水平，该学校也尝试使用鲇鱼效应。其所采用的方法是：教务处拟定可行性规划方案和实施方法，以教学热情、以往工作能力、上进心、所教班级的学业成就等为指标在整个学校中排查"鲇鱼"，并进行排队；以工作需要为由，调整部分能力强的"鲇鱼"取代不称职或工作热情低的学科组长，其他的"鲇鱼"根据各个专业工作性质、工作量、现有的任课情况等，分别调配到各教研室，使每个教研室除学科组长外，至少还有一条"鲶鱼"。经过一年的实践改革，出现了可喜的效果。学校里的各个老师都努力工作，学校呈现一片欣欣向荣的景象。

在班级管理中亦可巧用鲶鱼效应。比如说，为了让班级充满活力，可以不断地引入外来竞争，比如和其他班级进行比赛，或者和其他学校的同龄人竞争。因为仅有内部竞争有时是不够的，而且很容易造成井底之蛙的局势，以为我们的学校就意味着整个世界，如果拿个班上第一，或者全校第一，就以为自己多么了不起，岂知强中更有强中手，自己的那点小成绩根本不值得炫耀。

鲶鱼副效应

但是，需要谨记的是"鲶鱼效应"是有条件的，是要经过科学评估与运作的，如果不能将"鲶鱼效应"合理运用，就会适得其反，酿成"鲶鱼副效应"。

发挥"鲶鱼效应"的关键是，你是否准确地判断你的学生们都安于现状，不思进取。如果恰恰相反，你的学生中本身就有一个或几个生龙活虎、锐意进取的"鲶鱼"，那就已经很好地发挥了鲶鱼效应。这时你仍然我行我素地坚持引进"鲶鱼"，就可能发生"能人扎堆"——内部起哄，窝里斗。拿破仑曾经说过这样一句话："狮子率领的兔子军远比兔子率领的狮子军作战能力强。"这句话一方面说明了主帅的重要性，另一方面还说明这样一个道理：智慧和能力相同或相近的人不能扎堆儿。过度的竞争只能让学生整日惶惶惊恐，从而产生焦虑。同时，在鲶鱼的选择上，也需要慎重，过强或过弱的鲶鱼都不会是最有利的。

都说"外来的和尚会念经"，其实说白了，外来的和尚就是条"鲶鱼"。做教师的要学会"走出去，请进来"，把那些管用的和尚请来搅搅这一潭死水，但更重要的是要自己率先做一条鲶鱼，敢于创新，善于开拓，并在自己的班级中挖掘、培养一条条的鲶鱼，何必那么辛苦地去请外来的和尚！

心中的偶像

一位出版商有一批滞销书久久不能脱手，便给总统送去一本，并三番五次去征求意见。忙于政务的总统不愿与他多纠缠，便回了一句："这本书不错。"出版商便大做广告："现任总统喜爱的书出售。"于是，这些书被一抢而空。不久，这个出版商又有书卖不出去，义送来一本给总统。总统上了一回当，想奚落他，就说："这本书糟糕透了。"出版商听后又做广告："现任总统讨厌的书出售"。又有不少人出于好奇竞相购买，书又被售罄。第三次，出版商将书送给总统，总统接受了前两次教训，不作任何答复。出版商却仍大做广告："现任总统难以下结论的书，欲购从速。"居然又被一抢而空。总统哭笑不得，商人大发其财。

名人效应

上面这则让人捧腹的笑话讲述了一个道理：恰当地利用名人的知名度，可以获取一些捷径。这就是我们这里要介绍的名人效应。

1968 年，威尔森在澳大利亚做实验研究，将大学生分为四组，让原来的教员告诉他们说，他将请一位教师上课。告知第一组学生说，来人是剑桥大学教授；对第二组说此人是高级讲师；对第三组说是讲师；而告知第四组说来人是学生。课后，让各组学生估计这位教师的身高。当来人被介绍是位学生时，学生们所作的身高估计平均值为 5 英尺 10 英寸；而当来人被介绍为一位教授时，学生们所作的身高估计平均值越升到 6 英尺以上。可见人的声望和地位，甚至会影响别人对其身高的判断。

美国心理学家也曾做过一个有趣的实验，在给大学心理系学生讲课时，向学生介绍说聘请到举世闻名的化学家。然后这位化学家说，他发现了一种新的化学物质。这种物质具有强烈的气味，但对人体无害。在这里只是想测一下大家的嗅觉。接着打开瓶盖，过了一会儿，他要求闻到气味的同学举手，不少同学举了手，其实这只瓶子里只不过是蒸馏水，化学家是从外校请来的德语教师。

名人效应的关键，是名人的知名度，而知名度，又是一个人的社会认知程度。名人效应之所以具有号召力，原因也正在于此。人们对名人的认知常常影响到对他们作出的判断。

巧借"星光"

在企业经营活动中若能巧借新闻效应和名人权威效应，赋予产品以丰富的文化内涵，将会收到事半功倍之效。美国电影明星阿洛德·施瓦辛格竞选上加利福尼亚州州长以后，著名动作影星形成的社会关系网络为他的政治活动带来了诸多便利。小品明星赵本山担任辽宁足球队董事长，众多明星捧场，引来了赞助商，提高了观众的上座率，这也是名人效应。

享誉世界的法国白兰地，当初为使其走向世界，法国酿酒业决定首先突破美国市场。他们邀请专家组成智囊团，慎重研讨营销策略。他们搜集了美国人饮酒的风格，法美关系的发展以及一年中有影响的庆典活动、节假日等等信息，并且决定借美国前总统艾森豪威尔 67 岁寿辰之际，赠送窖藏 67 年之久的白兰地作为贺礼，专门邀请当时法国著名的设计师设计和制作专用的酒桶，届时派专机送往美国，在前总统寿辰之日举行隆重的赠送仪式。当新闻媒介将消息传至美国，一时间关于这两桶酒的论说成为美国公众的焦点话题，酒虽未到，人却先醉。待到总统寿辰庆典之日，为观看赠酒仪式，华盛顿万人空巷，美酒驾到的新闻报道、专题特写、新闻相片挤满了当天各报版面，四面八方的人流涌向白宫。当两桶白兰地由 4 名英俊的法国青年抬进白宫亮相时，顿时群情激奋，欢声四起，有人甚至高唱起法国国歌《马赛曲》。法国名酒白兰地在如此热烈的气氛中阔步走进美国国宴和家庭餐桌，并由此走向了世界。

名人为何能在社会公共关系，特别是广告领域中起到巨大的作用呢？心理学作出了一些解释。第一，名人广告是运用了社会心理学中的"晕轮效应"。一个事物如果被认为具有某种特点，也往往被认为具有其他特点，即人们会把对于一个事物的印象迁移、扩散到另外一个事物身上。由于名人广告所选取的名人一般具有积极的形象，所以人们会把对名人的积极印象转嫁到产品中，进而对于产品也会持有积极的印象。第二，格式塔学派认为人们倾向于把事物知觉为一个相互联系的整体。由于广告中名人的形象和产品的形象一起出现或在呈现时间上接近，因而人们在知觉中会倾向于把名人和产品看成是一个整体，会将他们联系起来；由于名人在社会上的知名度和社会地位较高，受到社会大众的仰慕和喜爱，是人们心目中追求的偶像，经常受到人们的注意和评价，选择声望很高的名人来向消费大众推荐产品，可使广告的产品因"借光"而身价倍增。

爱屋及乌

在学校中，学生由于接受名人的暗示而产生信服或盲从现象。名人之所以成为名人，在其所属领域必然有其过人之处，所以名人更能引起人们的好感、关注、议论和记忆。由于青少年的认知特点及心理发展特点，他们多为名人的形式化、表面性的形象所吸引。他们喜欢的名人多为歌星、影星一类，出现追星现象。小张特别喜欢流行音乐，特别是张国荣的歌曲，只要有他的 CD 就买，有他的相片、图片就收藏，有他的电视节目就看……有时候简直是废寝忘食，学习成绩始终不见起色。在张国荣去世那段时间里，小张悲痛欲绝，几乎也想去自杀。家人、学习他都抛之脑外，好在父母、班主任觉察及时，慢慢将他的精力引导到学业上来。

名人有多种类别，比如科学家也是名人。我们可以引导学生以科学家为榜样，树立崇高而远大的理想，努力学习，最终实现事业上的成就。因此，教师特别是班主任要为学生选择好"名人"，以促进学生的健康成长。家庭、学校应携手拓宽孩子的视野，提供更大范围的榜样人物，让那些贡献突出的科技英杰、商界骄子、文学泰斗、政坛领袖真正"走进"孩子的心目中。

最后通牒是不是拖沓者的克星？

——最后通牒效应

成小姐是一名市场活动主管，独自负责公司的促销活动，可是如果有五天时间来筹备活动，前四天她一定是心不在焉；只有到了第五天，大限逼近，她才像疯了一样联络商场、备货、急聘促销员。往往，到了最后一秒钟，她才搞定所有的事情，让悬着的心放下。

拖沓者的画像

这就是我们常说的拖沓作风，如果教师在星期一给学生布置的作业是写一篇作文，要求星期五之前交上来，同时强调最好是尽快完成，那么星期二到星期四能够收到的作业将是寥寥无几，星期五才是交作业的高峰，并且星期五放学之前基本上可以收齐。如果布置作业时要求星期三之前交上来，即使不再强调最好尽快完成，那么学生也会在星期三放学之前交齐作业的。

对于不需要马上完成的任务，人们往往是在最后期限即将到来时才努力完成的情形，称为最后通牒效应。最后通牒效应有巨大的影响力，1998—1999 赛季，美国 NBA 球队的老板和球员围绕着新合约产生了巨大的矛盾冲突，这场劳资纠纷致使 NBA 一度停办，球员和老板们谈判了将近 6 个月，彼此都损失了大笔的美元。最终还是资方下了最后通牒解决了冲突，促使双方达成了协议。这种心理效应可能反映了人类心理的某种拖拉倾向，即人们在从事一些活动时，总觉得准备不足，感到能拖就拖，但在不能拖的情况下，例如当不允许准备的时候，或者已经到了规定的时间，人们基本上也能够完成任务。正如下面漫画中的小姑娘（图25），当小姑娘有作业要写时，她却三心二意，做了好多事情，知道最后通牒的时间到了，才惊慌失措，开始埋头苦干，完成了任务。

图 25　一个小姑娘一天的经历

　　漫画里的小姑娘把一天的经历画进了作业，使得自己刚才做的看似"无关"的事情成了完成新任务的"有关"灵感。第一个例子中的成小姐却不这么想，在看似无所事事的前四天里，她一直备受煎熬——每天她都告诉自己：该行动了，时间不多了！可是，她就是无法进入工作状态，同时又不断地谴责自己没有效率，始终被负罪感包围着。

无声的折磨

　　不难看出，拖沓是一种自我折磨。加拿大渥太华卡顿大学的心理学副教授蒂姆·彼齐尔博士曾经做过这样的调查：他找了100名自认为有拖沓问题的公司职员进行研究，并在他们任务期限前的最后一周进行了跟踪调查。起初这些人说他们有焦虑感和内疚感，因为他们还没有开始做他们的"作业"。这时，他们会安慰自己：我在压力之下的工作表现会更好，晚一点也没什么的……不过，一旦他们开始着手做工作，他们便表现出了更多的积极情绪，他们不再悲叹时光流逝，也不会说压力有助于他们工作。

可人们为什么要自我折磨呢？许多拖沓者深信，他们在重压之下将工作得更为出色，但是专家指出："在压力下，他们的表现实在欠妥。"就连著名作家金庸，也对自己在交稿压力下产生的作品不满，"压力下做出的东西往往不是最好的"，主动进行了多处修改。所以，"以压力为动力，力争创出更好的业绩"只是拖沓者自己的假想和托辞。《现在就干》的作者尼尔·弗瓦尔博士一语道破了拖沓者的非理性认识："人们拖沓的主要原因是恐惧。"他们宁愿被别人认为是没有下足够的气力，而不愿意被人认为是没有足够的能力；拖沓者往往也是完美主义者，因为他太在意别人的看法了，他希望讨好别人，他总在担忧："如果我没有做出十全十美的工作成果，就没有人会喜欢我"等等，正是这些不正确的观念引发了最后通牒到来时的不良情绪。只要我们认识到这一点，就会很大程度上减少期限快到带给我们的压力。

时间管理的艺术

只有避免了最后通牒带来的负向情绪，才能使最后通牒发挥正向作用，在规定的时间里完成任务。制定负荷合理的目标和计划，并对可支配的时间进行管理是避免拖沓、避免最后通牒给我们带来的负性情绪的良方。需要注意的是，我们在制订和执行有关计划时，一定要具体，规定完成任务的确切时间，即发出"最后通牒"，当然这种最后通牒必须和自己的能力相匹配，定一些短期的目标和计划要比一个长期的最后通牒来得有效得多。

另外，时间管理的方法可以因人而异，你可以给自己每个小时制订详细的计划，也可以仅就一天的事情排序。但是不管采用什么办法，分清楚紧急的和重要的事情非常重要。通过这两个维度可以把事情分为四种类型。

图26　时间管理象限图

如图26，你觉得人们在哪个象限里耗费的时间最多？答案是第三象限，因为处理这类事务没有任何压力。其次是第二象限，因为"会响的轱辘有油喝"，这种事情总是吸引人们的注意力。但其代价是：减少了处理第一、四象限的时间，这是一种变相的拖延。管理时间时，请确认你把重点放在一、四象限。

高效时间管理的秘密在于第四象限。如果你把精力集中于第四象限，就能够掌握时间的主动权，保持生活的平衡，减少未来可能出现的危机。如果没有给这些"重要但不紧急"的事情足够的重视，就会把这些带入"最后通牒"，进入恶性循环。

只有最后通牒，或者所设最后通牒根本不切实际，我们就要忍受它带来的不良副作用，而只有每天留出一点时间来处理重要而不紧急的事情，才是保持领先的良方。专家不是先有灵感再做事，而是在做事中产生的灵感。越早进入状态，心中就越有数，就越能远离焦虑。通过这样做，就能把宝贵的时间储存起来，在以后面临突发事件时，便能动用你的储蓄，在紧迫的时间压力下应对自如。

现在大家再看题目提出的问题，你是否有了自己的答案？

无孔不入的"偏见"

——决策中的非理性

　　生活离不开决策，每个人大部分时间都在进行各种各样的决策。你决定早餐吃面包加牛奶而不是油条加豆浆，你决定做个自由撰稿人而不再受你的顶头上司的那股恶气，你决定送你心仪的女孩子 999 朵红玫瑰，千方百计把她追到手。实际上，你决定花上你那宝贵的时间把我这篇文章看完，本身就是在作一个决策。如果我问你，你是根据什么来进行这些决策的，你一定理直气壮，脱口而出——自然从理论出发，从实践着手，以事实为依据，按逻辑推理，总之，权衡各方利弊，用理性和数字作决策，追求最优解。

　　非也，非也！

　　怎见得呢？有诺贝尔奖获得者的研究为证。

决策中的非理性

　　理性决策固然是我们追求的某种境界，而且传统经济学也认为："决策者是理性的自私人。"但是著名的诺贝尔经济学奖获得者西蒙教授，却用一系列的研究证明，人们在不确定条件下的决策并不符合上述理论，而是使用一系列的启发式策略进行直观判断。这里就存在形形色色的偏见和误差。

半信半疑？好吧，先让我问你几个问题。

问题一：

琳达 31 岁，单身，性格外向，哲学系毕业。在学校期间关心歧视和社会公正问题，参加过反核武器抗议示威活动。那么，她可能是？选项有以下两个：

A. 她既是银行职员又是个女权主义者。

B. 她是个银行职员。

问题二：

你认为以 R（如：ride）开头的单词多，还是第三个字母是 R（如：circle）的单词多？

问题三：

情景 1：如果一笔生意可以稳赚＄250，另一笔生意有75％的机会赚＄1000，但也有25％的可能分文不赚。你选择做哪笔生意？

情景 2：如果一笔生意要稳赔＄750，另一笔生意有75％的可能赔＄1000，但相应地也有25％的可能不赔钱。你选择做哪笔生意？

想好了吗？确定了，不许更改自己的答案了。如果我估计不错的话，第一个问题，你的回答是 A，第二个问题你认为是以 R 开头的单词多，在问题三的第一种情景下，你选择前者，而第二种情景下则是后者。我答对了吗？

没什么值得惊讶的，我的假设只是基于你是普通大众的一员，所以你的回答也就和一般人的回答类似，而这些问题正是西蒙教授实验中所用的著名材料。

稍微了解一点概率学的人都应该很清楚，某事物既属于 A 又属于 B 的概率不会大于且往往小于它单独属于 A 或者 B 的概率。依此推断，在问题一中，琳达既是银行职员又是个女权主义者比她是银行职员或者她只是个女权主义者的概率要低，至多也就相等。但绝大多数人都认为她更像 A，人们似乎认为 A 是对琳达更自然的描述，更像她的代表性特征。这就是决策的代表性启发原则，它表现在人们根据该事物的一些突出特征对其进行归类，当它与某类事物（范畴）的代表性相类似的时候，就直观地推断出该事物归属于这一类，对概率或者先验概率敏感性低。

沙滩上的蚂蚁

人们在判断某一事件发生的频率时，极易受事件熟悉程度与突出性等因素的影响，这是决策的可得性启发原则。当你被问到"以 R（如：ride）开头的单词多，还是第三个字母是 R（如：circle）的单词多"时，你会马上从记忆中提取一些单词，如 red，roof 等一系列以 R 开头的单词，却很难短时间内提取第三个字母是 R 的单词。于是你作出判断，以 R 开头的单词多。但实际上，仅仅是因为我们对第二种情况不够熟悉。真正的情况恰好与我们的选择相反。这也可以很好的解释，若我们被问到"每年因飞机失事和汽车车祸而死亡的人哪个多"时，我们往往更容易选择前者。虽然事实上后者造成的伤亡严重许多，但由于舆论传媒的导向作用，使得我们对前一种情况更为熟悉和敏感。

人在决策时还遵从锚定和调整原则，即人们对于不确定数值的估计往往是基于对初始值或者起始点（starting point）进行适当调整的结果。可以来一个简单的小实验进行验证：让两组人分别直觉推断：1×2×3×4×5×6×7×8 与 8×7×6×5×4×3×2×1 两组算式的结果，发现对第一组乘积式数值的估计显著地低于第二组的数值。这在很大程度上归因于起始点（两种情况下分别是 1 和 8）的作用。虽然这些起始点对决策来说不具有任何意义。

个体在进行决策的时候，还表现出一种对风险的回避和对利润的追逐，所以在第三个问题的第一种情景下，84%的人选择稳赚＄250，表现出对风险的回避；而第二种情况下87%的人则倾向于选择后者，表现为对利益的追逐。

不容置疑，我们在很多时候作出的判断就是这样的"不理性"。

我知道如果让你立马承认自己在很多时候作出的决定居然具有这样或者那样的偏差，或者只把握了很少量的信息是有些羞于启齿的。但西蒙教授的有关蚂蚁的论述也许能让你释然：一只蚂蚁在沙滩上爬行，虽然它们知道蚁巢的大概方向，但具体的走路的路线却是无法预料的。蚂蚁爬行所留下的曲折的轨迹不表示蚂蚁认知能力的复杂性，只是说明海岸的复杂，而且它们的视野也是有限的。

其实人和蚂蚁是一样的，对外界的认识能力是有限的，对于外界的很多事情无法作出全面的了解。人的行为的复杂性只是反映了所处环境的复杂性。所以，在这样的环境中，人不可能作出最优的决策，而且由于现实生活中很少具备完全理性的假定前提，人不可避免的需要一定程度的主观判断，进行决策。这其实是人性使然。

佛桌上开花

一方面，我们强调"理性思考、科学决策"，但另一方面，我们不得不承认，我们是有情感、有偏好的人，所以犯错也就在所难免。错误的促成也许就是那一念之差。

曾经有这么一则故事。一个小和尚，他极得方丈宠爱。方丈将毕生所学全数教授给他，希望他能成为出色的佛门弟子。没想到他在一夜之间动了凡心，偷偷下山，贪恋起城市的五光十色，从此花街柳巷，放浪形骸。20年后的一个深夜，窗外月色如洗，澄明清澈地洒在他的掌心。他忽然忏悔了，披衣而起，快马加鞭赶往寺里请求师父原谅。方丈深深厌恶他的放荡，不愿再收他为弟子，说："你罪孽深重，必堕地狱，要想佛祖饶恕，除非桌上开花。"浪子失望地离开了。

第二天，方丈踏进佛堂时，看到佛桌上开满了大簇大簇的花朵。方丈在瞬间大彻大悟，连忙下山寻找弟子，但为时已晚，心灰意冷的浪子重又堕入荒唐的生活，而佛桌上的那些花朵只开放了短短的一天。是夜，方丈圆寂，临终遗言："这世上，没有什么歧途不可以回头，没有什么错误不可以改正。"

作为一个教育工作者，当然希望学生完美无缺，永不犯错。但是你却无法期望孩子们做个圣人，每件事情都做得合理。因为非理性的决策，乃是人性之一。他们会因为淘气把你的肖像画成漫画让你气得吹胡子瞪眼；他们也可能一时冲动迷恋网络游戏，从而成绩一落千丈，让你干着急。这个时候该怎么办呢？是从此就给这些孩子们贴上淘气包、捣蛋鬼的标签，如同老和尚般饮恨而终，还是相信奇迹，以一颗宽容的心接纳？

脚踏两条船的感觉

——手表定理

　　如果让你站在同时向不同方向甚至相反方向行驶的两条船上，你会有什么感觉？你必须在短时间内选择其中的一条并稳稳地站在上面，否则你将会陷入混乱不堪的境地。

手表定理

　　这就是心理学中所说的"手表定理"，也就是当一个人有一只手表时，他可以知道现在是几点钟，而当他同时拥有两块表时却无法确定时间。两只表并不能告诉一个人更准确的时间，反而会让看表的人失去对准确时间的信心。因此我们要做的就是选择其中较信赖的一只，尽力校准它，并以此作为你的标准，听从它的指引行事。尼采曾说过："兄弟，如果你是幸运的，你只需有一种道德而不要贪多，这样，你过桥更容易些。"

　　这种现象在日常生活中极为常见。姚明对中国人来讲几乎是一个家喻户晓的球星，他的篮球实力不仅得到了中国人的认可，同时也得到了美国人的肯定，姚明能进美国 NBA 的火箭队即是明证。按常理，火箭队有了姚明，应该成为攻无不克、战无不胜的强队，然而就在姚明进该队的第一个赛季，火箭队却惨遭失败。

　　火箭队的惨败令人深思。在姚明进火箭队之前，弗朗西斯是绝对的老大，是绝对的领导核心，但姚明进来以后，弗朗西斯的核心地位受到了严重的挑战。这倒不是姚明"意图篡位"，而是由他的实力决定的。于是，火箭队便出现了两个核心：一个是"意识"上的核心，一个是实力上的核心。这导致球队不够团结，战术打法不明确，其他球员在关键的时候不知道该将球传给谁，这种犹豫不决的心态造成战机贻误。正因为姚明和弗朗西斯两个核心的存在，不能让火箭队拥有一个准确的目标，形成一股强大的力量，从而无法使球队发挥出最大的能量，最终导致了该队的失败。

手表定理的另一层含义是指，每个人都不能同时选择两种不同的价值观，否则他的行为将陷于混乱。这在葛优所演的电影《窒息》当中得到了明显的体现。男主角有了婚外情，这时他拥有了及时享乐和传统婚姻忠诚这两种相互矛盾的价值观，他对它们无法调和，感到无所适从，最终几乎快到精神分裂的边缘，不得不去看心理医生。当然这是一个极端的例子，但是在生活中，我们常常看到，当人们面临两种价值观需要选择时，是那样地无所适从。

一元化管理

在班级管理方面，手表定理启示我们，对同一个班级不能同时采用两种不同的管理方法，不能同时设置两个不同的目标，否则将会使这个班级无所适从。尤其是对学生行为方式的要求上，教师们在教育之前应该进行必要的沟通，在一些常见问题上的观点达成一致，以免由于要求的不统一而造成学生的迷茫。而在形成一个团结的班级方面，注意采用民主的方式，选出众望所归的班级负责人，否则，指定的班级负责人如果不是实际上的领导核心，将会使班中有实力的同学形成多个核心，由此导致班级矛盾重重，管理混乱。

在价值观教育中，我们也要注意手表定理现象。目前，我国正处于社会的转型时期，多元文化和多元价值观之间相互碰撞。学校教给学生的道德和价值观与校园之外存在很大差距，在学校里，学生被教育要助人为乐、诚实勇敢，而在社会上学生却耳闻目睹着自私奸诈、坑蒙拐骗、"老实人吃亏"的现象。在这种情况下，如果教育方式不当，学生将在两种价值观面前游离不定，一片茫然，在行为层面上更是无所适从。如果学生长期纠缠于多种价值观之中，就极易陷入因缺乏稳定感而带来的不安、紧张和焦虑之中，从而导致心理疾病、分裂型人格等。教师应该教育学生具有辨别是非的能力，当多种相冲突的价值观出现时，不要盲从或者被错误的价值观所迷惑，而是按照一定的标准来衡量、评价这些价值观，从而形成自己正确的价值观。

　　手表定理也为家庭教育带来了启示：家长要思想统一、步调一致。家长需要学习一些教育理论知识，形成正确的教育观念和一致的做法。如果在教育孩子的问题上出现矛盾，家长不可在孩子面前闹矛盾，·因为那样不仅伤害了家长之间的感情，还使孩子无所适从，不知听谁的好，从而影响家长今后对孩子的教育。

为什么锦上添花不如雪中送炭？

——边际递减效应

　　有人做过一个实验，一个没有鞋穿的人意外得到一双鞋，让他给这双鞋来评分，不管这双鞋是否赶得上潮流，是否合适，他都会立刻给这双雪中送炭的鞋子高分。接下来惊喜不断，他有机会不断地得到鞋子，但是他继续给后来的鞋子评分时，分数却越给越低。

边际效用递减

　　你可能觉得不可思议，白给的干嘛不要，这个人真是不知足。可是看看图27中那个没有办法可以拿这些鞋子的人，想必你也会心生同情。得到第二双鞋时，他微笑地说："好吧，谢谢"；第三双、第四双时还能礼貌地表示一下谢意，心里已经开始发愁该往哪里放了；到第七双鞋时，恐怕已经在心里祈祷不要再给他了。"下一双"鞋带给我们的满足感逐渐递减，这就是边际效用递减法则（Law of Diminishing Marginal Utility）。这个效应提示我们：我们对物品价值的认识不是来源于物品本身，而是通过使自己的需求、欲望等得到的满足程度来主观地体验的。消费或享用同样的东西给我们带来的满足感和效用，随着边界的变化不断变化，越到最后，效用就越小。

　　这个效应可能有点违背常理，人们通常认为我们得到的东西越多越好，可是读了鞋子的故事，恐怕你已经有所改观了。拥有更多的鞋子，感觉却没有越来越好。对！人们思考一个物品带给自己的满意感不是总量，而是增量，是单位量变化带来的不同感觉。

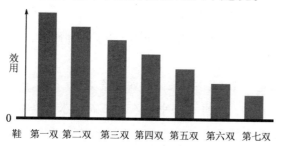

图27　鞋子的边际递减效应

水与钻石，谁更珍贵？

　　心理学家用巧妙的实验证明了这一点。心理物理学最核心的定律韦伯—费希纳定律就涉及这个问题。1834年韦伯对人们能够感觉出来的最小变化进行了测量，实验中，他让被试判断所给的小棒是否和10毫米的标准小棒相同，结果发现人们的判断规律，不是与刺激强度直接关联，而是与刺激变化的增量密切相关。例如人们如何才能察觉出屋里的灯亮了一些？这依赖于之前的明亮程度。人们能在安静时听到针掉的声音，但是在嘈杂的环境中，都难以听到火车开过的声音。

　　经济学中关于水和钻石的经典论述形象地说明了这一点。你一生中需要更多的水还是更多的钻石？毋庸置疑，水作为生活的必需品，对我们来说更为重要。可水每天出现在我们的视野里，随着重复的次数过多，我们对它的价值渐渐熟视无睹，效用递减。而钻石却因为不能随心所欲地得到，获得一枚小得可怜的钻石带给我们的惊喜要远远大于得到一杯水。当然这也不是绝对的，当你处在沙漠中，一杯水的边际效用开始重新引起我们的注意。

不光如此，商品交换的过程中也充满了这种递减。

> 张三生产了 10 个苹果。李四生产了 10 个橘子。王五不生产任何产品，只当一个中间人。王五向张三借 6 个苹果，跟李四借 6 个橘子。都收来后，王五还给张三 4 个橘子，李四 4 个苹果，跟二人说声拜拜。他自吃 2 个苹果 2 个橘子。

你可能认为张三李四不就成为以 6 换 4 的傻子？王五是不是不劳而获的奸商？可是商品不但有价值，而且有"效用"。张三辛苦了一年终于有苹果了。这第一个苹果多香啊！于是这第一个苹果的"效用"最大。一个苹果已下肚，这第二个就差多了（边际递减效应开始）。对张三来说，第五个苹果已经没什么吃头。不反胃就不错了（边际效用接近零）。于是张三心想，要有橘子吃该多好。他绝对愿意用 6 个苹果换 4 个橘子。他不但不觉得上当，而且觉得太赚了！因为就那第一个橘子的滋味（效用），已经远大于那后 6 个苹果的效用之和。

别人家的饭就是好吃吗？

边际递减效应在生活中也比比皆是，小孩子总喜欢吃别的小朋友家的饭，总觉得其香无比，但是如果在这个小朋友家吃上一段时间后，就开始嚷嚷着喜欢吃自己妈妈做的饭了。还有总觉得别人家的花香、别人的玩具好玩，但过后就产生了不过如此之类的想法，这些都是边际递减效应的威力。

同样的一杯水、一顿饭、一朵花、一个玩具，在没有得到的时候，对这个物品的好奇心被极大地激发出来，于是产生了强烈的需求感和占有欲。所以第一次得到的时候就能体会到最大的满足，我相信读者朋友们中很多人都还对自己的第一个布娃娃、第一把吉他念念不忘。但是随着对它的熟悉感增强，好奇心急剧地下降，如果没有找到更大的闪光点，对这个物品的热情和需求也逐渐递减。贝克汉姆作为知名的球星，拥有的汽车已经不是普通的车库能放得下了，这些车中甚至包括一辆价值 20 万英镑的法拉利跑车，那是妻子辣妹送给他的生日礼物。如若换了别人，这辆豪华法拉利跑车一定成了心肝宝贝，可在小贝家，也只能待在车库中难见天日。不光是对物，对人也是这样。谈恋爱的双方起初都认为彼此再合适不过，但是时间一长，也难免产生审美疲劳。这就是人们常说的，熟悉的地方没有风景。

表扬多了也烦人

边际递减效应，在教育中也不例外。曾经发生过的这样一件事，给我们敲了警钟：某学生学习不好，每天母亲总是抓住他的缺点不放，重复地批评。一天孩子忍受不了母亲的唠叨，竟向母亲挥起了拳头。

为什么会出现这样的悲剧呢？从心理角度上讲，批评一次，孩子已经得到了应有的惩罚，这个惩罚的效用最大，但是在第二次，还是同样的内容，厌烦程度在孩子心里已经倍增，惩罚的效果已经递减。如果再来个第三次、第四次……那么批评的积极作用已经消失殆尽，就算没有达到案例中不可收拾的地步，惩罚也早已打了好几个折扣了。不管是家长还是教师，对那些"吵皮了"的学生发出一声叹息的同时，是不是也要反思一下自己，对学生的批评是不是来得太猛烈了一些。理解了这些道理，就不难理解为什么有的老师惜言如金却能得到学生的尊重了。

同样，对学生的表扬也不能太"廉价"。赏识也有边界。调皮的学生听惯了批评，批评早就变得不痛不痒。老师对他们某些闪光点的偶尔表扬，可能就成为了改造他的绝好契机。表扬开始重复，效果开始下降。老师觉得自己是没词找词，学生心理也打起了小鼓，老师是不是哄我？是不是话里有话？如此一来，学生出现一听到表扬的话就大为恼火的行为，也就不足为怪了。

现在你可能觉得自己已经掌握了边际递减效应，"什么话我只说一次"。可是效果如何？有人开始抱怨了，说一次，他们根本就不听！所以，应用这则简单的心理效应也不容易。如果你认为说一次是永远保持在最高的效用的惟一做法，那么你就错了。边际递减效应是有条件的，就像在沙漠中水比钻石要珍贵一样，必须保证别的条件不变，递减才可能持续发生。教育环境复杂，难保你说一句，你的学生不会听到十句相反的意思。要想在你的教育生活中灵活运用，需要更多的智慧。

小白鼠跑迷津的实验可能能给我们一些启示：吃优质麦芽糖的小白鼠因为得到了更多的奖励，会比吃劣质瓜子的兄弟跑得快。时间一长，奖励的效果递减，他们都比刚开始时跑得慢了一些。可是情况一调换，突然吃上麦芽糖的兄弟毫无悬念地跑得更快了；可是由奢入俭的小白鼠出现明显的适应不良，速度更慢了。有了以前的表扬作铺垫，给学生的奖励只能升值，不能贬值，这样才会达到预期的效果。对于学生来说，变幻刺激，寻找新的闪光点是保鲜的重要手段，死守以前管用的招数，只能适得其反。

边际递减效应揭示了人类心理的一个方面，了解并利用它，我们对待生活和自己的心理就少了一份惊慌失措，多了一分把握。

三人成虎

——从众心理

　　曾参至孝至仁，他的母亲对儿子极为了解。有同名同姓的另一个曾参杀了人，有人跑来告诉曾参的母亲："曾参杀人了。"其母不信。过了一会，又跑来一个人说："曾参杀人了。"其母将信将疑。又有第三个人跑来告诉曾参的母亲说："曾参杀了人了。"话音未落，曾母已经翻过墙头避开了。

从众心理

曾母为什么最终相信儿子杀人了？另有一个成语叫作三人成虎，意思是说，有三个人谎报集市上有老虎，听者就信以为真。这种人们在社会群体中容易不加分析地接受大多数人认同的观点或行为的心理倾向被称为从众心理。

　　社会心理学家阿希于 1951 年曾经做过一个有关从众问题的实验。实验材料是 18 对卡片，每对左边的一张画有一条线段，右边画有三条不同长度的线段，其中有一条同左边卡片上的等长，如图 28 所示。

　　参加实验的人坐在一群实验者找来的"托儿"当中，辨认哪两条线段一样长。在正常情况下，绝大多数人都能作出正

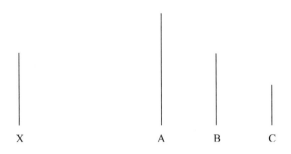

图28 从众问题实验中的线段长短判断

确的判断，错误概率小于1%。但是，当其他"托儿"纷纷故意作出错误的判断时（这是实验者的安排），参加实验的人就显得犹豫不决，怀疑自己的判断能力。

在一次实验后，实验者访问了发生从众行为的那些人，了解他们当时的想法。有个始终表现出从众行为的人说："我看到别人怎样讲，自己也就怎样讲，有几次我看出是不对头，但别人都这么说了，我也就跟着讲。"有的人则说："开始我坚持，后来看着大家都讲的与我不一样，怀疑自己眼睛有问题，有点害怕自己是错的，所以也就随大流了。"有的说："开始我相信自己是对的，后来发现我一个人与别人不同，觉得奇怪，于是就随从了。"

由此看来，产生从众行为的原因是群体压力。当个体行为与众不同时，就会感到群体压力，而个体又不愿意受到孤立；当个体的行为与别人一致时，就会产生"没有错"的安全感，于是就产生了很多人都采取与群体内多数人保持一致意见的现象。即使在问题情境非常明确的情况下，个人仍可能会因群体压力产生从众行为。

可笑的排队

一位在物资短缺年代养成排队过敏的读者，撰文在一家报纸上发表一则笑话：一日闲逛街头，忽见一长队绵延如龙，赶紧站到队后排队，惟恐错过购买紧缺必需品的机会。等到队伍拐过墙角，发现大家原来是排队上厕所，不禁哑然失笑，自觉贻笑大方，赶紧悄然退出队伍。这就是盲目从众闹的笑话。

从众就是指由于群体的引导或施加的压力而使个人的行为朝着与群体大多数人一致的方向变化的现象。用通俗的话说，从众就是"随大流"。虽然我们每个人都标榜自己有个性，但很多时候，我们却不得不放弃自己的个性，"随大流"，因为我们每个人都不可能对任何事情都了解得一清二楚，对于那些自己不太了解，没有把握的事情，我们一般都会采取"随大流"的做法。

社会心理学家研究发现，持某种意见的人数多少是影响从众的最重要的一个因素。"人多"本身就是说服力的一个明证，很少有人能够在众口一词的情况下还坚持自己的不同意见。

压力是从众的另一个决定因素。"木秀于林，风必摧之"，在一个团体内，谁表现出与众不同的行为，往往会招致"背叛"的嫌疑，会被其他成员孤立，甚至受到严厉惩罚，因而团体内成员的行为往往高度一致。

校园里的从众

从众行为作为一种常见的社会心理现象，应用在教育领域中，就需要发挥从众心理的积极作用。比如，一些同学看到别人通过努力，有了成绩，心里很是羡慕，于是也会仿效，这就是从众心理的影响。因此，当你情绪低落、神情涣散的时候，其他同学的学习方法、学习动力、学习态度和对学习时间的利用，甚至学习环境的选择等等，都可以成为你最直接的参照物。

在教学中，老师讲课的重点主要是对所学知识进行系统化的梳理和对试卷的讲评，大多数同学都能与老师的思路合拍。在这种课堂教与学的氛围中，大家都会受到感染，和同学们一起大声讨论、积极回答老师的提问。千万不要错过这些机会，因为这可以加深你的记忆和理解。

　　图书馆和教室里还有一种典型的从众就是环境从众。由于其环境的特殊性质，同学们去了之后一般都能专心致志地学习。看到大家都在那里发奋苦读，你就会身不由己地投入到集体的行列中去。

　　另一方面，教师要善于防止从众心理所产生的负作用。例如，学生中网络成瘾、考试作弊等问题，最好能够将问题控制在萌芽状态之中，不要使之成为其他学生的盲从行为。

是皮匠还是和尚？

——社会助长和社会干扰

1 + 1 + 1 = ? 是等于 3，是大于 3，还是小于 3？

社会助长

如果你不假思索地写上 3，那就错了！不要以为这是幼儿园阿姨给三岁孩子出的一道算术题！

请你再想一想，一个皮匠加一个皮匠再加一个皮匠等于什么？

答曰："三个臭皮匠，顶个诸葛亮！"

也许你会说，臭皮匠就是臭皮匠，怎么也做不出天才的事情来。不信？看一看下面的小故事。

大海上，一枚水雷正在漂近一艘下锚的舰艇，船儿已经来不及逃走，怎么办？

水手们想出许多主意，都被否决，一个水手开玩笑说："干脆大家到甲板上，把水雷吹走。"

这个显然不切合实际的建议，引发了另一个水手的奇想：搬水管来冲，把它冲走！

这个办法果然灵验，水雷被冲走了，舰艇保住了。

马克思说过："12 个人在 144 小时的总劳动日中共同劳动，比 12 个孤立的劳动者各自做 12 小时，或 1 个劳动者每日做 12 小时连续做 12 日，会供给一个更大得多的总生产物。"这就是社会助长现象，是指由于同伴在场，自己的行为就有所提高，所以一个人单独做一项工作不如一群人一起做同样的工作效率高。

早在 1897 年，特里普里特(N. Triplett)就证实了社会助长现象的存在。

> 他做了这样一个实验：让被试在三种情境下，骑车完成 25 英里的路程。第一种情境是单独骑；第二种情境是让一个人跑步伴同；第三种情境是与其他骑车人竞赛。结果表明，在单独骑时，平均时速为 24 英里；有人跑步陪伴时，平均时速为 31 英里；在竞赛的情况下，平均时速为 32.5 英里。

特里普里特还另外设计了一个实验，他让一群小学生转钓鱼用的卷线器，同样地发现了小孩子们在有同伴竞争的情况下，转卷线器的速度，会比一个人单独转时快了许多。

为什么会出现这样的现象？当做容易的、熟练的工作时，人们的反应正确率较高，他人在场，就会无意中产生竞争意识，兴奋水平就会提高，人们会更加努力工作以获得好的评价。同时，多个人在一起也减少了单调的感觉和由于孤独造成的心理疲劳，这样工作效率就会增加。

社会助长现象不仅能在实验室中看到，在日常生活中也比比皆是。

人们都说，一个孩子没有两个孩子好养。我们自己也有这样的体会，抢过来的东西吃起来特香。孩子也同样，一个孩子不愿意吃青菜，两个孩子却会抢着吃；一个孩子不愿玩的玩具，两个孩子就会争抢着要玩这个玩具。竞争使一个孩子不喜欢的东西格外具有魅力。

连狗都会利用社会助长，仗狗势欺狗。一个朋友讲述，他家的狗儿平时胆小，见到生人不敢哼唧一下，但只要和别的狗在一起时，就有胆量一起对陌生人或陌生狗吠叫。喂食饲料时，不爱吃的狗也会因为其他狗加入竞争，而变得爱吃起来。

学生也会受到社会助长的影响。比如，几个学生在一起写作业，如果一个人不想学了，但是看到其他人还在学习，就会重新安下心来继续学习。

头脑激励法应用的就是社会助长的原理。作为群体，很多人在一起讨论问题，当一个人提出一个设想的时候，先不作批评和挑剔，而只能加以鼓励，以使每个人都能不受拘束地亮出自己的新主意，不同的观点又能激发其他成员的联想能力，由此引发一系列的设想，就像放一串鞭炮一样，点燃一个爆竹，就会引爆一连串。

但是，社会助长也会使不好的行为更为张狂。

平日里喜欢捣乱的学生，在混乱的教室里更能如鱼得水，行为更为嚣张，表现出更多的捣乱花样。

道路上堵车，有些司机徐徐地向拥挤不堪的堵塞口前进，但是，当他看见一辆车超越自己时，马上会加大马达箭一般向前冲去，根本不会想这样做对交通的恶劣影响和带来的安全问题。

社会干扰

1 + 1 + 1 = ？你可能会自信地说：大于3！因为三个臭皮匠，顶个诸葛亮！但是需要告诉你的是，我们不是在复习前面的问答题。

你有没有想过，一个和尚加一个和尚再加一个和尚等于什么？

答曰："三个和尚没水喝！"

人多力量大并不适合于所有场合。有实验证明，有时有他人在场，工作效率反而会降低。

1967年，卡特莱尔（N. B. Cottrell）等人做了一项试验，他让被试在独自一人和群体一起两种情景下学习单词配对表。配对单词有两类，一类由同义词组成，学习起来非常容易；一类由无关单词组成，学习起来非常困难。结果表明，被试在学习比较简单的材料时，有他人在场比单独学习效果更好；但是学习比较复杂的材料时，效果则相反，单独一个学习的成绩反而优于他人在场的成绩。此时，社会助长变成了社会干扰。

很可能是，做复杂的、生疏的工作时，人们的反应正确率较低，他人在场时，因为害怕其他人评价，就会紧张和焦虑，使工作效率降低。

当然，群体对个体活动起的是助长作用还是干扰作用，还要看个体是否喜欢群体工作，如果他喜欢独自工作而不喜欢群体工作，那只会有干扰作用而不会有助长作用。

社会干扰现象在生活中很常见。比如，学生往往喜欢在一起做平时的作业，并且很快就能完成。然而当思考一道很难的题目时，则喜欢独自一人细细琢磨，这是因为在人多的情景下根本就沉不下心来思考。

群体是促进还是阻碍个体智慧的发挥，关键在于我们是否能够恰当地利用它。在一个班级群体中，社会促进和社会干扰现象对教师的启示是：

● 根据任务类型确定完成形式。在分配学生任务时，一般简单性的任务应该明确分工、责任明确，让大家一起共同完成，复杂性的工作则应该在集体讨论后给其单独思考的机会。

● 注意学生的个体差异。有些学生喜欢独自学习，就要尽量让他们进行自主学习，减少社会干扰。而有些学生喜欢和其他同学一起共同完成任务，则应为他们多设计和创造与他人合作、交流的机会，使他们因受益于相互鼓励、启发，而产生社会促进。

淹没的责任

——群体去个性化

某日晚间，一辆载满了乘客的公交车上，忽然有人喊道："不好，我的钱包被人偷了，一个月的工资全没了！"乘客们建议司机把车开往公安局派出所。司机也很气愤，车改变了方向，载着一车愤怒的乘客和隐藏的犯罪嫌疑人疾驶向派出所。这时，有一个中年男子的声音建议："给他一个机会吧。这样，先麻烦司机同志把车停到路边。"大家同意了中年男子的建议，车子停在路边。"这样，请司机同志把车灯关闭一分钟，让他把东西扔在车中间。"车灯关闭一分钟后，没有结果。"再给他一次机会。"车灯又关闭一分钟，仍没有结果。"第三次机会，最后一次，请好好考虑。"一分钟后，钱包出现在车中间的灯光之下。

隐者无忌

这是一个真实的新闻报道。这个故事固然说明了人的道德良知问题，但也说明了那位男子的智慧——对"去个性化"天才般的应用。群体去个性化是社会心理学的一个术语，是指个体淹没在群体之中，减弱了社会对其的约束力，为个体从事反常的行为创造了条件。关闭车灯使小偷淹没在群体中不被识别，解除了人们对其恶劣行为造成的压力，他才把赃物扔了出来。津巴多对去个性化现象进行了一系列深刻的研究。

1970 年，津巴多做了这样一个实验：他召集一些女大学生做实验，对她们说：实验要求对隔壁一个女大学生进行电击，因为是科学研究，不需要负任何道义上的责任。通过镜子这些女大学生们可以看到那个被自己电击的女大学生。实际上被电击的女大学生是津巴多的助手，她并没有真正受到电击。但当受试者按下电钮时，她假装大喊大叫，流泪求饶，以使女大学生们相信，她真的非常痛苦。

这些女大学生们被分为两组。第一组是在"去个性化"的环境中，她们都穿上了带头罩的白大褂，每个人只露出了两只眼睛，因而彼此间谁也不认识。主持人请她们实施电击时也不叫她们的名字，整个实验在昏暗中进行。第二组受试者是在"个性化"的环境中，她们穿着平常的衣服，每个人胸前都有一张名片挂着。在实验时，主持人很有礼貌地叫着每个人的名字。房间里的照明很好，每个人彼此都能看得很清楚。

如果你属于"去个性化"组，你会电击这个无辜的女大学生吗？如果你属于"个性化"组，你的行为还会保持一致吗？

实验结果证实了津巴多的预言："去个性化"小组比"个性化"小组按电钮的次数多达将近两倍，并且每一次按下电钮的持续时间也较长。

更有意思的是，津巴多在又一次实验前安排女大学生们听一段录音，内容是津巴多与两位将要被"电击"的女大学生的谈话。这个谈话表明二者具有不同的个性特点，其中一个十分可爱，乐于助人；而另一个则很自私自利，让人厌恶。同样在"去个性化"条件和

"个性化"两种情景下让这些女大学生实施电击，结果非常有趣。在
"去个性化"条件下，那些可爱的、在正常情况下态度温柔的女大学
生们，只要有机会，都会按一下电钮，而根本不管被电击的是一位
可爱的或者可恶的人，而且她们一点也不为之感到紧张或内疚。相
反，在"个性化"条件下，她们就非常有鉴别力，根据被电击者的个
性决定自己按电钮的次数和时间长短。

也许你会说，这些被电击的女大学生与这些做实验的女大学生没
有密切的关系，所以她们才表现出异常的行为，费斯廷格等人早在
1952年的一个实验就对此有很强的说服力。他们让男大学生议论自己
父母的缺点。第一组学生身戴名签，互称名字，在明亮的教室里进
行；第二组学生身着长袍，头戴面罩，只露出眼睛和鼻孔，相互都不
知姓名，在灯光昏暗的房间里进行。结果表明，在第二组条件下的大
学生肆无忌惮地数落自己的父母，充分表现对自己父母的厌恶与不
满。并且，实验后的问卷调查结果显示，大学生们更喜欢在第二种条
件下的小组里再次议论自己父母的不是。

为什么会出现这种不可思议的现象？这就是群体行为中的"去个
性化"现象，说明在身份不明确的群体中人们更容易失去自我意识、
自我监控，更容易做出疯狂的事情。社会心理学家认为，导致去个性
化现象的原因有两个：匿名和责任分散。个体在匿名状态下，个人的
一切活动和行为都不被他人所感知，于是自己对自己行为的责任意识
也就减低了，认为参加者人人有份，任何一个个体都不必为集体行为
承担罪责，由于感到压力减少，没有内疚感。因此，个体对自己的行
为就会失去控制，做出异常的行为。

法不责众

在生活中，世界范围内的"去个性化"现象比比皆是。

1967年的一个夜晚，200个俄克拉荷马州的大学生聚在一起，看

着一个遭到挫折，扬言要从楼上跳下去的年轻大学生，他们就开始喊："跳！跳！跳！……"结果，那个学生真的跳下去摔死了。大规模的群体和夜幕使人们怀有了匿名感，丧失了自我意识，常常会诱骗或起哄。若楼下面的群体规模较小，或是在白天的情况下，人们并不会极力诱骗该人自杀的。

还有这样一个例子，在旧金山的一家名为 WELL 的网络服务公司，一群客户要求以匿名的方式召开网上会议。结果令人吃惊，参加者以一种近乎邪恶的方式，彼此互相攻击。会议进行两周后，人们不得不要求会议停止。因为会上人们的行为破坏性太强。

《南方周末》曾经报道一条骇人的消息：湖南上百村民集体刑讯，无辜"小偷"被打成肉泥！是法治没有普及到村民中去吗？村民也知道杀人偿命这些最基本的法治常识啊！同时案子中的那些受过高水平教育、有修养的老师为什么在对待"小偷"时又出手那么狠呢？这不仅仅是法治问题，也是群体"去个性化"造成的悲剧！

在临时性大群体中，球迷们闹事，每个人都很少考虑自己行为的适当性，很少考虑自己应承担的责任。

我们可能都看到过类似的新闻：某货车在公路上遭遇车祸，司机身受重伤，而周围的群众视司机于不顾，一窝蜂地冲上前去，纷纷往自己家中搬运货物。他们都这样认为："又不是我一个人搬东西，怕啥！"

这些事情好像离我们自己的生活很遥远，那么，想一想这样的情景：一个老人躺在马路边，而你置身于上下班熙熙攘攘的人流之中，你会怎么办？很可能你没有停下来看看是怎么回事，帮老人一下。

是你没有助人之心吗？如果是你一个人，你可能会过去看看他是生病了，还是摔倒了，可能会把他扶起，但是在拥挤的人流中你却"坐视不救"。不仅是你，很多人都会这样，人人都会认为扶持老人不是自己的责任，老人出现了问题也不会怪罪到自己的身上，何必多此一举呢？

学生也同样如此。到该交作业的时间了，有的学生看到其他学生不交作业，自己的作业虽然没有写完，心里也很坦然，理由就是："又不是我一个人没有交！"如果全班只有他一个人作业还没写完，他心里肯定会焦急如焚，手忙脚乱地赶作业。

无处"藏身"

这提醒我们在生活中应该采取一些措施避免"去个性化"现象。

各行各业的职业服装就相当于给每个人贴了个标签。一名警察穿上警服走在街上，面对歹徒行凶，就很难袖手旁观；大学生带上校徽，在很多情况下，对自己的行为和责任就有了更多的约束。一位军人曾经对我说，他上街时，只要穿军装就感到有一种责任，看到有人需要帮忙马上就会迎过去，坐公交车时总是让座，有时干脆有座也不坐，免得坐坐起起的，麻烦；有时自己想轻松一下或放肆一下，就干脆穿便装出门。

教室里，如果不安排值日生，教室里就没有人擦黑板；如果不仅安排了值日生，而且把值日生的名字每天写在黑板上，情况就会完全不同。

正反两用

虽然"去个性化"会造成很多不好的现象，但是我们仍然可以积极地利用它。古代就有这样的故事。

战国时，楚王宴请群臣。灯忽然灭了，一醉酒的将军拉扯楚王妃子的裙裾，妃子扯下了将军的帽缨，要求楚王追查。楚王为保住将军的面子，下令所有的人一律在黑暗中扯掉自己的帽缨，然后才重新点灯，继续宴会。后来，这位被宽容了的将军以超常的勇武为楚国征战沙场。这固然说明了楚王的宽容，但更值得我们学习的是他宽容的艺术。

作为一种宽容的艺术，在课堂上老师可以用"去个性化"教改学生的问题行为，感化学生。

> 在一节晚自习课上，一个教室里面吵吵闹闹不能平静下来，原来，同学们都在指责小璐，说他偷了同学的钢笔。"老师，是小璐偷的！我看到他把那支钢笔藏了起来！""是他！"在同学们愤怒的指责声中，小璐深深地低下了头，没有争辩。这时，只见老师微笑着说："我们来做一个游戏，先把灯关掉！我打赌，两分钟后钢笔会自动出现在讲台上，你们信不信？""真的？"学生们半信半疑。"我们试一试。"顿时，教室里一片漆黑，同学们小声数着数，时间一秒一秒过去，"时间到了！开灯！"果然，一支漂亮的钢笔出现在讲桌上。老师用智慧的方法帮助小璐逃过一"劫"，更重要的是保护了他幼小的心灵。

教师甚至可以创造匿名情境，使学生在没有压力的情况下向老师敞开心扉，说出更多的知心话。比如教师意见箱、教师电子信箱、教师网上互动对话等都是学生和老师心灵沟通的桥梁。一位教师就利用QQ走进了一个学生的心灵。这个学生长得弱小，性格孤僻，从不与同学来往，学习成绩很差，但也不给班级造成什么麻烦，班主任找他谈过好几次话，但他总是低着头，一语不发，一副拒人于千里之外的神情。有一次无意间发现他经常上网吧聊天，这位老师就偷偷记住了他的QQ号，加他为好友。每星期他们都会在固定的时间里聊天，老师以一个高年级大哥哥的身份教导他，告诉他同学们没有看不起他，只要走出自己的天地就不会感到寂寞，并教会他和人交往的技巧等等。慢慢地，这个学生变得开朗起来。

俗话说："人多胆子壮，恃众好逞强。"然而也有"一个和尚挑水喝，两个和尚抬水喝，三个和尚没水喝"。教育者在班级管理的过程中，要尽可能减少"去个性化"的程度，让所有学生都清楚有关规章制度，明白各自应承担的责任与义务，处在他人的监督之下，使每个人都难以逃避自己的责任。

有时，教师可以积极利用"去个性化"现象，比如，让做错事的孩子改过自新；多创造匿名情境或机会，让学生充分表达自己的真知灼见；对于比较内向、孤僻的学生就可以让他们多参加一些热闹的、激烈的活动，使他们在不知不觉中展示自己性格的另一面。

群体倍乘器

——群体极化现象

你与朋友刚刚听了一场演讲，虽然你觉得演讲不是太坏，但在与别人讨论后你会发现，自己似乎接受了这样的想法：该演讲几乎是垃圾。或者本来你认为这场演讲不是太好，讨论之后，却觉得这简直就是最精彩最伟大的演讲。

群体极化现象

这种情形在生活中最常见不过了。你和你的朋友都不太喜欢这个演讲，但是你们的理由都非常微小。可所有的理由汇集在一起，就有足够的证据让你觉得你实际上很不喜欢那场演讲。还有一种情况就是，群体成员都极力地将观念表达得比真实的感受还要极端一点，以引起其他人的关注。这样一来，如果你得出每个人都不大喜欢某场演讲的结论，你就会试图表达出自己更极端的观点，让大家认为你非常机敏。如果这个群体中的每个人都这样的话，群体观点极端化将在所难免。

著名的心理学家莫斯科维西等人曾经通过实验发现，群体讨论明显使法国学生对总理的积极态度得到加强，也使他们原来对美国人的消极态度变得更强。梅厄斯等人考察中学生在讨论前后种族偏见的变化，结果发现，高偏见组与低偏见组的态度差异在讨论后变得更大。高偏见组讨论后变得偏见更大，而低偏见组讨论后也变得偏见更小。

无论在生活中的现象还是心理学家的实验中，群体的讨论使群体原来支持的意见，讨论后变得更加支持，而群体原先反对的意见，讨论后变得更加反对，最终使群体的意见变得极端化。群体讨论使群体的态度倾向于朝两极方向运动，原来赞成的更加赞成，原来反对的越发反对。这种现象被社会心理学称为群体极化现象（group polarization）。群体成员中原已存在的观点或态度倾向得到加强，从原来的群体平均水平，加强到具有支配地位。

群体极化可以区分为两种情况，一种叫冒险偏移，另一种叫谨慎偏移。群体极化使一个群体更加谨慎还是更加冒险取决于全体初始的倾向。如果全体人在一开始倾向于谨慎，那么结果就是更加谨慎，反之，则更加冒险。

群体讨论之所以导致冒险偏移，其原因在于：第一，群体的责任扩散。在群体讨论和群体决策中，个人的责任得到扩散，个人对其行为的责任意识明显下降，即使说错了或决策错误，责任是大家的，平分到每一个人身上的责任仅是很小的一部分，这就增强了人们决策的胆量，促使人们选择风险更大的决策。第二，群体内的舆论压力。在群体当中，个人的行为往往会受到群体舆论评价的影响，如果个人谨慎，有可能会被别人嘲笑为胆小鬼，正是出于此种考虑，个体大多会有意无意地偏向冒险。

反过来，谨慎偏移更多地出现在官方的决策当中，这是因为：第一，自我保护心态。冒险总是意味着风险，而谨慎可能更为安全，因此多数人出于自我保护，更愿意偏向谨慎的决策。第二，决策内容与自己的相关性。如果决策与自己的利益关系密切，一般来讲，决策会趋于更加保守，毕竟这是自己的事情。反之，与自己关系不大的事情，人们会更加冒险，因为无论结果怎样，自己都不会有太多的损失。

群体极化的一个典型的例子是非典期间人们对疫情产生的超乎实际的恐惧。各种民间传言的力量、私下的讨论使人们对疫情严重性的认识更加强烈了，由此造成集体的恐慌。

网络群体极化

群体极化的后果是人们对事物的认识趋于极端，从而无法得出符合实际的结论，由此更易造成错误的决策和行为，因此教师在教育过程中应注意引导学生避免此种行为的发生。比如在开班会等班级集体讨论中，教师就应该有这种群体极化的意识，鼓励学生独立思考，独立判断，勇于作出创新性的发言，这对于避免观点走向极端，最终得出恰当的结论显然是极为有益的。

在谈到群体极化现象时，不能不关注一下计算机网络。计算机网络的发展，使得其逐渐成为人们包括学生认识各种事物的重要途径，与此同时，对学生的计算机教育也变得格外重要，但是计算机并不总是带给人们积极的影响。在这样虚拟的空间中，网民通常以群内同质化的特点聚集，志同道合的网民群体出现严重的群体极化倾向。这种倾向表现为：网民一开始即有某些偏向，在网上通过交往后，人们朝偏向的方向继续移动，最后形成极端的观点。有研究显示，群体极化倾向在网上发生的比例，是现实生活中面对面时的两倍多。

当今社会的学生受网络的影响是巨大的。而网络中的群体极化使得其中的观点往往走向极端，学生脆弱的判断力决定了他们很容易接受这些观点，从而对其思想和行为产生了或许有危害的误导。作为教师，教育学生正确认识网络上的观点和现象是非常重要的，因此，有必要向其解释网络观点更易走向极端的原因，也即群体极化现象，从而增强学生的判断力和对极端观点的免疫力。

囚徒的两难选择

——博弈效应

　　一天晚上，你参加一个派对，屋里有很多人，你玩得很开心。这时候，屋里突然失火，火势很大，无法扑灭。此时你想逃生。你的面前有两个门，左门和右门，你必须在它们之间选择。但问题是，其他人也要争抢这两个门出逃。如果你选择的门是很多人选择的，那么你将因人多拥挤、冲不出去而被烧死；相反，如果你选择的是较少人选择的，那么你将逃生。这里我们不考虑道德因素，你将如何选择？

囚徒的两难选择

　　这就是博弈论，也称之为支付或策略选择。你的选择必须考虑其他人的选择，而其他人的选择也考虑你的选择；你的结果不仅取决于你的行动选择，同时也取决于他人的策略选择。

　　以下是博弈论描述的一个经典故事——"囚徒的两难选择"：

　　有一天，一位富翁在家中被杀，财物被盗。警方在此案的侦破过程中，抓到两个犯罪嫌疑人，并从他们的住处搜出被害人家中丢失的财物。但是，他们都矢口否认杀了人，辩称是先发现富翁被杀，然后只是顺手牵羊偷了点儿东西。于是警方将两人隔离，分别关在不同的房间进行审讯。地方检察官告诉他们所面临的几种选择是：如果双方都认罪，双方各判5年监禁；如果双方都不认罪，双方各判1年；如果一方认罪，另一方不认罪，认罪方被判3个月，不认罪方被判10年。

两个嫌疑犯该怎么办呢？如果两人都选择认罪，则被称为"纳什均衡"，也被称为非合作均衡。因为，每一方在选择策略时都没有"共谋"（串供），他们只是选择对自己最有利的策略，而不考虑社会福利或任何其他对手的利益。如果自己不认罪，万一对方认罪，后果更加严重。一般人可能认为，对方认罪的可能性很大。也就是说，这种策略组合由所有局中人（也称当事人、参与者）的最佳策略组合构成。没有人会主动改变自己的策略以便使自己获得更大利益。

"囚徒的两难选择"有着广泛而深刻的意义。个人理性与集体理性的冲突，各人追求利己行为而导致的最终结局是一个"纳什均衡"，也是对所有人都不利的结局。他们两人都是在坦白与抵赖策略上首先想到自己，这样他们必然要服长的刑期。只有当他们都首先替对方着想时，或者相互合谋（串供）时，才可以得到最短时间的监禁结果。

从"纳什均衡"所引发的思考：从利己目的出发，结果损人不利己，既不利己也不利他。两个囚徒的命运就是如此。因此，只有合作是有利的"利己策略"。但合作必须符合以下黄金律：按照你愿意别人对你的方式来对别人，但只有他们也按同样方式行事才行。也就是中国人说的"己所不欲，勿施于人"，但前提是人所不欲，勿施于我。

"纳什均衡"是一种非合作博弈均衡，在现实中非合作的情况要比合作情况普遍。比如经济、社会、政治、国防、管理和日常生活中的博弈现象，如价格战、军备竞赛、环境污染等等。

生活中的博弈

生活中博弈的案例很多，你会见到很多例子，只要涉及人群的互动就有博弈。

现在我们经常会遇到各种各样的家电价格大战，这些大战的受益者首先是消费者。在这里，我们可以解释厂家价格大战的结局也是一个"纳什均衡"，而且价格战的结果是谁都没钱赚，因为博弈双方的利润正好是零。事实上，完全竞争的均衡就是"纳什均衡"或"非合作博弈均衡"。从这一点，我们又引出一条基本准则："把你自己的战略建立在假定对手会按其最佳利益行动的基础上"。

中国移动与中国联通之间的手机资费战一直是人们关注的焦点，目前这种竞争已经是如火如荼。比如，中国移动实行神州行充值送话费活动，将其用户手机资费从每分钟0.60元降到最低0.18元。同时将动感地带的话费从0.6元下调到0.25元。中国联通随即作出反应，实行长话与市话合一的"如意通"优惠方案。双方以降价作为策略，各受损失，整体收益趋于下降，这种追求局部利益最大化的价格战博弈就是典型的"囚徒困境"现象。从事相关业务的中国电信、中国网通和铁通等相关公司也不免牵涉到两大电信集团的利益竞争中。

近年来许多地方政府相继出台了奖励举报有功人员的办法。这些奖励制度在提供犯罪线索和工商质检部门的打假活动等方面取得了明显效果。但是这项制度本身是否就那么可靠呢？分析举报腐败的公民可以发现，其中不乏仗义执言者，但是也存在诸多利益驱动者，而且后者比例可能更大。事实上，有效率的制度可以净化社会环境，使得人们合法的利益受到保护；而无效率的制度常常是损坏一部分人的利益来实现私利，比如举报人无中生有，这正是博弈困境的方面。如果把制度看成一种游戏规则，那么反腐败实质上是一种利益的不同分配，即人们的行为选择取向不同而已。从反腐败的机构来说，只有发动群众，取得群众的信任和配合才能实现目的；而从制度本身的制定者来说，又需要保证举报的真实性，保护举报人人身安全和给以奖励。这两个方面构成的诸多环节如果松动，势必使得双方同时陷入博弈困境。

高考博弈

高考，几乎对每一位高中生都是最重要的事情，千千万万的考生都处在人生第一个最重要的竞争中。同一个班，同一个学校的学生在面临高考的时候，相互之间也是一种博弈。如果相互之间只有完全的竞争，每个人都只顾及自己的学习，那么最终在整个高考的队伍中，作为一个班或者一个学校的整体竞争实力就会大大削弱。但是如果同学之间相互合作、相互帮助，好的资源、好的想法、好的思路等等都拿出来与大家共享，那么大家的成绩都会提高，在同学之间就会出现双赢的结果。

为什么在有些地方教育改革存在阻力，这实际上也是一个博弈现象。每所学校都面临着囚徒的两难选择。如果自己的学校先行改革，实行素质教育，其他学校却仍然实施应试教育，大大提高了升学率，自己的学校就吃大亏了，甚至难以生存下去。所有学校选择了"非合作博弈均衡"，虽没有获得最佳的教育效果，但也不至于是威胁到生死存亡的根本问题。

图书在版编目(CIP)数据

教育中的心理效应/刘儒德主编.-2版.—上海:华东师范大学出版社,2013.6

(大夏书系·十年经典)

ISBN 978-7-5675-0818-7

Ⅰ.①教…　Ⅱ.①刘…　Ⅲ.①教育心理学　Ⅳ.①G44

中国版本图书馆 CIP 数据核字(2013)第 129187 号

大夏书系·十年经典

教育中的心理效应(第二版)

主　　编	刘儒德
策划编辑	李永梅
审读编辑	周　莉
封面设计	奇文云海
责任印制	殷艳红

出版发行	华东师范大学出版社
社　　址	上海市中山北路 3663 号　邮编 200062
网　　址	www.ecnupress.com.cn
电　　话	021-60821666　　行政传真　021-62572105
客服电话	021-62865537
邮购电话	021-62869887　　地址　上海市中山北路 3663 号华东师范大学校内先锋路口
网　　店	http://hdsdcbs.tmall.com/

印 刷 者	北京密兴印刷有限公司
开　　本	710×980　16 开
插　　页	2
印　　张	10
字　　数	260 千字
版　　次	2013 年 8 月第一版
印　　次	2015 年 11 月第二次
书　　号	ISBN 978-7-5675-0818-7/G·6558
定　　价	35.00 元

出 版 人	朱杰人

(如发现本版图书有印订质量问题,请寄回本社市场部调换或电话 021-62865537 联系)